图 1.1　在预期即将到来的山路、限速变化和缓慢交通的情况下进行协同式自动驾驶
注：白色 CAV 求解了给定道路功率需求和约束条件下的燃料最小速度轨迹。

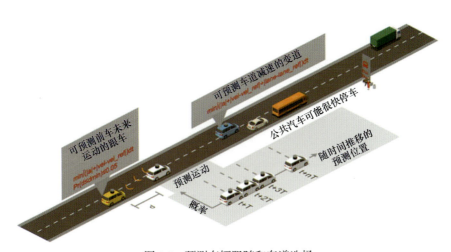

图 1.3　预测车辆跟随和车道选择
注：黄色 CAV 接收或使用过去的统计数据预测前方白色 CAV 即将到来的意图，并规划自身运动，最小化其加速度和速度偏差，同时执行安全车距约束。前方有一辆公共汽车的蓝色 CAV 在公交车站附近预计右侧车道的车辆会减速，并主动开始变道。它的目标是使其加速度、偏离期望速度及车道的加权和最小。

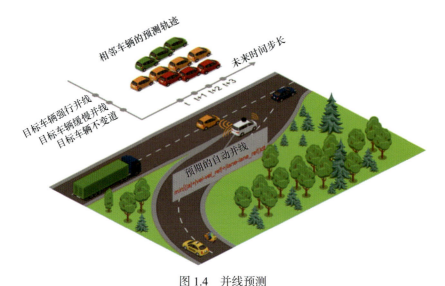

图 1.4 并线预测

注:白色 CAV 可以预测临近车辆即将发生的运动,以应对其预定的变道。

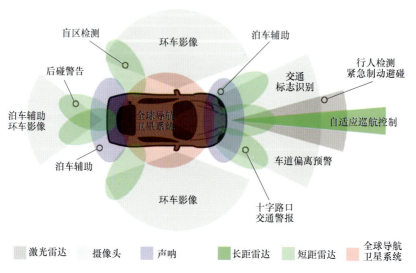

图 3.2 用于感知和定位的车辆传感器

注:本图改编自文献 [8]。

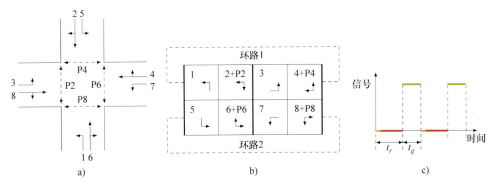

图4.3 a)为十字交叉口示意图,车辆行驶方案如数字1~8所示,p2~p8为并行人行横道;左转被分配为奇数相位,直行被分配为偶数相位,右转与直行共用相位。在上述例中,南向左转1受到保护,并与相位5相关联;西行右转与西行直行兼容,因此共用第4相位;穿过交叉口北段的行人被分配到并行西行车辆阶段(第4相位),与东行左转冲突(相位3)。b)为对应的环路和障碍设置图,障碍为两道较粗的垂直线。从左至右为各相位的顺序,左转弯引导相反的直行通行[6]。c)为信号灯周期图

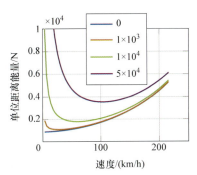

图6.1 在给定传动比($\gamma_e = 3.5$)和4个β值的情况下,单位距离的能量与速度的关系

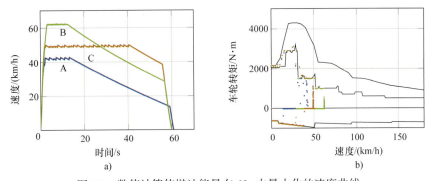

图6.5 数值计算使燃油能量在60s内最小化的速度曲线

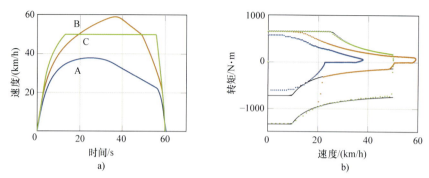

图 6.10 数值计算使电池能量在 60s 内最小化的速度曲线

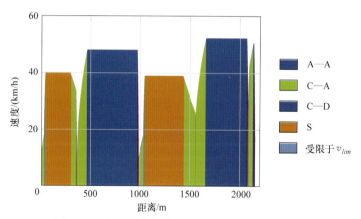

图 6.16 图 6.14 中数值最优曲线识别的最优模式

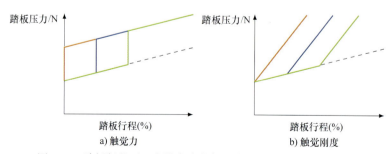

图 8.12 踏板行程下 3 个设定点的触觉力和触觉刚度系统曲线。
虚线为标准踏板；彩色线为增加加速度的设定点

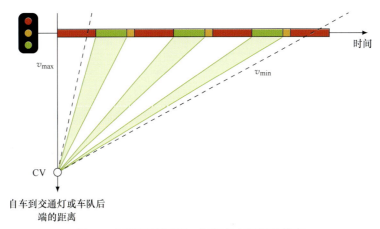

图 9.1 可行速度区间，以避免在红灯时停车

图 9.5 驾驶员的仪表板显示，包括速度推荐和倒计时

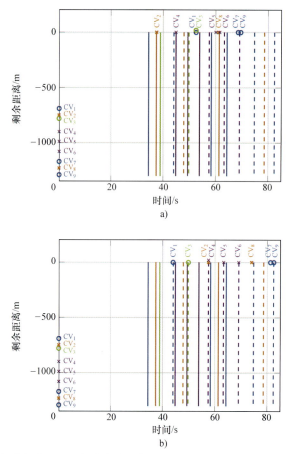

图9.9 9辆订阅车辆的MILP解决方案示例(纵轴:每个车辆到进入区域的剩余距离;横轴:分配给每个车辆的进入时间;实线:最小进入时间 $t_{min,i}$,虚线:期望的访问时间 $t_{des,i}$,$i \in [1,9]$;颜色和标记参照图9.8的四个方向。图9.9a)考虑到交叉口吞吐量提高的所有权重,图9.9b)满足所有车辆期望速度的所有权重[10]

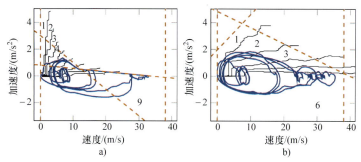

图9.11 橙色虚线为乘用车相关加速度约束,其中共轭最大加速度约束产生了一个凸速度–加速度可容许集;重型车辆相关加速度约束(其中分离最大加速度约束产生非凸的速度–加速度容许集)。在这两种情况下,蓝色轨迹为US06行驶循环下 MPC规划的样本工作点轨迹

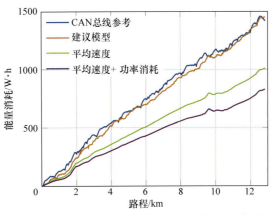

图 9.14 相比 CAN 总线参考测量值的一次行程中能量消耗估计值

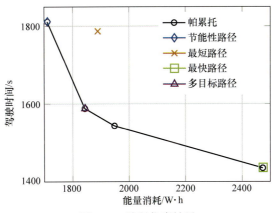

图 9.15 路径仿真结果

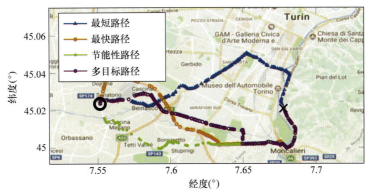

图 9.16 基于选定了起点/终点对的仿真中得到的四种路径

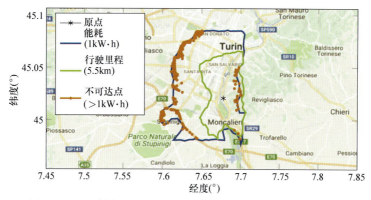

图 9.17 基于能耗预测的能量行驶里程与标准行驶里程的比较

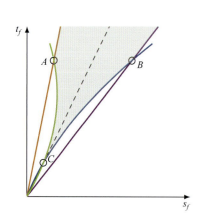

图 B.2 抛物线速度曲线在 s_f-t_f 平面的可行域（灰色阴影区域）。橙色曲线为 F_{UB1}、绿色曲线为 F_{UB2}、紫色曲线为 F_{LB1}、蓝色曲线为 F_{LB2}

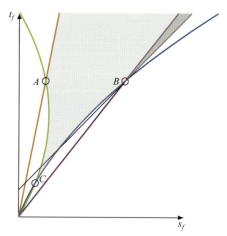

图 B.3 抛物线速度曲线（灰色阴影区域）和速度约束速度曲线（深灰色区域）在平面 s_f-t_f 的可行域。橙色曲线为 F_{UB1}、绿色曲线为 F_{UB2}、紫色曲线为 F_{LB1}、蓝色曲线为 F_{LB2}、黑色曲线为 $F_{LB2'}$

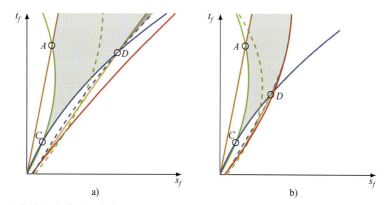

图 B.4 抛物线速度曲线（灰色阴影区域）和位置约束速度曲线（深灰色区域）在平面 s_f-t_f 中的可行域。对于 a) $a_p \geqslant 0$ 和 b) $a_p \leqslant 0$，橙色曲线为 F_{UB1}、绿色曲线为 F_{UB2}、蓝色曲线为 F_{LB2}、绿色虚线为 $F_{LB2''a}$、蓝色虚线为 $F_{LB2''d}$、黄色曲线为 F_{LB3}、红色曲线为 $F_{LB3''}$

智能交通先进技术译丛

节能汽车
协同式自动驾驶

Energy – Efficient Driving of Road Vehicles
Toward Cooperative, Connected
and Automated Mobility

［法］安东尼奥·夏雷塔（Antonio Sciarretta）
［美］阿达兰·瓦希迪（Ardalan Vahidi） 编著
胡晓松　唐小林　刘腾　译

机械工业出版社

本书主要介绍了在大数据交通流环境下，各种模型车辆的节能驾驶潜力与具体应用，并列举了相关的案例分析。首先介绍了协同式自动驾驶汽车在大数据交通流背景下的良好节能潜力，接着分别对多模型车辆（内燃机汽车、电动汽车、混合动力汽车等）进行建模，对自动驾驶汽车的感知与控制（包括V2X通信技术、自动驾驶的感知与定位技术、运动规划及控制）及道路与交通（包括对路网和交通流的建模，以及对能量消耗的预测等）进行了讲解，对协同式自动驾驶中最短路径和最优能耗行驶里程进行了求解，然后对协同式自动驾驶的最优控制问题进行了分析，分别针对内燃机汽车、电动汽车、混合动力汽车展开讨论。最后描述了部分特定场景及应用、自动驾驶技术的应用分析以及案例研究等。

本书为协同车辆的节能驾驶问题研究提供了丰富、详尽的指导，可以作为协同式自动驾驶领域研究生课程的主要教材，也可供相关从业人员阅读。

前 言

本书呈现了我们过去十年来在车辆协同式自动驾驶领域的研究成果。这些年来,我们大部分时间都在国外独立工作,2017年夏天,我们相聚在巴黎郊区Rueil–Malmaison的IFP Energies Nouvelles,完成了一篇关于这个主题的评论性论文,由此产生了写一本有关协同式自动驾驶图书的想法。本书的第1章包含了该论文的部分内容。我们之后也做了许多努力,并且得益于Overleaf等工具,让我们可以不受距离的影响,以交互方式完成这本书的编写。

由于车辆和基础设施连通性的迅速发展,车辆的感知范围也随之扩大,这对于协同式自动驾驶非常重要。同时,由于自动驾驶汽车在处理信息和听从指令方面有望优于人类驾驶员,因此自动驾驶汽车的亮相也会改变游戏规则。虽然书中的许多观点适用于人类驾驶的车辆和网联自动驾驶汽车(CAV),但我们更加关注CAV技术。

本书的一个主要目的是强调CAV在提高能源效率和减少交通运输对环境影响方面的巨大潜力,并介绍实现这些目标的正确方法。本书的目标读者是汽车动力领域的学生、研究人员和工程师,同时交通领域的政策制定者和开发自动汽车的专家或许也能从本书中受益。由于本书中介绍的方法是基于优化和最优控制理论的,因此具有优化和控制背景的研究者可以快速掌握。同时,我们尽可能采用循序渐进的方式介绍协同式自动驾驶的数学知识,让那些没有优化和控制背景的研究者也能从本书中获得启发。

本书可以作为协同式自动驾驶领域研究生课程的主要教材。前4章是基础介绍,基本不涉及专业知识。第1章是对协同式自动驾驶的广泛介绍,在这一章中我们讨论了各种协同式自动驾驶策略的预期能效增益。第2章阐述了传统动力、混合动力或电动动力汽车的能耗与道路负载相联系的建模基础。第3章则是对网联自动驾驶汽车(CAV)通信、感知和控制系统的简要介绍。第4章介绍了路网的建模现状以及微观与宏观的交通流模型。

第5~7章是本书的核心内容,介绍了基于优化和最优控制理论的节能性路径规划和协同式自动驾驶的数学基础和算法。第5章主要介绍节能性路径导航,跳过这章并不会影响对本书的理解。第6章介绍如何将燃油汽车、电动汽车和混合动力汽车的协同式自动驾驶问题转化为复杂程度不同的最优控制问题,并进行分析以及数值求解。第7章则更深入地阐述了不同驾驶和交通场景下节能曲线的性质。

第 8 章介绍了协同式自动驾驶的几种实用技术。第 9 章则详细介绍了较为复杂和相对完整的研究案例，这些研究案例来源于作者以前的研究和出版物。读者可以基于自己的项目对第 9 章的案例进行复现和扩展。

附录提供了详细的计算方法，使本书的内容更加完善，特别是附录 B，该附录介绍了关于电动汽车协同式自动驾驶问题解析方案新的可行性成果。

编　者

目 录

前言

第1章 CAV 的节能潜力 ·········· 1
1.1 绪论 ·········· 1
1.2 能耗最小的路径导航 ·········· 3
1.3 CAV 驾驶预测 ·········· 5
1.3.1 道路状态预测 ·········· 5
1.3.2 信号相位与时序预测 ·········· 7
1.3.3 跟车状态预测 ·········· 10
1.3.4 车道选择与并线预测 ·········· 13
1.4 协同驾驶机会的增加 ·········· 14
1.4.1 跟车协同控制 ·········· 14
1.4.2 变道与并线协同控制 ·········· 17
1.4.3 交叉路口协同控制 ·········· 18
1.4.4 交通协调的间接效益 ·········· 20
参考文献 ·········· 20

第2章 车辆建模基础 ·········· 29
2.1 道路行驶载荷 ·········· 30
2.1.1 道路车辆的作用力 ·········· 31
2.1.2 车轮驱动能量需求 ·········· 32
2.1.3 动力总成能量需求 ·········· 34
2.2 内燃机汽车 ·········· 35
2.2.1 传动系统（变速器）·········· 35
2.2.2 发动机 ·········· 36
2.2.3 ICEV 的燃料消耗 ·········· 39
2.3 电动汽车 ·········· 39
2.3.1 传动系统 ·········· 40
2.3.2 电机与逆变器 ·········· 40
2.3.3 电气连接 ·········· 41

  2.3.4 电池 ……………………………………………………………… 42
  2.3.5 电动汽车的电能消耗 ……………………………………………… 43
 2.4 混合动力汽车 ……………………………………………………………… 44
  2.4.1 传动系统与动力传递 ……………………………………………… 45
  2.4.2 能量管理策略 ……………………………………………………… 46
  2.4.3 混合动力汽车的能量消耗 ………………………………………… 48
 2.5 人力驱动车辆（自行车）………………………………………………… 48
  2.5.1 传动系统 …………………………………………………………… 49
  2.5.2 骑行者消耗模型 …………………………………………………… 49
  2.5.3 骑行者行为模型 …………………………………………………… 51
 参考文献 ………………………………………………………………………… 51

第3章 网联自动驾驶汽车的感知与控制 ……………………………… 53

 3.1 V2X 通信技术 ……………………………………………………………… 54
 3.2 自动驾驶的感知与定位技术 ……………………………………………… 55
  3.2.1 感知与定位传感器 ………………………………………………… 55
  3.2.2 感知与定位算法 …………………………………………………… 57
  3.2.3 网络服务 …………………………………………………………… 60
 3.3 运动规划及控制 …………………………………………………………… 60
  3.3.1 任务规划 …………………………………………………………… 60
  3.3.2 模式规划 …………………………………………………………… 61
  3.3.3 运动规划 …………………………………………………………… 61
  3.3.4 运动控制 …………………………………………………………… 61
  3.3.5 动力总成控制 ……………………………………………………… 63
  3.3.6 规划与控制算法 …………………………………………………… 64
 参考文献 ………………………………………………………………………… 66

第4章 道路与交通 …………………………………………………………… 69

 4.1 路网建模 …………………………………………………………………… 69
  4.1.1 路网拓扑 …………………………………………………………… 70
  4.1.2 路网属性 …………………………………………………………… 72
  4.1.3 交叉口简介 ………………………………………………………… 73
  4.1.4 充电站简介 ………………………………………………………… 74
 4.2 交通流微观模型 …………………………………………………………… 76
  4.2.1 跟车模型 …………………………………………………………… 76
  4.2.2 高级巡航控制功能 ………………………………………………… 78
  4.2.3 车道变更模型 ……………………………………………………… 79
 4.3 交通流宏观模型 …………………………………………………………… 80
  4.3.1 基础交通流图 ……………………………………………………… 81

4.3.2　运动学模型 ………………………………………………………… 82
4.4　路网能耗预测方法 …………………………………………………………… 83
　　4.4.1　运行速度模型 ………………………………………………………… 84
　　4.4.2　综合速度轨迹 ………………………………………………………… 84
　　4.4.3　牵引能耗 ……………………………………………………………… 85
　　4.4.4　热管理能耗 …………………………………………………………… 87
参考文献 ……………………………………………………………………………… 88

第5章　节能性路径导航 ………………………………………………………… 91

5.1　节能性最短路径问题 ………………………………………………………… 91
　　5.1.1　问题公式化 …………………………………………………………… 91
　　5.1.2　路径算法 ……………………………………………………………… 96
　　5.1.3　数值结果 ……………………………………………………………… 101
5.2　最优能耗行驶里程估计 ……………………………………………………… 102
　　5.2.1　问题公式化 …………………………………………………………… 103
　　5.2.2　求解方法 ……………………………………………………………… 103
　　5.2.3　数值结果 ……………………………………………………………… 104
5.3　实际应用 ……………………………………………………………………… 104
参考文献 ……………………………………………………………………………… 106

第6章　节能性速度曲线（协同式自动驾驶） ………………………………… 107

6.1　协同式自动驾驶技术 ………………………………………………………… 107
　　6.1.1　协同式自动驾驶场景 ………………………………………………… 107
　　6.1.2　协同式自动驾驶规则 ………………………………………………… 108
　　6.1.3　协同式自动驾驶系统 ………………………………………………… 110
6.2　协同式自动驾驶的最优控制问题 …………………………………………… 110
　　6.2.1　问题公式化 …………………………………………………………… 111
　　6.2.2　求解方法 ……………………………………………………………… 115
6.3　基于距离的车轮效率最大化 ………………………………………………… 120
　　6.3.1　问题公式化 …………………………………………………………… 120
　　6.3.2　数值结果 ……………………………………………………………… 120
　　6.3.3　解析结果 ……………………………………………………………… 122
6.4　内燃机汽车效率最大化 ……………………………………………………… 124
　　6.4.1　问题公式化 …………………………………………………………… 125
　　6.4.2　数值结果 ……………………………………………………………… 125
　　6.4.3　解析结果 ……………………………………………………………… 128
6.5　电动汽车效率最大化 ………………………………………………………… 132
　　6.5.1　问题公式化 …………………………………………………………… 132
　　6.5.2　数值结果 ……………………………………………………………… 133

6.5.3　解析结果 ·· 134
6.6　混合动力汽车效率最大化 ·· 138
　　6.6.1　问题公式化 ·· 138
　　6.6.2　数值结果 ·· 139
　　6.6.3　解析结果 ·· 141
参考文献 ·· 144

第7章　特殊场景与应用 ·· 146

7.1　加速场景 ·· 146
　　7.1.1　数值分析 ·· 146
　　7.1.2　解析方法 ·· 147
7.2　减速场景 ·· 149
　　7.2.1　数值分析 ·· 149
　　7.2.2　解析方法 ·· 150
7.3　道路坡度场景 ·· 152
　　7.3.1　数值分析 ·· 153
　　7.3.2　解析方法 ·· 154
7.4　受约束的协同式自动驾驶 ·· 155
7.5　车速限制场景 ·· 155
　　7.5.1　数值分析 ·· 156
　　7.5.2　解析方法 ·· 157
7.6　交叉路口场景 ·· 160
　　7.6.1　数值分析 ·· 161
　　7.6.2　解析方法 ·· 161
7.7　交通信号灯场景 ·· 164
　　7.7.1　数值分析 ·· 165
　　7.7.2　解析方法 ·· 166
7.8　跟车场景 ·· 168
　　7.8.1　数值分析 ·· 168
　　7.8.2　解析方法 ·· 169

第8章　协同式自动驾驶的实际应用 ·· 174

8.1　协同式自动驾驶概念的实现 ·· 174
　　8.1.1　节能性评估 ·· 174
　　8.1.2　预测巡航控制 ·· 176
　　8.1.3　节能性自适应巡航控制 ·· 176
　　8.1.4　预测型节能驾驶 ·· 178
8.2　实用性问题 ·· 179
　　8.2.1　速度与路径记录 ·· 179

8.2.2　断点检测 ·· 180
   8.2.3　前车位置预测 ·· 181
   8.2.4　交通信号灯概率预测 ·· 183
   8.2.5　模型预测控制（MPC）方案 ································ 185
   8.2.6　边界条件设置 ·· 186
 8.3　车载应用 ··· 188
   8.3.1　人机交互 ·· 188
   8.3.2　驾驶员反馈 ·· 191
   8.3.3　自动驾驶 ·· 192
 参考文献 ·· 192

第 9 章　详细案例研究 ·· 195

 9.1　信号灯交叉路口的节能方法 ··· 195
   9.1.1　数值方法 ·· 195
   9.1.2　仿真结果 ·· 198
 9.2　交叉路口协同控制 ··· 201
   9.2.1　优化问题公式化 ·· 202
   9.2.2　数值方法 ·· 203
   9.2.3　仿真结果 ·· 204
   9.2.4　试验结果 ·· 206
 9.3　预期的跟车状态 ··· 207
   9.3.1　优化问题公式化 ·· 207
   9.3.2　数值方法 ·· 209
   9.3.3　仿真结果 ·· 210
 9.4　预期的路径选择 ··· 211
   9.4.1　优化问题公式化 ·· 211
   9.4.2　数值方法 ·· 213
   9.4.3　仿真结果 ·· 213
 9.5　节能性路径与节能性评估 ··· 213
   9.5.1　试验设置 ·· 214
   9.5.2　试验结果 ·· 215
 参考文献 ·· 220

附录 A　内燃机汽车协同式自动驾驶的参数优化 ···················· 222

附录 B　电动汽车解析最优速度曲线的可行域 ························ 225

第 1 章
CAV的节能潜力

1.1 绪论

我们正在见证汽车向着网联化和自动化转变,这可能是自汽车诞生以来最具颠覆性的变化,可能会彻底改变人员和货物的移动方式[1,2]。2016 年,美国交通部发布了一则规则制定的建议通知,该通知称,要实现汽车网联化,将要求全部新型轻型车辆均实现车辆对车辆(V2V)通信,旨在减少交通事故的数量[3]。针对车辆对基础设施(V2I)通信的规定和指导方针[4]也陆续出台。随着这些法令的实施,能够获取信息和数据的网联汽车数量将迅速增加。

另一方面,各大汽车制造商、科技公司和创业公司已经开展了一场制造全自动驾驶汽车的竞赛。一些量产汽车已经实现了许多自动驾驶功能,如自适应巡航控制和车道辅助保持功能。预计首批全自动驾驶汽车将在未来几年上市销售[5,6]。预计到 2030 年,20%~40% 的在售汽车将实现自动化,在未来几十年内可分几个阶段实现全面普及[7]。

汽车的网联化和自动化水平将从多个方面改变人员和货物的运输方式,具有重要的社会和经济价值。其中,增强安全性、提高舒适性、节省时间的潜力和更有效的道路利用率是 CAV 讨论最广泛的积极影响。全自动驾驶汽车可以改善年轻人、老年人和无法驾驶汽车的残疾人的出行便利性。由于劳动力成本的降低,拼车和按需移动服务更受欢迎,进而影响城市规划和土地利用。

能耗并非网联化和自动化车辆发展的核心考虑因素,但其可能会对社会产生重大影响,可能是积极影响,也可能是消极影响,详见表 1.1 所示[8,9]。详细的场景分析表明[9],在乐观场景下,自动驾驶汽车可以减少一半的能耗和温室气体排放,这将取决于最终占据主导地位的影响因子。根据文献 [9] 中所述,增加经济驾驶和车辆编队的机会、交通协调、车辆轻量化、降低碰撞风险、根据旅行者数量选择合适大小的车辆、减弱对车辆性能的要求、拼车和按需出行,以及减少自动化车辆的基础设施占用等都有助于提高能源利用率。但据同一研究,因低驾驶成本、新用户群体的加入(年轻人、老年人、残疾人)、更高的高速公路车速而增加的车辆行驶里程和车辆功能的增加都将显著提升自动驾驶汽车的能耗进程。正如文献 [6,

9，10]所强调的，结果取决于占主导地位的情景，制定积极的政策对于引导技术朝着节能方向发展有至关重要的作用。文献[11]的作者推测，自动化和按需出行的总体能耗和对环境影响可能是积极的，但作者也意识到了历史趋势的重大转变，这需要政策制定者和规划者仔细观察。

表1.1 CAV对能量强度或用户强度[8]和2025年运行能耗[9]的潜在影响

贡献因素	CAV对能量强度或用户强度的影响	CAV对2025年运行能耗的潜在影响
车辆编队	(−) 10% EI	(−) 2%~10%
协同式自动驾驶	(−) 15%~40% EI	(−) 20%
节能性路径	(−) 5% EI	—
缓解拥堵	—	(−) 2%~4%
弱化性能	—	(−) 5%~23%
车辆轻量化	(−) 50% EI	(−) 5%~23%
合理的车辆尺寸	(−) 12% UI	(−) 20%~45%
改变移动服务	—	(−) 0~20%
基础设施分布	—	(−) 2%~5%
减少停车搜索	(−) 4% UI	—
实现电气化	(−) 75% FI	—
更高的高速公路车速	(+) 30%	(+) 5%~25%
增加服务功能	—	(+) 0~10%
降低出行成本	(+) 50% UI	(+) 5%~60%
新的用户群体	(+) 40% UI	(+) 2%~10%

注：UI、EI和FI分别表示能量强度、使用强度和燃料强度。参考文献[8]将影响车辆行驶里程（VMT）/车辆的因素定义为使用强度（UI）；将影响能量/VMT的因素定义为能量强度（EI）；将影响液体燃料能量的因素定义为燃料强度（FI）。

本章概述了网联化和自动化车辆带来的更多节能驾驶机会，而不考虑网联化和自动化的二阶效应，如提高车辆续驶里程或减轻车辆重量。CAV能够准确感知、处理更多信息，并能精确控制，因此它们能从通信和道路预览提供的信息中获益更多。随着CAV覆盖率的提高，V2V通信和协同控制的机会增加，可以获得额外的能效收益。尽管有这些前景，但网联化和自动化汽车的研发主要集中在软件、传感和安全方面，在能效潜力方面的成果有限。

在本章中，我们通过选择节能路线，预测未来道路坡度和几何形状、宏观交通状态、即将到来的交通信号状态以及邻近车辆的运动等方式讨论个体CAV所面临的机遇。这使得CAV能够更智能地选择速度和车道，以最大限度地减少制动和怠速，同时由于对未来车辆运动的确定性增加，还能实现动力系统预测控制。如第1.4节所述，随着CAV覆盖率的提高，更多的协同驾驶机会可以进一步提高能量效率。我们重点讨论了CAV编队、协同自适应巡航控制、协同变道和并线以及协同交叉路口控制。对混合交通的影响将在第1.4.4节中简要讨论。这为本书其余部分的节能驾驶算法和详细的案例研究奠定了基础。

1.2 能耗最小的路径导航

现代导航系统正成为我们日常通勤中不可或缺的一部分。依靠最新的地图和高效的路径算法，车载或移动导航系统可以在瞬间计算出起点到终点之间的最短或最快路径，这在之前是难以想象的。在网联化的支持下，越来越多的导航系统可以接收到最新的交通和道路信息，并相应地调整路径命令。道路海拔和坡度信息可以嵌入车载地图中，也可以通过连接到在线地理信息系统（Geographic Information System, GIS）服务器来检索。可以想象，在不久的将来，人们可以实时获取快速变化的道路信息、交通信号状态或与天气有关的道路状况。通过获取道路地形和交通状况等信息，就可以找到能量成本最低或对环境影响最小的路径，即所谓的节能或经济性路径。节能性路径已成为许多近期出版物的主题，这些出版物主要关注算法、仿真案例研究或真实世界的部署。电动车辆有限的行驶里程要求准确估计每条路径的能量成本，确定并选择能耗最小的路径。

节能性路径算法首先将能量消耗（或污染物排放）成本分配到路网的每个环节。路径算法以每个环节成本总和最小的方式搜索起讫点路径。第5章将详细介绍完善的基于优化的路径算法。在此，我们基于已发表的文献简要概述节能性路径潜在的能效收益。

在首次发表的节能性路径案例研究中[12]，作者收集了15437次车辆通勤记录，计算了瑞典Lund街道上的典型能耗。作者通过使用109个真实行程的子集，估计有46%的行程可以提高燃油效率，且平均节油8.2%。

文献[13]研究了相同起讫点的39次行程，其中有些行程是通过高速公路，有些行程是通过较慢的干道，研究结果显示，当行驶在主干道时可节能18%~23%。在荷兰进行的一项案例研究[14]中也观察到了这种趋势，该研究结果显示，地方和省级公路与高速公路相比，能量优势可高达45%。文献[15]模拟了美国两个主要城市节能性路径算法的网络效应，结果显示，与寻找最短时间路径算法相比，节能性路径车辆平均节油3.3%~9.3%。通过缩短行驶时间和放慢行驶速度，空气阻力引起的能量损失会更低，这有助于在较慢的道路上节省能源。

文献[16]讨论了由电动汽车和混合动力汽车节能性路径提出的新算法挑战。电动汽车拥有行驶里程有限、充电时间长以及在减速过程中可再生制动等特点，标准最短路径搜索方法失效，需要新的处理方法[17]并提出不同的解决方案。文献[18]提出了一种大型城市网络中基于模型的电动汽车节能性路径策略。文献[19]专门为混合动力汽车设计了一种基于模型的节能性路径方法，而文献[20]则为插电式混合动力汽车设计了节能性路径。文献[21,22]提出了考虑中途充电的电动汽车节能性路径新挑战。

对于车队运营商而言，节能性路径更具吸引力，因为小的能效增益叠加可以节省大量能量。这可能包括运输货车、长途重型车辆或共享车辆的运营商。如文献[23]所述，在路径算法中可以考虑其他因素，如首先交付较重的货物，这样可以节省额外的能量。

表 1.2 总结了文献中节能性路径的能量效益。

表 1.2 摘录部分已发表的关于节能性路径带来的能量效益提升的成果

参考文献	方法与条件	能效增益
[12]	S，瑞典 Lund 街道网络 基于 15437 次出行记录估计每个环节的油耗 22 个街道等级，高峰/非高峰时段，3 种车型 与原路径相比，这些出行中有 109 条节能性路径 109 次出行中有 50 次可受益于节能性路径	8.2%
[14]	E，荷兰 Delft 城市网络 Delft–Zoetermeer 路线，非高峰时段 比较高速公路、地方和省级公路 每条路径有 40 次出行 福特福克斯汽车，配备 1.6L 发动机 油耗估计的经验模型	45%
[13]	E，美国华盛顿郊区 21 条高速公路和 18 条干线出行记录 所有起讫点都相同 使用几个经验模型来估计油耗 干道出行速度慢 17%，但更节能	18%~23%
[15]	S，美国俄亥俄州克利夫兰和哥伦布市中心 利用微观仿真的节能性路径网络范围效应 使用经验模型来估计油耗	3%~9%
[18]	S，法国 Lyon 市中心网络 5400 个节点和 9500 个链路 1000 对不同的起讫点 来自 HERE 地图[24]的网络拓扑、道路坡度和交通量	6% 关于 最短路径 10% 关于 最快路径
[23]	S，货车运输路径 时间限制、多站点、第 8 级货车路径规划 优先卸较重货物	4.9%~6.9% 关于 最短路径

注：仿真和试验结果分别用 S 和 E 表示。

1.3 CAV 驾驶预测

CAV 在提高道路安全、容量和效率方面具有巨大的潜力，因为它们能够处理更多源的数据，并且能够比人类驾驶员更精确地定位和控制车辆。虽然可以处理类似信息并传递给互联的人类驾驶车辆[25,26]（例如，最优速度/车道建议），但只有全自动驾驶汽车才能可靠地遵循实时节能指令。即使在包含其他非自动驾驶汽车的混合交通中，节能的自动驾驶汽车也可以对周围交通的能量效率产生积极影响，这将在后面进行说明。自动驾驶汽车可能获悉邻近车辆的"驾驶信号"，并预测它们可能的动作。自动驾驶汽车还可以通过系统评价历史数据来预测可能出现减速的地点。车辆和基础设施之间的连接可以为每辆车提供更多的信息，车辆可以成组并协同行驶。在一个有组织的框架内，所有这些发展都可以更好地预测和改善交通流量，提高安全性，并减少能量消耗。

1.3.1 道路状态预测

预先了解道路速度限制、弯道处安全速度以及平均交通速度的估计，可以在预期速度约束变化内进行更节能的车速调节。速度限制是现代车载导航单元的标准特征。从导航地图提取道路曲率，以计算弯道处可能的（安全）速度。另外，也可以从网联车辆数据中推测出弯道速度。交通管理中心（TMC）可以根据当地的传感器和摄像头，或根据依赖于众包信息的交通反馈进行估计，以此来查询行程中即将到达路段的平均交通速度。截至 2019 年，可以通过 Google、Here、Waze 与 Inrix 获取此类数据。通过一个以当前交通速度初始化的超实时交通仿真模型，可以确定性[27]或概率性[28]地估计交通速度的动态时空演化。在缺乏实时交通信息服务的情况下，可以使用特定时间和地点的历史交通数据作为基准预测器[29]。交通速度可以作为 CAV 速度时空变化的上限[27]。速度限制、弯道和交通速度可以统一为 CAV 速度的单一时空界限[30]，不仅用于优化 CAV 的速度变化，还用于预测动力系统控制功能。

车辆需求功率的另一个主导因素是道路坡度，尤其是陡峭道路，对重型车辆更是如此。道路坡度影响车辆的速度、转矩约束以及档位选择。因此，如文献[36,38]所示，从 3D 道路地图中获取道路坡度有助于预测动力系统控制。此外，由于速度限制，获悉道路坡度可以更好地使用速度带和档位选择[31-33,35,39-42]；例如，车辆可以提前减速准备下陡坡或提前加速准备爬坡。对于文献［34］中的重型车辆，最优解是非常重要的。戴姆勒公司已经在产品中实现了预测巡航控制功能，它可以调整重型货车的速度[43]和档位[44]，以适应即将到来的道路坡度，从而使车辆的能量效率在高速公路上提高 3%。这一可实现的改进水平与表 1.3 总结的文献结果一致。

表 1.3　摘录部分已发表的由道路坡度预览实现能量效率增益的结果

参考文献	方法及条件	效率增益（%）
[31]	S，32t 第 8 级货车 受约束于非线性规划（NLP），预测行程：1500m 优化的速度、档位和节气门输入 路线 1：$-3.7°\leq\theta\leq4.7°$、$\mu_\theta=0.29°$、$\sigma_\theta=1.32°$ 路线 2：$-4.3°\leq\theta\leq3.0°$、$\mu_\theta=-0.21°$、$\sigma_\theta=1.06°$	2.6 2.0
[32] [33]	E，39t SCANIA 货车 120km 高速公路，从瑞典的 Södertälje 到 Norrköping 动态规划，预测行程：1500m 优化的速度；预选档位	3.5
[34]	S，29t 第 8 级 Navistar 货车 4km 单谷曲线 $h(s)=30(1-s/2000)^2$ 庞特里亚金极小值原理与数值延拓 行程：4000m，优化的速度和档位	11.6 越过单谷
[35]	S，1.3L 汽油机乘用车 简化多项式油耗模型 模型预测控制，优化的速度 日本 Fukuka 市 Yuniba Dori 路，2.5km $-5.0°\leq\theta\leq6.0°$	4~7
[36]	S，2000kg 混合动力汽车 动态规划，预测行程：全行程 恒定速度，优化的功率分配 加利福尼亚州 Contra Costa 36km 和 48km 山路 PAST[37] 燃油经济性评价 路线 1：$-4.3°\leq\theta\leq3.0°$、$\mu_\theta=-0.21°$、$\sigma_\theta=1.04°$ 路线 2：$-8.0°\leq\theta\leq5.3°$、$\mu_\theta=-0.17°$、$\sigma_\theta=2.3°$	0~3.0 0~6.0

注：仿真和试验结果分别用 S 和 E 表示。

预测的速度变化和道路坡度还可以通过混合动力系统中的预测功率分配[45]、内燃机断油[46]和气缸熄火[47]以及热负荷管理[48]来减少能耗。虽然在传统驱动车辆上可以实现这种预测动力系统控制功能，且已得到广泛研究，但它们将对 CAV 产生更大影响。在 CAV 中，由于网联化和无人驾驶，实时获取信息增加了预测的确定性，从而提高了预测动力系统控制的有效性，如图 1.1 所示。

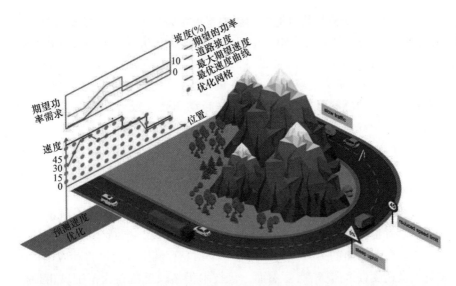

图 1.1 在预期即将到来的山路、限速变化和缓慢交通的情况下进行协同式自动驾驶（见彩插）

注：白色 CAV 求解了给定道路功率需求和约束条件下的燃料最小速度轨迹。

1.3.2 信号相位与时序预测

在主干道上行驶时，如果在交通信号灯处频繁停车，那么制动和怠速会导致能量损失以及发动机和制动器磨损，从而导致乘客感到不适和焦虑。其中一些停车是不必要的，尤其在轻度或中等交通负荷下，这些停车都是由于缺乏交通信号灯状态信息导致的。如图 1.2 所示，在具有 V2I 通信的理想网联化城区，可以向临近的车辆传输信号灯相位和时序（SPaT），以便网联车辆及时调整车速，从而在绿灯时到达路口。车辆自动化减轻了人类驾驶员的车速调整负担，进一步促进了这种驾驶场景的实现。

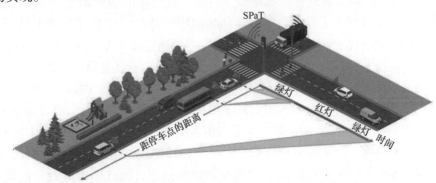

图 1.2 可预知 SPaT 的协同式自动驾驶示意图

注：阴影三角形包含从左下角到右上角行驶的 3 辆车在绿灯间隔的可行路径。

交叉路口的节能驾驶及其对能耗的影响是近年来许多研究与开发的课题。文献［49］做了一项研究并在文献［50］中进行了拓展，在仿真研究中展现出卓越的节油潜力。这些积极的结果已经在文献［51，53］和更多的出版物中得到证实。在孤立环境下[54,55]和真实交通场景下[56-58]的试验结果表明，在人工驾驶的情况下，可以节省相当可观的燃料（5%～15%）。在自动驾驶（或自动巡航控制）的情况下，车辆可以更精确、更轻松地调整车速，从而有望更节能。

将交通信号信息传输到订阅车辆的技术已在几个项目研究中得到证实[54,58,59]，并将在第3章中进行详细介绍。SPaT 信息可以通过专用短程通信（DSRC）技术[57]直接传输到车辆，也可以由交通控制中心通过蜂窝网络传输[58]。文献［58］介绍了一种从服务器到订阅网联车辆的 SPaT 蜂窝通信系统的软件体系结构。相关学者也提出了通过车载摄像机[59]和众包[60,61]推断 SPaT 信息的替代方法。还有一些商业方面的努力，比如建立一个信息存储库，通过移动应用程序向人类驾驶员提供速度咨询服务[62]。然而，该技术仍然缺乏覆盖大范围城市地区的实时服务器。在缺乏实时 SPaT 信息的情况下，仍然可以使用日常通勤的历史数据估计未来时域内出现绿灯或红灯的概率，并根据当前信号灯颜色调整车速[53]，确保车辆在绿灯时域内通行。即使是在可实时获得 SPaT 信息时，未来信号灯的颜色也不确定，例如当信号灯是由环形检测器的状态驱动时。在这种情况下，人们仍然可以使用历史趋势来预测未来时域出现红灯或绿灯的可能性[63]。

虽然临近交通信号灯时，可以使用文献［49］中的简单逻辑规则，但优化方法可以更好地规划车速（本书第6章和第7章将进行更详细的讨论），进而减少受红灯信号约束的能量消耗。在制定临近交通信号灯的方法时，可以考虑乘客舒适性和出行时间。例如，增加出行时间和加速度的惩罚项，使轨迹更平滑，更少的制动也可节约能量。

专注于单一车辆协同式自动驾驶的"自私"优化可能会破坏后续车流。在文献［71］中，不仅解决了以单一车辆为中心的优化问题，也考虑了后续车辆。

由于这种交通信号速度咨询技术不太可能尽快地应用到每一辆车上，因此评估已经装备了该技术的车辆对混合交通流中其他车辆的影响就显得尤为重要。目前，在混合交通条件下对大量 CAV 进行实地试验非常困难。因此，在研究中广泛使用交通仿真工具。文献［67，69，70］基于微仿真平台研究了交通信号咨询对混合交通的影响。在文献［3］中，基于交通微仿真平台研究了信号交叉路口附近 CAV 对混合交通的影响。CAV 提前接收信号灯时序，并调整车速，以便在绿灯时及时到达。研究表明，CAV 不仅提高了自身车辆能量效率，而且随着其数量的增加，也降低了传统车辆的能耗。随着 CAV 数量的增加，传统车辆更有可能跟随平稳移动的 CAV。通过简单的跟车策略，这些传统车辆也可以避免在十字路口停车。表1.4总结了其对能量效率的潜在影响。

表1.4 与没有SPaT信息的传统车辆相比,预测SPaT信息所实现能量效率增益的部分(已发表的结果摘录)

参考文献	方法及条件	效率增益(%)
[49] [50]	S,单一车辆,10个固定时序信号灯 真实SPaT;Greenville, SC计时卡 1.7 L四缸汽油发动机 PSAT[37]高保真车辆模型	24~29
[51]	S,10个固定时序信号灯 随机参数变化 乘用车和SUV,综合模式排放模型(CMEM)[64]	12~14
[65]	S,1个固定时序信号灯 多变路况,随机初始化 Virginia Tech油耗模型[66]	20
[53]	S,3个固定和可变时序信号灯 概率性SPaT,概率规划 蒙特卡洛评估(3000个场景)	16
[54]	E,没有交通 1个固定时序信号,4G移动通信 2011 BMW 535i	13
[56] [58]	E,真实城市交通 实时TMC数据,4G移动通信 10个固定时序和执行信号的混合 2011 BMW 535i,4名合格驾驶员	9
[57]	E,真实城市交通 协调执行信号,DSRC通信 2008 Nissan Altima,2名合格驾驶员	2~6
[59]	E,真实城市交通 2个固定时序信号灯 摄像机SPaT估计,V2V通信 2001 2.4 L PT Cruiser,1名合格驾驶员	25
[67]	S,网络效应 4个固定时序信号灯,多车道 微观仿真模型[68],混合交通 50% CAV覆盖率,单车道车流量为900辆/h 多项式油耗模型	25(CAV) 6(局部交通)
[69]	S,网络效应 11个固定时序信号灯,单车道 微观仿真模型,混合交通 50% CAV覆盖率,单车道车流量为300辆/h CMEM[64]油耗模型	12.5(CAV) 7.5(全局交通)

(续)

参考文献	方法及条件	效率增益（%）
[70]	S，网络效应 1个固定时序信号灯，单车道坡度 微观仿真包集成 多变的CAV覆盖率 VT – micro油耗模型	26（100% CAV） 0（≤50% CAV）

注：仿真和试验结果分别用S和E表示。效率增益在信号交叉路口附近，而不是整个行程。

1.3.3 跟车状态预测

驾驶员驱车在跟随其他车辆时往往是被动的，他们的视线经常被前车阻挡，因此视野非常有限。在突然减速时，他们往往考虑不到从后方驶来的车辆。这不仅会破坏交通流而且还不安全，同时也会导致多车的低效率减速。人类驾驶员需要确保前后车辆位置的动态平衡。非网联化的自动驾驶汽车不一定表现更佳。这种车辆大都按照人类驾驶车辆的行为来设计，可能会被动地接受周围环境的感知，从而导致类似的短视决策。在文献［72］的一个仿真场景中，一辆自动驾驶汽车由于采用了激进的跟车策略，其能耗比传统车辆高出3%。

在驾驶过程中，尽管有经验的驾驶员会做出一定程度的运动预测，但对道路事件的预测仍然是一个挑战[26,73]。我们会根据注意到的细节来相应地驾驶车辆。例如，如果观察到前车在无规则地加速或减速，我们会增加跟车距离或变道。如果观察到后车正尾随我们，我们就试图增大车距或让其超车。但大多数预防措施都以特殊方式实施，受人类有限感知和认知局限的束缚[74]，且在不同驾驶员和交通场景中约束均有不同[75]。这导致了糟糕的局部判断，可能导致冲击波，减缓我们的行进效率。如今，我们可以做的还有很多：得益于更先进的传感技术，CAV可以预测前车运动并微调速度，从而更稳定、更流畅地行驶。通过V2V通信获取前车意图的附加信息，可以增强预期的车辆跟踪效果。

如图1.3所示，主要目标应该是强制与前车保持安全距离（即施加位置约束），车距可以作为一个自由度来过滤突然减速和制动[76]，以提高自主车辆的能源效率。主体车辆的平滑速度变化有望对上游交通的运动产生积极影响，减少幽灵堵车的发生概率，即交通在没有明显原因的情况下，因为一些小的干扰而停止[77-79]。如试验所示[80]，这可以降低整个车队的燃料消耗。

由于跟车的相关时间尺度较短，滚动时域能量优化是一个必然选择（与全行程优化相反）。这里出现的主要挑战是车辆间约束对前车位置的依赖，而前车位置通常是未知的。因此，尽管优化问题公式相对简单，但我们面临的是一个难以预测的问题。

在没有其他任何信息且只获悉前车瞬时速度或瞬时加速度的情况下，假设前车

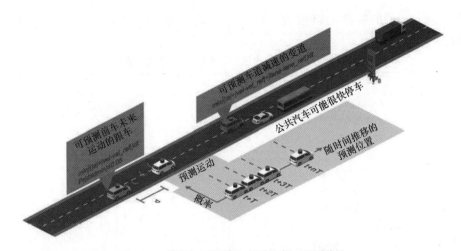

图1.3 预测车辆跟随和车道选择（见彩插）

注：黄色CAV接收或使用过去的统计数据预测前方白色CAV即将到来的意图，并规划自身运动，最小化其加速度和速度偏差，同时执行安全车距约束。前方有一辆公共汽车的蓝色CAV在公交车站附近预计右侧车道的车辆会减速，并主动开始变道。它的目标是使其加速度、偏离期望速度及车道的加权和最小。

以恒定速度[81]或恒定加速度[82]行驶，就可以在时域内预测前车位置。或者我们可以合理地假设前车加速度随时间常数[30]在时域内衰减为零。当获悉道路和基础设施的信息时，就可以构建一个前车预期跟随的确定性速度曲线，这将在本书第4章和第8章中讨论。

文献中已经提出了更复杂的驾驶员建模方法。例如，文献［83］提出非线性自回归模型拟合历史数据，以预测前车运动。在文献［76］中，通过交通微观仿真来估计前面一组车辆的未来运动。许多研究已经使用概率模型来捕捉速度变化的统计数据[29,84-86]，在本书第8.2.3节中有更详细的介绍。

在所有车辆相互通信的理想场景中，每辆车都可以将其驾驶意图传递给后车[87,88]。这使得自主车辆更确定地获悉前车在规划时域内的位置，导致车流更顺畅，提高了整体能量效率。请注意，在这种情况中，车辆只是共享驾驶意图，并不一定朝着共同目标合作。在第1.4.1节中，我们将讨论一种协同巡航控制场景，在这种方案中，车辆可以朝着社会最优目标合作。

文献［76］提出了一种不同的方法，该方法假设队列中的所有车辆都共享其瞬时状态（位置、速度、加速度），但不共享驾驶意图。自主车辆假设一个标准的跟车模型，以便前面的车辆在其优化范围内预测他们的位置，文献［89，90］中讨论了类似的方法。在不太理想的场景中，当队列中只有一部分车辆进行通信时，文献［91］推断了信号交叉口处非通信车辆的位置。文献［89，92］讨论了通信延迟问题的复杂性。丢包也会导致随机延迟，文献［93］讨论了这一因素的影响。

表1.5描述了预测跟车对能量效率影响的筛选结果。可以看出，即使是相同尺

寸的车辆，记录的收益也有很大差异。这可能是源自跟车算法与场景的设计和参数。

表 1.5　摘录部分已发表的由预测跟车所实现能量效率增益的成果

参考文献	方法及条件	效率增益
[94]	S，1.6t 车辆 幽灵堵车中头车的 3 个标准驾驶循环 基于规则的预测跟车，时域 50s	13%~35% 关于无法预测
[84]	S，2t 车辆 记录了头车的真实数据 从 Clemson, SC 到 Highland, NC 的蜿蜒道路 机会约束型模型预测控制（MPC），时域 15s 头车速度的马尔可夫链预测 ANL's PSAT[37] 评估燃油经济性	15% 关于头车
[82]	S，1.4t 电动汽车，无再生损失 头车的 3 条真实城市驾驶曲线 MPC，时域 100s 假设头车加速度恒定 物理多项式能耗模型	12%~44% 关于头车
[95]	S，1.8t 内燃机仿真车辆 匀速跟随头车 最优控制产生加速与滑行策略 效率增益与速度有关	15% 关于头车
[83]	E，发动机在环仿真 微观仿真 + 发动机试验台测量 驾驶员预测：非线性自回归模型 预测时域 15s 结果取决于允许的车距	6.5%~22%
[86]	E，真实自主车辆，2007 款福特锐界 密歇根州 39 号城市/高速公路行驶 12 圈 匀速跟随幽灵堵车中的车辆 离线计算随机动态规划（DP）策略 头车速度差异限制在 ±2mile/h（1mile = 1609.344m） 由此产生的策略是加速与滑行	3.6% 关于 头车
[96]	E，真实自主车辆，3.8L V6 发动机，8 档变速器 加利福尼亚州现代起亚试验场 以正弦速度模拟头车 MPC 跟踪，完美预测，时域 6s	39%~50% 关于不完美的预测

注：仿真和试验结果分别用 S 和 E 表示。

1.3.4 车道选择与并线预测

目前,关于协同式自动驾驶的大多数文献都假设车辆保持在单一车道上,将车辆的运动规划简化为速度选择。在多车道道路上,自由选择不同车道为优化车辆的运动提供了一个新的维度和更多的可能性,以安全地提高车辆的能量效率及协调交通。但日常驾驶经验表明,车道选择是一个复杂的决策问题,这可能是由于其组合性质和缺乏相邻车道平均速度(或效率)信息导致的。从入口匝道并入高速公路或从出口匝道驶离高速公路时,情况也是如此。对普通驾驶员而言,车道选择是一个两难的问题;另一方面,强行的变道可能是不安全的,并且会破坏上游交通的流量和效率。

如图 1.3 所示,在网联化和自动化车辆环境中,通过 V2V 通信可以获悉更多相邻车辆的驾驶意图信息,通过路侧传感器可以传递每条车道的速度,因此,自动驾驶汽车可以更明智、更顺畅地变更车道。文献 [97,98] 全面综述了 CAV 变道和并线的研究。文献 [99,100] 描述了这一领域的原始公式化问题,其中车道的选择是车辆能量成本中一个额外的整数决策变量。

从匝道并入高速公路经常会导致事故和交通拥堵。如今,匝道控制等解决方案被用来改善这种情况,这需要基础设施的投资和维护[104,105]。试验结果显示[106],通过 CAV 技术,可以更安全地协调并线,从而使交通更加顺畅[107,108],提高能量效率[101]。如图 1.4 所示,CAV 拥有更多数据和处理能力,可以更系统地预测并线过程中相邻车辆的运动情况。这种影响可能不仅局限于单一车辆;通过减少幽灵堵车的概率,交通的整体能量效率将会提高。表 1.6 列出了作者能找到的关于车道选择对能量效率影响的一些结果。

图 1.4 并线预测(见彩插)

注:白色 CAV 可以预测临近车辆即将发生的运动,以应对其预定的变道。

表1.6 摘录部分已发表的由预测车道选择所实现能量效率增益的结果

参考文献	方法及条件	效率增益（%）
[100]	S，微观仿真 MPC 速度和车道选择，时域 15s 测试 2 例，2km 道路，不同的 CAV 水平 传统车辆：50% 覆盖率 自适应巡航控制车辆：50% 覆盖率	14.3（12.9）① 7.8（5.1）①
[101]	S，在 30 辆车合并区域进行微观仿真 最优协同并入高速公路 通过多项式元模型实现燃油经济性[102] 仅记录在合并期间的收益	48 合并收益
[103]	S，微观仿真 2.3km 双车道公路，4 辆 CAV，完整的意图通信 MPC 速度和车道选择，时域 10s 混合整数二次规划	8.4 基于规则

注：所有结果均为仿真结果，用 S 表示。
① 已装备车辆（全部交通）。

1.4 协同驾驶机会的增加

在网联化车辆世界中，车辆和基础设施有目的性地交换意图信息，减少了猜测周围交通模式的需要，因此能够更好地协调。自动化车辆可以在市区和高速公路上合作而不是争夺路权，从而有助于协调运动，提高了车辆的机动性和效率。因此，下文中的"合作"是指为了"共同"利益而共享信息和协同运动。即使人类驾驶员的意图再好，由于相邻车辆计划的未知性和速度协调的复杂性，传统车辆之间的合作也是相当具有挑战性的。例如，车辆从匝道并入高速公路时，缺乏明确的协议，往往是以"临时的"方式进行，希望快速驶来的车辆能考虑到这一点。这不仅不安全，而且在两难区域需要频繁制动，增加能量消耗，并可能对交通流量产生负面影响。通过网联化共享信息可以建立更系统的协调协议，从而提高安全性和效率。自动化车辆可以通过编程来充分利用这些协议，这些协议可能需要精确的运动协调。本节将描述以下几方面的合作：跟车、并线、变道和交叉路口，并讨论它们对合作车辆效率的潜在影响以及对混合交通的好处。

1.4.1 跟车协同控制

在队列控制和协同自适应巡航控制的背景下，车辆纵向协调的协同跟车可能是协同驾驶中研究最多的课题，如图 1.5 所示。

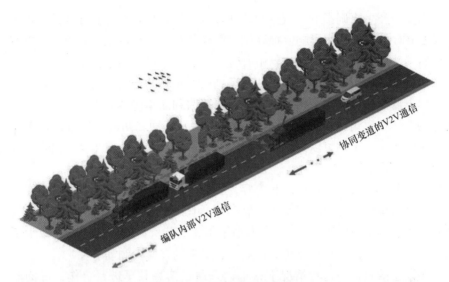

图 1.5　协同跟车和车道选择

注：前两辆货车依靠 V2V 通信和自动纵向控制维持编队。第三辆货车与编队通信并加入。在由 V2V 通信实现的协作变道策略中，乘用车会预留间隙来保证第三辆货车的顺利变道。

20 世纪 90 年代，紧凑型队列因其有可能提高高速公路的通行能力而得到普及。在由通信和部分自动化车辆组成的车队中，可以安全地减小后车之间的车距，以提高道路通行能力。此外，在较短的跟车距离下，空气动力阻力系数较小，从而节省了大量的能源，尤其是对于重型车辆。美国[109,110]、欧洲[111-113]和日本[114]的知名研究项目已经在道路试验中证明了该技术的可行性[115]，显示出 5% ~ 15%的节能潜力。文献 [112，113] 的试验结果显示，重型货车的节能潜力在 4% ~ 7% 之间。多年来，编队的稳定性[116]、通信需求[117,118]、控制设计[119,120]和编队调度[121]等重要的技术挑战已经得到解决。如今，该技术已经成熟，主要制造商和初创公司计划在不久的将来向市场提供货车编队解决方案，目标是降低能耗和人员成本[122]。

在过去几年里，随着车辆网联化前景的不断增长，协同自适应巡航控制（Cooperative Adaptive Cruise Control，CACC）在研究领域得到了广泛应用。CACC 实质上是一种增强型自适应巡航控制（Adaptive Cruise Control，ACC）系统，除了距离传感器反馈外，还依赖于无线通信进行前车加速度的前馈控制。V2V 通信旨在提高安全性，并且允许稳定地减小车距，以提高道路利用率[123]。在文献 [124] 中对 6 辆装备 CACC 系统的车辆进行的道路试验表明，在设计正确的情况下，速度变化的衰减效果比 ACC 车辆跟车时要好得多。2011 年在荷兰举行的驾驶挑战赛成功展示了多个团队的 CACC 技术。关于这次比赛的概述见文献 [125，126]。一项仿真研究显示，CACC 编队可能对周围交通产生积极或消极的影响[127]，例如，较长的编队可能阻止那些有意并入高速公路的车辆。但总体而言，CACC 有望对参与车辆和周围交通产生协调影响，减少制动并降低能耗。尽管有这些好处，但很少有论文记录 CACC 的能源效率影响。提高能源效率似乎一直是货车排队项目的重点。

虽然编队和 CACC 术语在文献中有时可以互换，但它们有一些不同的特征。编队的最初概念依赖于指定的头车和从头车到后续车辆的分级控制结构。在 CACC 汽车跟随中不需要这种层次结构，每辆车只要接收到前车传达的信息，就可以单独切换到它的 CACC 模式。如文献[89, 128]所示，车辆之间的信息流可能因实现方式的变化而变化。车辆可以只从头车接收信息，也可以只从前车接收信息，或者从多个前车接收信息。

根据车辆之间共享的信息流和内容，我们可以设想当前编队和 CACC 实践的增强版本。理想情况下，每辆车都将与后车共享其未来时域内预期的加速度曲线，而不是共享其瞬时加速度[87,88]。正如本书第 1.3.3 节所讨论的那样，这减少了前车运动的不确定性，帮助每辆车更好地规划自身运动并减少制动事件。

需要注意的是，在这种情况下，车辆只通过信息共享进行合作，每辆车都是"独自"规划。在一个真正的协作环境中，相互协作的 CAV 不仅共享信息，还为它们的共同目标进行规划[88]或遵循编队的统一规则[129]。例如，它们的共同目标可能是降低整个编队的能耗[71,130,131]、保持队列稳定性[132]或减少碰撞[133]。基于相邻车辆之间的信息通信，每辆车可以分散式优化，以达到统一目标[131, 132]。另外，在文献[131]描述的集中控制框架中，可以在一组货车的中央云服务器上优化车队能耗，并将决策发送给各个货车的下层控制器。表 1.7 总结了包括编队在内的协作跟车对能效影响的一些结果。

表 1.7 摘录已发表的由协同跟车所实现能量效率增益的结果

参考文献	方法及条件	效率增益（%）
[131]	S，5 辆 1.2t 电动汽车 减少车队能耗的经济性编队 考虑减小阻力 非线性 MPC，预测时域 120s 研究集中式和分布式策略	10.5
[87]	S，微仿真，内燃机汽车 10 辆 CAV 跟随头车，部分信息共享 不考虑减小阻力 每辆 CAV 求解 MPC，时域 12~20s 使用发动机 map 图评估油耗 与智能驾驶模型（IDM）跟车对比	50 在 FTP 驾驶工况下跟车
[109]	E，货车编队 Crows Landing 的 2.4km 未使用跑道 两辆相同的货运牵引车，16m 的拖车 90km/h 匀速，3~10m 车距	8~11

(续)

参考文献	方法及条件	效率增益（%）
[113]	E，货车编队，45km 的瑞典高速公路 3 辆 18m、37~39t 的 Scania 牵引式挂车 车速、加速度、参数的无线通信 车头时距 1s	4~6.5
[114]	E，测试跑道上的货车编队 3 辆 25t 全自动货车和 1 辆轻型货车 通过 DSRC 进行车速、加速度、制动通信 180km/h 匀速，4.7m 车距	—
[110]	E，测试跑道上的货车编队 2 辆 Peterbilt 牵引车，全空气动力学套件 16m 牵引车，重 30t 高速椭圆形轨道，倾斜转弯 105km/h 和 10m 跟车距离	7.0

注：仿真和试验结果分别用 S 和 E 表示。

1.4.2 变道与并线协同控制

在第 1.3.4 节中，我们讨论了单个 CAV 可以从网联化和自动化中受益，从而更安全、更有效地并线和变道。如果 CAV 相互合作，那么通过驾驶意图共享和考虑邻近车辆，预计会获得额外收益。在这种协作场景中，每辆车都考虑其决策对邻近车辆的影响。变道和并道决策可以以分布式的方式进行，每辆车都可以决定（优化）其运动并共享其驾驶意图[134]。或者，在集中式框架中，解决一组协作车辆的单一决策（优化）问题[135]。协同车道选择与并线不仅有助于提高车队的效率，对周围交通也有积极的协调作用。

已有大量文献研究了交通微仿真的变道模型，例如将在第 4 章进行介绍的 MOBIL 变道模型。然而，直到最近才有学者开始研究 CAV 的协同车道选择和并线。文献 [136] 模拟了一种协同变道算法，该算法在制定变道决策时考虑了当前车道和目标车道的跟随车辆。仿真结果显示，与 MOBIL 相比，该算法在并线时间和速度、等待时间、燃油消耗、平均速度和流量方面得到了改善，但代价是主要道路车辆的行驶时间略有增加[136]。文献 [137] 介绍一个依赖于车辆合作的并线辅助系统，减少了延迟并线车辆的数量与随后交通流中断的可能性。目前已经提出了多种不同的协同并线算法，例如，文献 [138] 提出了一种分散控制方法，文献 [135] 在一个滚动时域优化框架中对其进行了推导。文献 [139] 介绍了一种协同变道的 V2V 协商过程，而文献 [140] 则提出了协同变道的交互协议。文献 [141] 描述了3辆CAV执行半自动系统变道策略的试验，并显示了实现更平滑速度轨迹的潜力。上述结果的重点并不是能量效率，只有文献［136］报道了能量效率的收益。然而，由于减少了制动事件和对交通流的协调作用，我们预测广泛部署协同变道和并线系统能够节省大量的能量。

1.4.3 交叉路口协同控制

交通信号灯的协调和优化配时，从本质上讲是一个复杂的问题，多年来交通工程和运筹学的研究为其提供了理论支持。目前的信号灯配时多为离线调度，优化后的配时则作为一天中不同时段的固定时间表进行部署，将在第4章进一步讨论。许多信号是由交通驱动的，并且根据环形检测器的状态来有规则地重置预先优化的时刻表，以减少交叉路口的空驶。虽然这些交通响应控制策略实时计算信号配时[142]，但是它们的指令都是由环形检测器的即时状态决定的。另一方面，网联化车辆环境中的智能交通信号控制器将不仅仅是信号灯，而是作为枢纽智能地感知、规划路径和协调干线交通流。

第1.3.2节讨论了单向信号与车辆通信的研究，通过向单个车辆提供速度咨询来提高效率。另一个研究方向是优化传统交通信号的配时，并由网联化车辆的单向通信提供信息来改善路口流量[143,144]。此外，双向车辆信号通信使得网联化车辆的地理数据也可以通过无线方式实时传输给智能交通信号控制器[145]。这样，当信号灯调整配时和车辆调整速度时，就可以提高能源效率和路口流量[146]。

自动化车辆可以进一步从交通信号信息通信中获益，因为它们不仅可以高效地处理传入的信息，而且可以精确地控制车速和到达绿灯时的时间。在自动化车辆100%普及的情况下，情况会变得更好，因为不再需要物理交通信号灯，协同交叉路口示意图如图1.6所示。另外，由于自动化车辆的响应时间比人类驾驶的车辆快得多，所以交叉路口控制器可以在不同的相位之间快速切换[150]。文献［147］讨论了全自动化车辆环境中消除交通信号的一些优势，并在文献［151］中通过有趣的仿真结果进行了验证。在文献［152］中，作者通过这种基于预约的交叉路口控制系统获得了能量效率提升50%的潜力。在文献［153］中，增加交叉路口吞吐量被公式化为一个优化问题，本书第9章的案例研究将对其进行详细讨论。与传统的交叉路口控制方案相比，停车次数和燃油消耗显著减少。通过1h的微观仿真案例研究表明，停车次数可以大幅减少[154]。通过第9章中描述的车辆在环试验，作者测量到一辆与交叉路口控制器和数百模拟车辆交互的真实车辆的能量效率提高了20%。仿真表明，如果车辆以车队的形式移动，那么这种系统的效益会大大增加，在某些情况下，通过车队和交叉路口的协调，可以使干线网络的通行能力翻倍[155]。在文献［156］中，基于编队的方法与信号化交叉口相比，显示出高达20%的能效效益，但在文献［156］的仿真条件下，为了形成车队，会略微牺牲能量效率。表1.8重点介绍了协同交叉路口控制在能量增益方面的一些主要结果。

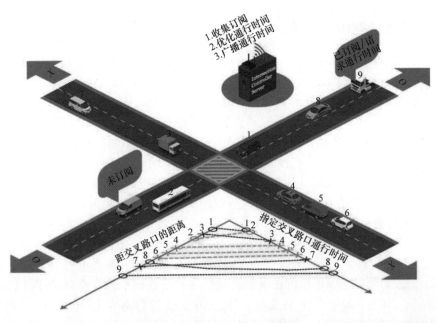

图1.6 协同交叉路口示意图

注：CAV 在接近路口时订阅路口控制服务器，控制器为每辆接近的车辆分配通行时间，只允许同一运动的车辆同时进入路口区域。在该示意图中分配通行时间时，车辆在 X 和 O 方向的运动被组合在一起，这样可以减少空驶，节约能量。

表1.8 摘录部分已发表的由协同交叉路口控制所实现能量效率增益的结果

参考文献	方法及条件	效率增益（%）
[152]	S，在 Paramics[68]进行微观仿真 真实世界路网，3 个交叉路口 CMEM[64]燃油效率评估	50%
[156]	S，在 Sumo 中进行微观仿真 1 个有 2 条单行道的交叉路口 车辆成编队通过交叉路口 CMEM 燃油效率评估	11～21
[149]	S，在 DIVERT[157]中进行微观仿真 模拟了葡萄牙 Porto 的整个路网 EMIT[158]油耗和排放模型 1.3t 内燃机车辆 主要研究减少排放	25（燃油） 1～18（CO_2 排放）
[159]	E，真实车辆与微观仿真交互 真实车辆：带有 2.4L 发动机的 2011 Honda Accord 用 Java 编写的自定义微观仿真 12 圈，1.6km 赛道，单个虚拟交叉路口 利用混合整数线性规划进行调度	20 真实车辆

注：仿真和试验结果分别用 S 和 E 表示。

1.4.4 交通协调的间接效益

即使在低覆盖率情况下，CAV 的协调和平稳运动也可以协调周围交通，提高传统车辆的能量效率。虽然很难通过试验来确定整个网络的增益，但一些微观仿真案例研究和孤立的试验都显示了这种积极的影响。例如，在第 1.3.2 节中，我们解释了根据文献［67］的交通信号，速度咨询可以在中等渗透率的情况下降低传统车辆的能耗。多篇论文都表明了自动巡航控制对上游交通的协调作用[76,160]，有望对上游交通的能量效率产生积极影响。CACC 不仅由于较小的车距提高了道路利用率[123,127,161]，而且如文献［124,162］中道路试验所示，还减缓了速度变化。文献［163］中的微观仿真研究验证了这些发现，随着网联化和自动化车辆覆盖率的提高，冲击波会有所减少。文献［164］提出了一种"吸收拥堵驾驶理论"，该理论通过单一车辆来衰减交通冲击波，随后在文献［165］中进行了试验。该试验由 22 辆汽车绕圈行驶，结果表明，单一自动化车辆使用相对简单的控制规则，可以消解 21 辆人力驾驶车辆形成的幽灵拥堵波。在这 3 次试验中，车队的平均燃油经济性提高了 20% ~ 40%[80]。在文献［166］中，通过有趣的试验验证了 CAV 在开放高速公路上的协调影响。在真实的冲击波交通中，三辆 CAV 并排行驶，并通过部署在下游和上游的三辆探测车来测量它们的影响。研究发现，CAV 降低了冲击波引起的振荡，协调了交通，达到了预期的全网能效影响。由于事故数量的减少而产生的二次效应，可以进一步降低延迟和能量损失，但这很难量化。

正如本章中多次提到的，由于 CAV 的控制能力增强，它们在降低道路交通的能量消耗方面具有巨大的潜力。然而，为了最大限度地开发这种潜力，简单的基于规则的控制策略往往是不够的，需要一种基于数学优化的更系统的方法。

在本书的其余部分，我们通过阐述节能驾驶的数学建模、控制和优化基础，使节能驾驶的科学公式化。我们还描述了实现节能驾驶功能所需的软件和硬件技术，并总结了大量相关的仿真和试验案例研究。

交通控制和规划可能受益于 CAV 技术，并有助于降低总体能耗，但这不是本书的主题。

参 考 文 献

1. McCarthy N (2015) Connected cars by the numbers. Forbes. Accessed 27 Jan 2015
2. Gartner (2015) Gartner says by 2020, a quarter billion connected vehicles will enable new in-vehicle services and automated driving capabilities. http://www.gartner.com/newsroom/id/2970017. Accessed 26 Jan 2015
3. NHTSA (2016) Federal motor vehicle safety standards; V2V communications. Technical Report NHTSA-2016-0126, US Department of Transportation National Highway Traffic Safety Administration
4. FHWA (2016) Vehicle-to-infrastructure deployment guidance and products. Technical Report FHWA-HOP-15-015, US Department of Transportation Federal Highway Administration
5. University of Michigan Center for Sustainable Systems (2016) Autonomous vehicles factsheet. Technical Report Pub. No. CSS16-18, Center for Sustainable Systems, University of Michigan

6. Alexander-Kearns M, Peterson M, Cassady A (2016) The impact of vehicle automation on carbon emissions. Technical report, Center for American Progress
7. Litman T (2017) Autonomous vehicle implementation predictions. Victoria transport policy institute
8. Brown A, Gonder J, Repac B (2014) An analysis of possible energy impacts of automated vehicle. In: Road vehicle automation, pp 137–153. Springer
9. Wadud Z, MacKenzie D, Leiby P (2016) Help or hindrance? The travel, energy and carbon impacts of highly automated vehicles. Transp Res Part A: Policy Pract 86:1–18
10. Simon K, Alson J, Snapp L, Hula A (2015) Can transportation emission reductions be achieved autonomously?
11. Greenblatt JB, Shaheen S (2015) Automated vehicles, on-demand mobility, and environmental impacts. Curr Sustain/Renew Energy Rep 2(3):74–81
12. Ericsson E, Larsson H, Brundell-Freij K (2006) Optimizing route choice for lowest fuel consumption-potential effects of a new driver support tool. Transp Res Part C: Emerg Technol 14(6):369–383
13. Ahn K, Rakha H (2008) The effects of route choice decisions on vehicle energy consumption and emissions. Transp Res Part D: Transp Environ 13(3):151–167
14. Minett CF, Salomons AM, Daamen W, Van Arem B, Kuijpers S (2011) Eco-routing: comparing the fuel consumption of different routes between an origin and destination using field test speed profiles and synthetic speed profiles. In: Proceedings of forum on integrated and sustainable transportation system (FISTS), pp 32–39. IEEE
15. Ahn K, Rakha HA (2013) Network-wide impacts of eco-routing strategies: a large-scale case study. Transp Res Part D: Transp Environ 25:119–130
16. Sachenbacher M, Leucker M, Artmeier A, Haselmayr J (2011) Efficient energy-optimal routing for electric vehicles. In: AAAI, pp 1402–1407
17. Artmeier A, Haselmayr J, Leucker M, Sachenbacher M (2010) The shortest path problem revisited: optimal routing for electric vehicles. In: Proceedings of annual conference on artificial intelligence, pp 309–316. Springer
18. De Nunzio G, Thibault L, Sciarretta A (2017) Model-based eco-routing strategy for electric vehicles in large urban networks. In: Comprehensive energy management–eco routing & velocity profiles, pp. 81–99. Springer
19. Jurik T, Cela A, Hamouche R, Natowicz R, Reama A, Niculescu S-I, Julien J (2014) Energy optimal real-time navigation system. IEEE Intell Transp Syst Mag 6(3):66–79
20. Houshmand A, Cassandras CG (2018) Eco-routing of plug-in hybrid electric vehicles in transportation networks. In: Proceedings international conference on intelligent transportation systems (ITSC), pp 1508–1513. IEEE
21. Baum M, Sauer J, Wagner D, Zündorf T (2017) Consumption profiles in route planning for electric vehicles: Theory and applications. In: Proceedings of international symposium on experimental algorithms (SEA 2017). Schloss Dagstuhl-Leibniz-Zentrum fuer Informatik
22. Liu C, Zhou M, Jing W, Long C, Wang Y (2017) Electric vehicles en-route charging navigation systems: joint charging and routing optimization. IEEE Trans Control Syst Technol 99:1–9
23. Suzuki Y (2011) A new truck-routing approach for reducing fuel consumption and pollutants emission. Transp Res Part D: Transp Environ 16(1):73–77
24. HERE. HERE APIs (2019) https://developer.here.com/develop/rest-apis
25. Barth M, Boriboonsomsin K (2009) Energy and emissions impacts of a freeway-based dynamic eco-driving system. Transp Res Part D: Transp Environ 14(6):400–410
26. Stahl P, Donmez B, Jamieson GA (2016) Supporting anticipation in driving through attentional and interpretational in-vehicle displays. Accid Anal Prev 91:103–113
27. Asadi B, Zhang C, Vahidi A (2010) The role of traffic flow preview for planning fuel optimal vehicle velocity. In: Proceedings of dynamic systems and control conference, pp 813–819. American Society of Mechanical Engineers
28. Wan N, Gomes G, Vahidi A, Horowitz R (2014) Prediction on travel-time distribution for freeways using online expectation maximization algorithm. In: Proceedings of transportation research board annual meeting
29. Wan N, Zhang c, Vahidi A (2019) Probabilistic anticipation and control in autonomous car following. IEEE Trans Control Syst Technol 27:30–38

30. Schepmann S, Vahidi A (2011) Heavy vehicle fuel economy improvement using ultracapacitor power assist and preview-based MPC energy management. In: Proceedings of American control conference (ACC), pp 2707–2712. IEEE
31. Huang W, Bevly DM, Schnick S, Li X (2008) Using 3D road geometry to optimize heavy truck fuel efficiency. In: Proceedings of international conference on intelligent transportation systems (ITSC), pp 334–339. IEEE
32. Hellström E, Ivarsson M, Åslund J, Nielsen L (2009) Look-ahead control for heavy trucks to minimize trip time and fuel consumption. Control Eng Pract 17(2):245–254
33. Hellström E, Åslund J, Nielsen L (2010) Design of an efficient algorithm for fuel-optimal look-ahead control. Control Eng Pract 18(11):1318–1327
34. He C, Maurer H, Orosz G (2016) Fuel consumption optimization of heavy-duty vehicles with grade, wind, and traffic information. J Comput Nonlinear Dyn 11(6):061011
35. Kamal MAS, Mukai M, Murata J, Kawabe T (2011) Ecological driving based on preceding vehicle prediction using MPC. IFAC Proc Vol 44(1):3843–3848
36. Zhang C, Vahidi A, Pisu P, Li X, Tennant K (2010) Role of terrain preview in energy management of hybrid electric vehicles. IEEE Trans Veh Technol 59(3):1139–1147
37. Argonne National laboratory (ANL) (2010) Argonne launches new tool to help auto industry reduce costs. https://www.anl.gov/article/argonne-launches-new-tool-to-help-auto-industry-reduce-costs
38. Back M, Terwen S, Krebs V (2004) Predictive powertrain control for hybrid electric vehicles. IFAC Proc Vol 37(22):439–444
39. Terwen S, Back M, Krebs V (2004) Predictive powertrain control for heavy duty trucks. IFAC Proc Vol 37(22):105–110
40. Fröberg A, Hellström E, Nielsen L (2006) Explicit fuel optimal speed profiles for heavy trucks on a set of topographic road profiles. Technical report, SAE technical paper
41. Lu J, Hong S, Sullivan J, Hu G, Dai E, Reed D, Baker R (2017) Predictive transmission shift schedule for improving fuel economy and drivability using electronic horizon. SAE Int J Engines 10(2017-01-1092):680–688
42. Danninger A, Armengaud E, Milton G, Lutzner J, Hakstege B, Zurlo G, Schoni A, Lindberg J, Krainer F (2018) IMPERIUM - IMplementation of Powertrain Control for Economic and Clean Real driving emission and fuel consUMption. In: Proceedings of transport research Arena TRA, Vienna, Austria
43. Freightliner (2009) Freightliner trucks launches RunSmart Predictve Cruise for Cascadia. https://daimler-trucksnorthamerica.com/influence/press-releases/#freightliner-trucks-launches-runsmart-predictive-cruise-2009-03-019. Accessed 19 Mar 2009
44. Barry K (2012). Trucks use GPS to anticipate hills, save fuel. Wired magazine. Accessed 21 May 2012
45. Sun C, Hu X, Moura SJ, Sun F (2015) Velocity predictors for predictive energy management in hybrid electric vehicles. IEEE Trans Control Syst Technol 23(3):1197–1204
46. Dornieden B, Junge L, Pascheka P (2012) Anticipatory energy-efficient longitudinal vehicle control. ATZ Worldw 114(3):24–29
47. Sujan VA, Frazier TR, Follen K, Moon SM (2014) System and method of cylinder deactivation for optimal engine torque-speed map operation. https://www.google.ch/patents/US8886422. US Patent 8,886,422. Accessed 11 Nov 2014
48. Braun M, Linde M, Eder A, Kozlov E (2010) Looking forward: predictive thermal management optimizes efficiency and dynamics. dSPACE Mag
49. Asadi B, Vahidi A (2009) Predictive use of traffic signal state for fuel saving. IFAC Proc Vol 42(15):484–489
50. Asadi B, Vahidi A (2011) Predictive cruise control: utilizing upcoming traffic signal information for improving fuel economy and reducing trip time. IEEE Trans Control Syst Technol 19(3):707–714
51. Mandava S, Boriboonsomsin K, Barth M (2009) Arterial velocity planning based on traffic signal information under light traffic conditions. In: Proceedings of international conference on intelligent transportation systems (ITSC). IEEE, pp 1–6

52. Rakha H, Raj Kishore Kamalanathsharma. Eco-driving at signalized intersections using V2I communication. In: Proceedings of international conference on intelligent transportation systems (ITSC), pp 341–346. IEEE
53. Mahler G, Vahidi A (2014) An optimal velocity-planning scheme for vehicle energy efficiency through probabilistic prediction of traffic-signal timing. IEEE Trans Intell Transp Syst 15(6):2516–2523
54. Xia H, Boriboonsomsin K, Schweizer F, Winckler A, Zhou K, Zhang W-B, Barth M (2012). Field operational testing of eco-approach technology at a fixed-time signalized intersection. In: Proceedings of international conference on intelligent transportation systems (ITSC), pp 188–193. IEEE
55. Jin Q, Wu G, Boriboonsomsin K, Barth MJ (2016) Power-based optimal longitudinal control for a connected eco-driving system. IEEE Trans Intell Transp Syst 17(10):2900–2910
56. Mahler G (2013) Enhancing energy efficiency in connected vehicles via access to traffic signal information. PhD thesis, Clemson University
57. Hao P, Wu G, Boriboonsomsin K, Barth M (2017) Eco-approach and departure (EAD) application for actuated signals in real-world traffic. Technical report, University of California, Riverside
58. Mahler G, Winckler A, Fayazi SA, Vahidi A, Filusch M (2017) Cellular communication of traffic signal state to connected vehicles for eco-driving on arterial roads: system architecture and experimental results. In: Proceedings of intelligent transportation systems conference, pp 1–6. IEEE
59. Koukoumidis E, Peh L-S, MR Martonosi (2011). SignalGuru: leveraging mobile phones for collaborative traffic signal schedule advisory. In: Proceedings of international conference on mobile systems, applications, and services, pp 127–140. ACM
60. Fayazi SA, Vahidi A, Mahler G, Winckler A (2015) Traffic signal phase and timing estimation from low-frequency transit bus data. IEEE Trans Intell Transp Syst 16(1):19–28
61. Fayazi SA, Vahidi A (2016) Crowdsourcing phase and timing of pre-timed traffic signals in the presence of queues: algorithms and back-end system architecture. IEEE Trans Intell Transp Syst 17(3):870–881
62. Marshall A (2016) Enlighten app uses AI to predict when lights will turn green. Wired Magazine. Accessed 30 Oct 2016
63. Bodenheimer R, Brauer A, Eckhoff D, German R (2014) Enabling GLOSA for adaptive traffic lights. In: Proceedings of vehicular networking conference (VNC), pp 167–174. IEEE
64. Scora G, Barth M (2006) Comprehensive modal emissions model (CMEM), version 3.01. User guide. Centre for environmental research and technology. University of California, Riverside
65. Kamalanathsharma R, Rakha H (2013) Multi-stage dynamic programming algorithm for eco-speed control at traffic signalized intersections. In: Proceedings of international conference on intelligent transportation systems (ITSC), pp 2094–2099. IEEE
66. Rakha HA, Ahn K, Moran K, Saerens B, Van den Bulck E (2011) Virginia tech comprehensive power-based fuel consumption model: model development and testing. Transp Res Part D: Transp Environ 16(7):492–503
67. Wan N, Vahidi A, Luckow A (2016) Optimal speed advisory for connected vehicles in arterial roads and the impact on mixed traffic. Transp Res Part C: Emerg Technol 69:548–563
68. Paramics Q (2009) The paramics manuals, version 6.6. 1. Quastone Paramics LTD, Edinburgh, Scotland, UK
69. Xia H, Boriboonsomsin K, Barth M (2013) Dynamic eco-driving for signalized arterial corridors and its indirect network-wide energy/emissions benefits. J Intell Transp Syst 17(1):31–41
70. Kamalanathsharma RK, Rakha HA, Yang H (2015. Network-wide impacts of vehicle eco-speed control in the vicinity of traffic signalized intersections. In: Proceedings of transportation research board annual meeting, pp 91–99
71. HomChaudhuri B, Vahidi A, Pisu P (2017) Fast model predictive control-based fuel efficient control strategy for a group of connected vehicles in urban road conditions. IEEE Trans Control Syst Technol 25(2):760–767

72. Mersky AC, Samaras C (2016) Fuel economy testing of autonomous vehicles. Transp Res Part C: Emerg Technol 65:31–48
73. Hoogendoorn S, Ossen S, Schreuder M (2006) Empirics of multianticipative car-following behavior. Transp Res Rec: J Transp Res Board 1965(1):112–120
74. Vanderbilt T (2009). Traffic: why we drive the way we do, 1st edn. Vintage
75. Ossen S, Hoogendoorn SP (2011) Heterogeneity in car-following behavior: theory and empirics. Transp Res Part C: Emerg Technol 19(2):182–195
76. Kamal MAS, Imura J, Hayakawa T, Ohata A, Aihara K (2014) Smart driving of a vehicle using model predictive control for improving traffic flow. IEEE Trans Intell Transp Syst 15(2):878–888
77. Dirk H (2001) Traffic and related self-driven many-particle systems. Rev Mod Phys 73:1067–1141. https://doi.org/10.1103/RevModPhys.73.1067
78. Sugiyama Y, Fukui M, Kikuchi M, Hasebe K, Nakayama A, Nishinari K, Tadaki S, Yukawa S (2008) Traffic jams without bottlenecks–experimental evidence for the physical mechanism of the formation of a jam. New J Phys 10(3):033001
79. Flynn MR, Kasimov AR, Nave J-C, Rosales RR, Seibold B (2009) Self-sustained nonlinear waves in traffic flow. Phys Rev E 79(5):056113
80. Stern RE, Cui S, Delle Monache ML, Bhadani R, Bunting M, Churchill M, Hamilton N, Haulcy R, Pohlmann H, Wu F, Piccoli B, Seibold B, Sprinkle J, Work DB (2017) Dissipation of stop-and-go waves via control of autonomous vehicles: Field experiments. http://arxiv.org/abs/1705.01693
81. McDonough K, Kolmanovsky I, Filev D, Yanakiev D, Szwabowski S, Michelini J (2013) Stochastic dynamic programming control policies for fuel efficient vehicle following. In: Proceedings of American control conference (ACC), pp 1350–1355. IEEE
82. Han J, Sciarretta A, Ojeda LL, De Nunzio G, Thibault L (2018) Safe- and eco-driving control for connected and automated electric vehicles using analytical state-constrained optimal solution. IEEE Trans Intell Veh 3(2):163–172
83. Lang D, Schmied R, Del Re L (2014) Prediction of preceding driver behavior for fuel efficient cooperative adaptive cruise control. SAE Int J Engines 7(2014-01-0298):14–20
84. Zhang C, Vahidi A (2011) Predictive cruise control with probabilistic constraints for eco driving. In: Proceedings of dynamic systems and control conference and symposium on fluid power and motion control, pp 233–238. American Society of Mechanical Engineers
85. Bichi M, Ripaccioli G, Di Cairano S, Bernardini D, Bemporad A, Kolmanovsky IV (2010) Stochastic model predictive control with driver behavior learning for improved powertrain control. In: Proceedings of conference on decision and control (CDC), pp 6077–6082. IEEE
86. McDonough K, Kolmanovsky I, Filev D, Szwabowski S, Yanakiev D, Michelini J (2014) Stochastic fuel efficient optimal control of vehicle speed. In: Optimization and optimal control in automotive systems, pp 147–162. Springer
87. Dollar RA, Vahidi A (2017) Quantifying the impact of limited information and control robustness on connected automated platoons. In: Proceedings of international conference on intelligent transportation systems (ITSC), pp 1–7. IEEE
88. Zheng Y, Li SE, Li K, Borrelli F, Hedrick JK (2017) Distributed model predictive control for heterogeneous vehicle platoons under unidirectional topologies. IEEE Trans Control Syst Technol 25(3):899–910
89. Orosz G (2016) Connected cruise control: modelling, delay effects, and nonlinear behaviour. Veh Syst Dyn 54(8):1147–1176
90. Li NI, He CR, Orosz G (2016) Sequential parametric optimization for connected cruise control with application to fuel economy optimization. In: Proceedings of conference on decision and control (CDC), pp 227–232. IEEE
91. Goodall NJ, Park B, Smith BL (2014) Microscopic estimation of arterial vehicle positions in a low-penetration-rate connected vehicle environment. J Transp Eng 140(10):04014047
92. Ge JI, Orosz G (2014) Dynamics of connected vehicle systems with delayed acceleration feedback. Transp Res Part C: Emerg Technol 46:46–64

93. Qin WB, Gomez MM, Orosz G (2017) Stability and frequency response under stochastic communication delays with applications to connected cruise control design. IEEE Trans Intell Transp Syst 18(2):388–403
94. Manzie C, Watson H, Halgamuge S (2007) Fuel economy improvements for urban driving: Hybrid vs. intelligent vehicles. Transp Res Part C: Emerg Technol 15(1):1–16
95. Li SE, Peng H (2012) Strategies to minimize the fuel consumption of passenger cars during car-following scenarios. Proc Inst Mech Eng, Part D: J Automob Eng 226(3):419–429
96. Turri V, Kim Y, Guanetti J, Johansson KH, Borrelli F (2014) A model predictive controller for non-cooperative eco-platooning. In: Proceedings of American control conference (ACC), pp 2309–2314
97. Rios-Torres J, Malikopoulos AA (2017) A survey on the coordination of connected and automated vehicles at intersections and merging at highway on-ramps. IEEE Trans Intell Transp Syst 18(5):1066–1077
98. Bevly D, Cao X, Gordon M, Ozbilgin G, Kari D, Nelson B, Woodruff J, Barth M, Murray C, Kurt A et al (2016) Lane change and merge maneuvers for connected and automated vehicles: a survey. IEEE Trans Intell Veh 1(1):105–120
99. Kamal MAS, Taguchi S, Yoshimura T (2015) Efficient vehicle driving on multi-lane roads using model predictive control under a connected vehicle environment. In: Proceedings of intelligent vehicles symposium (IV), pp 736–741. IEEE
100. Kamal MAS, Taguchi S, Yoshimura T (2016) Efficient driving on multilane roads under a connected vehicle environment. IEEE Trans Intell Transp Syst 17(9):2541–2551
101. Rios-Torres J, Malikopoulos AA (2017) Automated and cooperative vehicle merging at highway on-ramps. IEEE Trans Intell Transp Syst 18(4):780–789
102. Kamal MAS, Mukai M, Murata J, Kawabe T (2013) Model predictive control of vehicles on urban roads for improved fuel economy. IEEE Trans Control Syst Technol 21(3):831–841
103. Dollar RA, Vahidi A (2018) Predictively coordinated vehicle acceleration and lane selection using mixed integer programming. In: Proceedings of dynamic systems and control Conference, pages V001T09A006–V001T09A006. American Society of Mechanical Engineers
104. Papageorgiou M, Kotsialos A (2000) Freeway ramp metering: an overview. In: Proceedings of international conference on intelligent transportation systems (ITSC), pp 228–239. IEEE
105. Hegyi A, De Schutter B, Hellendoorn H (2005) Model predictive control for optimal coordination of ramp metering and variable speed limits. Transp Res Part C: Emerg Technol 13(3):185–209
106. Hafner MR, Cunningham D, Caminiti L, Del Vecchio D (2013) Cooperative collision avoidance at intersections: algorithms and experiments. IEEE Trans Intell Transp Syst 14(3):1162–1175
107. Letter C, Elefteriadou L (2017) Efficient control of fully automated connected vehicles at freeway merge segments. Transp Res Part C: Emerg Technol 80:190–205
108. Zhou M, Qu X, Jin S (2016) On the impact of cooperative autonomous vehicles in improving freeway merging: a modified intelligent driver model-based approach. IEEE Trans Intell Transp Syst
109. Browand F, McArthur J, Radovich C (2004) Fuel saving achieved in the field test of two tandem trucks. California partners for advanced transit and highways (PATH)
110. Bishop R, Bevly D, Humphreys L, Boyd S, Murray D (2017) Evaluation and testing of driver-assistive truck platooning: phase 2 final results. Transp Res Rec: J Transp Res Board 2615(1):11–18
111. Kunze R, Ramakers R, Henning K, Jeschke S (2011) Organization and operation of electronically coupled truck platoons on German motorways. In: Automation, communication and cybernetics in science and engineering 2009/2010, pp 427–439. Springer
112. Alam A, Gattami A, Johansson KH (2010) An experimental study on the fuel reduction potential of heavy duty vehicle platooning. In: Proceedings of international conference on intelligent transportation systems (ITSC), pp 306–311. IEEE
113. Alam A (2014) Fuel-efficient heavy-duty vehicle platooning. PhD thesis, KTH Royal Institute of Technology

114. Tsugawa S (2014) Results and issues of an automated truck platoon within the energy its project. In: Proceedings of intelligent vehicles symposium, pp 642–647. IEEE
115. Tsugawa S, Jeschke S, Shladover SE (2016) A review of truck platooning projects for energy savings. IEEE Trans Intell Veh 1(1):68–77
116. Swaroop D, Hedrick JK (1996) String stability of interconnected systems. IEEE Trans Autom Control 41(3):349–357
117. Segata M, Bloessl B, Joerer S, Sommer C, Gerla M, Cigno RL, Dressler F (2015) Toward communication strategies for platooning: simulative and experimental evaluation. IEEE Trans Veh Technol 64(12):5411–5423
118. Willke TL, Tientrakool P, Maxemchuk NF (2009) A survey of inter-vehicle communication protocols and their applications. IEEE Commun Surv Tutor 11(2)
119. Swaroop DVAHG, Hedrick JK (1999) Constant spacing strategies for platooning in automated highway systems. J Dyn Syst Meas Control 121(3):462–470
120. Horowitz R, Varaiya P (2000) Control design of an automated highway system. Proc IEEE 88(7):913–925
121. Larson J, Liang K-Y, Johansson KH (2015) A distributed framework for coordinated heavy-duty vehicle platooning. IEEE Trans Intell Transp Syst 16(1):419–429
122. Muoio D (2017) Here's how Tesla, Uber, and Google are trying to revolutionize the trucking industry. Business Insider. Accessed 20 June 2017
123. Naus GJL, Vugts RPA, Ploeg J, van de Molengraft MJG, Steinbuch M (2010) String-stable CACC design and experimental validation: a frequency-domain approach. IEEE Trans Veh Technol 59(9):4268–4279
124. Ploeg J, Scheepers BTM, Van Nunen E, Van de Wouw N, Nijmeijer H (2011) Design and experimental evaluation of cooperative adaptive cruise control. In: Proceedings of international conference on intelligent transportation systems (ITSC), pp 260–265. IEEE
125. Ploeg J, Shladover S, Nijmeijer H, van de Wouw N (2012) Introduction to the special issue on the 2011 grand cooperative driving challenge. IEEE Trans Intell Transp Syst 13(3):989–993
126. Van Nunen E, Kwakkernaat RJAE, Ploeg J, Netten BD (2012) Cooperative competition for future mobility. IEEE Trans Intell Transp Syst 13(3):1018–1025
127. Van Arem B, Van Driel CJG, Visser R (2006) The impact of cooperative adaptive cruise control on traffic-flow characteristics. IEEE Trans Intell Transp Syst 7(4):429–436
128. Zheng Y, Li SE, Wang J, Wang LY, Li K (2014) Influence of information flow topology on closed-loop stability of vehicle platoon with rigid formation. In: Proceedings of international conference on intelligent transportation systems (ITSC), pp 2094–2100. IEEE
129. Di Bernardo M, Salvi A, Santini S (2015) Distributed consensus strategy for platooning of vehicles in the presence of time-varying heterogeneous communication delays. IEEE Trans Intell Transp Syst 16(1):102–112
130. Besselink B, Turri V, van de Hoef SH, Liang K-Y, Alam A, Mårtensson J, Johansson KH (2016) Cyber–physical control of road freight transport. Proc IEEE 104(5):1128–1141
131. Lelouvier A, Guanetti J, Borrelli F (2017) Eco-platooning of autonomous electrical vehicles using distributed model predictive control. In: Proceedings of conference on intelligent transportation systems, pp 464–469. IEEE
132. Dunbar WB, Caveney DS (2012) Distributed receding horizon control of vehicle platoons: stability and string stability. IEEE Trans Autom Control 57(3):620–633
133. Wang J-Q, Li SE, Zheng Y, Lu X-Y (2015) Longitudinal collision mitigation via coordinated braking of multiple vehicles using model predictive control. Integr Comput-Aided Eng 22(2):171–185
134. Nie J, Zhang J, Ding W, Wan X, Chen X, Ran B (2016) Decentralized cooperative lane-changing decision-making for connected autonomous vehicles. IEEE Access 4:9413–9420
135. Cao W, Mukai M, Kawabe T, Nishira H, Fujiki N (2015) Cooperative vehicle path generation during merging using model predictive control with real-time optimization. Control Eng Pract 34:98–105
136. Awal T, Murshed M, Ali M (2015) An efficient cooperative lane-changing algorithm for sensor-and communication-enabled automated vehicles. In: Proceedings intelligent vehicles symposium (IV), pp 1328–1333. IEEE

137. Scarinci R, Heydecker B, Hegyi A (2015) Analysis of traffic performance of a merging assistant strategy using cooperative vehicles. IEEE Trans Intell Transp Syst 16(4):2094–2103
138. Mosebach A, Röchner S, Lunze J (2016) Merging control of cooperative vehicles. IFAC-PapersOnLine 49(11):168–174
139. Lombard A, Perronnet F, Abbas-Turki A, El Moudni A (2017) On the cooperative automatic lane change: Speed synchronization and automatic "courtesy". In: Proceedings of design, automation & test in Europe conference & exhibition (DATE), pp 1655–1658. IEEE
140. Kazerooni ES, Ploeg J (2015) Interaction protocols for cooperative merging and lane reduction scenarios. In: Proceedings of international conference on intelligent transportation systems (ITSC), pp 1964–1970. IEEE
141. Raboy K, Ma J, Stark J, Zhou F, Rush K, Leslie E (2017) Cooperative control for lane change maneuvers with connected automated vehicles: a field experiment. Technical report, Transportation Research Board
142. Diakaki C, Papageorgiou M, Aboudolas K (2002) A multivariable regulator approach to traffic-responsive network-wide signal control. Control Eng Pract 10(2):183–195
143. He Q, Head KL, Ding J (2012) PAMSCOD: platoon-based arterial multi-modal signal control with online data. Transp Res Part C: Emerg Technol 20(1):164–184
144. Kamal MAS, Imura J, Hayakawa T, Ohata A, Aihara K (2015a) Traffic signal control of a road network using MILP in the MPC framework. Int J Intell Transp Syst Res 13(2):107–118
145. Goodall N, Smith B, Park B (2013) Traffic signal control with connected vehicles. Transp Res Rec: J Transp Res Board 2381(1):65–72
146. De Nunzio G, Gomes G, Canudas-de Wit C, Horowitz R, Moulin P (2017). Speed advisory and signal offsets control for arterial bandwidth maximization and energy consumption reduction. IEEE Trans Control Syst Technol 25(3):875–887
147. Dresner K, Stone P (2008) A multiagent approach to autonomous intersection management. J Artif Intell Res, pp 591–656
148. Ferreira M, Fernandes R, Conceição H, Viriyasitavat W, Tonguz OK (2010) Self-organized traffic control. In: Proceedings of international workshop on VehiculAr InterNETworking, pp 85–90. ACM
149. Ferreira M, d'Orey PM (2012) On the impact of virtual traffic lights on carbon emissions mitigation. IEEE Trans Intell Transp Syst 13(1):284–295
150. Guler SI, Menendez M, Meier L (2014) Using connected vehicle technology to improve the efficiency of intersections. Transp Res Part C: Emerg Technol 46:121–131
151. Tachet R, Santi P, Sobolevsky S, Reyes-Castro LI, Frazzoli E, Helbing D, Ratti C (2016) Revisiting street intersections using slot-based systems. PloS one 11(3):e0149607
152. Huang S, Sadek AW, Zhao Y (2012) Assessing the mobility and environmental benefits of reservation-based intelligent intersections using an integrated simulator. IEEE Trans Intell Transp Sys 13(3):1201–1214
153. Fayazi SA, Vahidi A, Luckow A (2017) Optimal scheduling of autonomous vehicle arrivals at intelligent intersections via MILP. In: Proceedings of American control conference (ACC), pp 4920–4925. IEEE
154. Fayazi SA, Vahidi A (2018) Mixed-integer linear programming for optimal scheduling of autonomous vehicle intersection crossing. IEEE Trans Intell Veh 3(3):287–299
155. Lioris J, Pedarsani R, Tascikaraoglu FY, Varaiya P (2016) Doubling throughput in urban roads by platooning. IFAC Symp Control Transp Syst 49(3):49–54
156. Jin Q, Wu G, Boriboonsomsin K, Barth M (2013) Platoon-based multi-agent intersection management for connected vehicle. In: Proceedings of international conference on intelligent transportation systems (ITSC 2013), pp 1462–1467. IEEE, Oct 2013. https://doi.org/10.1109/ITSC.2013.6728436
157. Fernandes R, d'Orey PM, Ferreira M (2010) Divert for realistic simulation of heterogeneous vehicular networks. In: Proceedings of international conference on mobile adhoc and sensor systems (MASS), pp 721–726. IEEE
158. Cappiello A, Chabini I, Nam EK, Lue A, Zeid MA (2002) A statistical model of vehicle emissions and fuel consumption. In: Proceedings of international conference on intelligent transportation systems, pp 801–809. IEEE

159. Fayazi SA, Vahidi A (2017) Vehicle-In-the-Loop (VIL) verification of a smart city intersection control scheme for autonomous vehicles. In: Proceedings of conference on control technology and applications (CCTA), pp 1575–1580. IEEE
160. Koshizen T, Kamal MAS, Koike H (2015) Traffic congestion mitigation using intelligent driver model (IDM) combined with lane changes-why congestion detection is so needed? Technical report, SAE technical paper
161. Shladover S, Dongyan S, Xiao-Yun L (2012) Impacts of cooperative adaptive cruise control on freeway traffic flow. Transp Res Rec: J Transp Res Board 2324(1):63–70
162. Milanés V, Shladover SE, Spring J, Nowakowski C, Kawazoe H, Nakamura M (2014) Cooperative adaptive cruise control in real traffic situations. IEEE Trans Intell Transp Syst 15(1):296–305
163. Talebpour A, Mahmassani HS (2016) Influence of connected and autonomous vehicles on traffic flow stability and throughput. Transp Res Part C: Emerg Technol 71:143–163
164. Nishi R, Tomoeda A, Shimura K, Nishinari K (2013) Theory of jam-absorption driving. Transp Res Part B: Methodol 50:116–129
165. Taniguchi Y, Nishi R, Tomoeda A, Shimura K, Ezaki T, Nishinari K (2015) A demonstration experiment of a theory of jam-absorption driving. In: Traffic and Granular Flow'13, pp 479–483. Springer
166. Ma J, Li X, Shladover S, Rakha HA, Lu X-Y, Jagannathan R, Dailey DJ (2016) Freeway speed harmonization. IEEE Trans Intell Veh 1(1):78–89

第 2 章

车辆建模基础

在汽车能量效率分析过程中，至少有三个能量转换过程与乘用车和其他道路车辆的能源效率综合分析有关。如图 2.1 所示，在第一步（电网到油箱）中，在固定分配网络中获得的能量载体（如汽油、电力）被转移到车载存储系统中。然后，这种能量被动力系统转化为旨在推动车辆行驶的机械能（油箱到车轮）。在第三个能量转换步骤（车轮到距离）中，这个机械能最终转化为位移所需的动能和势能。不幸的是，所有这些转换过程都可能造成大量的能量损失。

图 2.1　道路行驶中的宏观能量转换过程

无论是在部件层面还是在系统控制层面，都可以通过多种方法来提高油箱到车轮的效率[1]。目前，针对电动汽车，通过选择合适的充电时段和充电方式来提高电网到油箱效率的方法正在研究之中。轮对效率的最大化是本书的主要课题之一。虽然在给定的有效能量 E_M 的情况下，最小化车轮的能量 E_W 在理论上是可能的，并将在下面的章节中进行实际处理，但通常更有趣的是尝试最小化车载能源（油箱）消耗的能量 E_T。为了分析这样的问题，我们将在下面的章节中介绍特定类型车辆的动力系统模型。

在评估油箱到里程的效率和预测道路车辆的能耗时，一般的方法是使用车辆及其动力系统的模块化模型，如图 2.2 ~ 图 2.6 所示，这种模型由多个子模型组成，代表了从 E_T 到 E_M 的每个相关能量转换步骤。为了评估给定驾驶工况的油箱能量，这些模型通常是逆向求解，即模型的输入是在道路层面（速度、加速度），而能量转换的方向与实际物理能量流的方向相反，最终得出从车载能源中消耗的能量。相反，实际能量流（从能量源到道路）被用来预测动力总成控制策略对驾驶性能的

图 2.2　内燃机汽车的能耗逆向计算

影响，从而预测出相应的能量消耗。为此，尽管有物理因果关系（"正向"建模），仍可以使用图2.2～图2.6中相同的模块化方法。

图2.3 电动汽车能耗的逆向计算

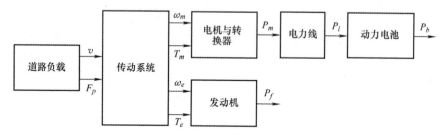

图2.4 并联式混合动力汽车能耗逆向计算

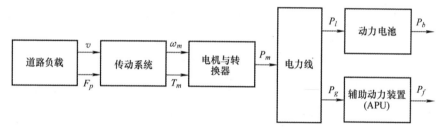

图2.5 串联式混合动力汽车能耗逆向计算

图2.6 自行车能耗逆向计算

第2.1节将介绍所有类型的道路车辆所需的能量消耗模型。然后，分别对每个动力传动系统建立模型，总结出对计算燃油消耗有用的主要公式（第2.2～2.5节）。

2.1 道路行驶载荷

从动力学的角度来看，道路车辆一般被视为半刚体，并通过其沿三维坐标的线性和角度位置来描述。然而对于我们的研究目的来说，纵向运动往往就足够了。因此，我们将考虑纵向位置$s(t)$和速度$v(t)$的动态变化。

2.1.1 道路车辆的作用力

车辆的纵向动力学由牛顿第二运动定律控制,如图2.7所示。

$$m_t \frac{dv(t)}{dt} = F_p(t) - F_{res}(t) - F_b(t) \qquad (2.1)$$

在这个方程中,$m_t = m + m_r$ 是总有效质量,即车辆质量(整备质量)和乘员质量之和 m,再加上一个描述旋转部件(发动机、电机等)的惯性传递给车轮的影响的项 m_r。m_r 通常随着传动比的变化而变化,但这种变化往往被忽略。当然,车辆质量的范围很广,从不到100kg的自行车(骑行者的质量比车辆突出)到十几吨的重型货车。即使存在横向运动,如变道(见第9.4节),与这种瞬时横向运动相关的能量消耗也将被忽略。

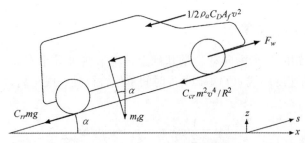

图2.7 运动中的车辆受力示意图

F_p 是动力系统在车轮上施加的力的总和;F_b 是指仅由摩擦制动器施加的力,而"再生"制动可能由电动、液压、气动或与蓄能器结合提供,在这里被视为动力系统的一部分。代表道路负荷的 F_{res} 可能包括几个影响因素。我们的分析仅限于最相关的部分,可以将道路荷载写为

$$F_{res}(t) = \frac{1}{2}\rho_a C_D(t) A_f (v(t) - w)^2 + C_{rr} mg\cos(\alpha(s(t))) +$$
$$C_{cr}\frac{m^2 v(t)^4}{R(s(t))^2} + mg\sin(\alpha(s(t))) \qquad (2.2)$$

式中,C_{rr} 为滚动阻力系数;α 和 R 为道路坡度和平面曲率半径,它们一般是车辆位置 s 的函数;ρ_a 为空气密度;w 为纵向风速;A_f 为车辆正面面积;C_{cr} 为转弯阻力系数[2,3];C_D 为空气阻力系数。

式(2.2)右侧的前三项被视为物理复杂现象的近似值[1],这些项分别定义了代表滚动、转弯和空气动力阻力的系数 C_{cr}、C_{rr} 和 C_D。在干燥的道路上,C_{rr} 的典型值从0.002(高质量的自行车赛车轮胎)到0.02(低气压的汽车轮胎)不等。C_D 的典型值从0.15(低阻力概念车)到1.2(自行车)不等。C_{cr} 的数量级为 10^{-5}。

影响这些参数的主要因素在描述车辆动力系统的书籍中都有提到[1]。这些因

素主要由车辆、道路和天气组成,因此对于给定的行程,它们通常可以被认为是常数。也许唯一相关的例外是 C_D 作为与前车间距函数的变化。因为当两车相互距离接近于零时,这个系数的减少肯定非常重要[4,5],无论是对跟随车辆还是头车,尽管不是那么明显,但这一特性是汽车节能的基础,如呈队列行驶的重型货车或自行车。

通常将 F_{res} 确定为一个整体,让车辆在无风($w=0$)的平直路面($\alpha=0$,$R\to\infty$)上行驶($F_p=F_b=0$),观察速度变化,然后用 $v(t)$ 的多项式函数表示。

$$F_{res}(t) = C_0 + C_1 v(t) + C_2 v(t)^2 \tag{2.3}$$

式中,C_0、C_1、C_2 为道路荷载系数。

请注意,在本章开头介绍的"后向"方法中,式(2.1)~式(2.3)被用来评估 $F_p(t)$ 作为 $v(t)$、dv/dt 和 $s(t)$ 的函数。

2.1.2 车轮驱动能量需求

在前一节介绍的汽车纵向动力学基础上,本节将推导出车轮驱动所需的能量 E_W,按照规定的速度曲线 $v(t)$,以 t_f 为时间单位,行驶一段距离 s_f。对于这样的行程,有效能量 E_M 将被定义为

$$E_M = \frac{1}{2} m_t (v_f^2 - v_i^2) + mg\Delta z \tag{2.4}$$

式中,v_i 和 v_f 分别为出发地和目的地的速度;Δz 为行程中的总海拔变化。

首先定义车轮上的净力为 $F_w(t) \triangleq F_p(t) - F_b(t)$。因此车轮上所需的瞬时功率为 $F_w(t)v(t)$。由式(2.1)和式(2.2)可知,假设一条无风的直路,净能量 E_W 可表达为

$$\begin{aligned} E_W &= \int_0^{t_f} F_w(t) v(t) dt \\ &= \int_0^{t_f} \left(m_t \frac{dv(t)}{dt} + mg\sin\alpha(s(t)) + C_{rr}\cos\alpha(s(t)) + \frac{1}{2}\rho_a A_f C_D v^2(t) \right) v(t) dt \end{aligned} \tag{2.5}$$

利用式(2.4),整合后可得

$$E_W = E_M + mgC_{rr}\Delta x + \frac{1}{2}\rho_a A_f C_D \int_0^{t_f} v^3(t) dt \tag{2.6}$$

式中,Δx 为行驶的水平距离。

需要注意的是,整合后的公式中道路坡度并没有出现。然而,由于速度和动力系统输出的约束,行程中的高速工况对能源使用会造成很大的影响,事先预知可以更好地对部件进行管理以节省燃料的使用。

对式(2.6)的分析表明,E_M 并不能提供减少 E_W 的机会,因为它只受初始和终点条件的限制。$mgC_{rr}\Delta x$ 代表不可逆的摩擦损失,可以通过选择 C_{cr} 较低的线路来减少。最后一项即空气动力阻力损失的能量,是唯一可以受到沿途决策影响的因

素,因此是协同式自动驾驶的核心考虑因素。

在这方面,较低的速度显然会导致较低的阻力损失。更具体地说,阻力项可以按照文献[6]中的方法明确地进行计算。

$$\frac{1}{2}\rho_a A_f C_D \int_0^{t_f} v^3(t) \mathrm{d}t = \frac{1}{2}\rho_a A_f C_D \left(\frac{b_v \sigma_v^3}{\bar{v}} + 3\sigma_v^3 + \bar{v}^2 \right) s_f \tag{2.7}$$

其中,平均速度为

$$\bar{v} \triangleq \frac{\int_0^{t_f} v(s) \mathrm{d}t}{t_f} = \frac{s_f}{t_f} \tag{2.8}$$

方差为

$$\sigma_v^2 \triangleq \frac{\int_0^{t_f} (v(t) - \bar{v})^2 \mathrm{d}t}{t_f} \tag{2.9}$$

速度偏度为

$$b_v \triangleq \frac{\int_0^{t_f} (v(t) - \bar{v})^3 \mathrm{d}t}{t_f \sigma_v^3} \tag{2.10}$$

通过参数化式(2.3),可以将式(2.6)推广为平坦的道路荷载

$$E_W = E_M + \left(C_0 + C_1 \bar{v} + C_2 \bar{v}^2 + C_1 \frac{\sigma_v^2}{\bar{v}} + 3C_2 \sigma_v^2 + \frac{C_2 b_v \sigma_v^3}{\bar{v}} \right) s_f \tag{2.11}$$

总而言之,车轮到距离的能量损失 $E_W - E_M$ 取决于四个驱动参数($s_f/\bar{v}$, t_f, σ_v^2, b_v)和三个车辆参数(C_0, C_1, C_2)。它们的相互影响可以通过灵敏度分析来评估,通用参数 π 的灵敏度定义为

$$S_\pi \triangleq \frac{\partial (E_W - E_M)}{\partial \pi} \frac{\pi}{E_W - E_M} \tag{2.12}$$

图 2.8 所示为在城市、混合道路和高速公路行驶工况下,对驾驶和车辆参数的典型敏感性分析结果。在低平均速度下,C_0(滚动阻力)的影响大于 C_2(空气阻

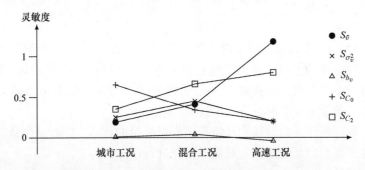

图 2.8 道路参数对典型全尺寸乘用车车轮到距离损失的相对影响

力），但随着 $\bar{v}$ 的增加，情况正好相反。对于平均速度较高的工况，$\bar{v}$ 的相对影响也比其他驱动参数的影响大。灵敏度 $\otimes \sigma_v^2$ 只与城市和混合驾驶条件有关。最后，偏度 b_v 对驾驶和车辆参数影响不大。

前面的分析表明，虽然车辆参数在决定能源需求方面起着重要作用，但考虑到不需要对系统进行结构或材料上的改变，通过控制行驶工况来提高车轮到距离效率的方法就会显示出其应有的潜力。

2.1.3 动力总成能量需求

式（2.6）或式（2.11）计算的车轮能量没有考虑作用在车轮上的摩擦制动器的能量耗散。为了包含这个因素，动力总成所需能量可以定义为

$$E_p = \int_0^{t_f} F_p(t)v(t)\mathrm{d}t = E_W + \int_0^{t_f} F_b(t)v(t)\mathrm{d}t \tag{2.13}$$

式中，F_b 为制动力，$F_b \geq 0$。

总制动力的大小取决于制动策略，通常由驱动轴分担。当然，制动系统通常只有在使车辆减速时才会启动，除了由于行驶阻力引起的减速外，机械和电气制动还可以提供额外的减速。我们可以合理地假设

$$F_b(t) = \begin{cases} -(1-k_b(t))F_w(t), & F_w(t) < 0 \\ 0, & \text{其他} \end{cases} \tag{2.14}$$

式中，k_b 为再生制动力（由动力系统回收并储存在动力电池中）与总制动力之比。对于没有制动能量回收装置的车辆，k_b 接近于零，而对于电动化车辆，$0 \leq k_b \leq 1$。理想的车辆将有 $k_b = 1$（完美回收），在这种情况下，E_p 将与 E_W 相同。

当 $F_W \leq 0$ 时，意味着车辆将动力传递给动力系统或制动器，定义此时为制动模式 $\mathcal{B}$。相反，在牵引模式 $\mathcal{T}$ 中（当 $F_W > 0$ 时），车辆从动力系统获得动力。在这种模式下，车辆仅仅由于阻力而运动（$m_t \mathrm{d}v/\mathrm{d}t = -F_{\mathrm{res}}$，$F_w = 0$），因此 F_p 和 F_b 均为零。当车辆停止时，速度也等于零。

将式（2.14）代入式（2.13）中，动力总成的能量可以用以下公式评估

$$E_p = \int_{\mathcal{T}} \left(m_t \frac{\mathrm{d}v(t)}{\mathrm{d}t} + F_{\mathrm{res}}(t) \right) v(t) \mathrm{d}t + \int_{\mathcal{B}} k_b(t) \left(m_t \frac{\mathrm{d}v(t)}{\mathrm{d}t} + F_{\mathrm{res}}(t) \right) v(t) \mathrm{d}t \tag{2.15}$$

式（2.15）右边的第一项可以用第2.1.2节中介绍的方法明确计算，但是驱动参数（距离、平均速度、高的惯性）仅对牵引阶段进行评估。第二项按照定义是负的。由于 k_b 的变化，它的精确评估变得复杂。然而，如果 k_b 被认为是一个常量参数，那么第2.1.2节的方法仍然适用。

现在，我们将注意力转移到油箱所需提供能量的计算上，即从车载能源中消耗的能量，并根据动力系统的类型对能量消耗进行区分。

2.2 内燃机汽车

在传统内燃机汽车中,绝大多数是由往复式内燃机(ICE)作为驱动源的汽车(轿车、货车、公共汽车等)。这种动力系统的动力源为发动机,它燃烧储存在油箱中的燃料,将机械动力传递给旋转轴,再由传动系统将动力传递给车轮(图2.2)。

在内燃机汽车(ICEV)中,油箱的能耗与燃料燃烧的化学能相对应,即

$$E_T^{(\text{ICEV})} = \int_0^{t_f} P_f(t)\,\mathrm{d}t \tag{2.16}$$

式中,P_f 为燃料消耗产生的功率,即燃料质量流量与其下限低热值的乘积。

现在将按照图2.2的方法,分别分析传动系统和发动机,说明 P_f 与行驶工况的关系。

2.2.1 传动系统(变速器)

在内燃机汽车中,发动机的输出通过传动系统传送到驱动轮。传动系统中的部件根据驱动类型(前轮驱动、后轮驱动、四轮驱动)而不同,但一般包括离合器、变速器、传动轴和带差速器的主减速器。

除了很少使用的无级变速器(CVT)外,通常使用的是具有有限个齿轮比的变速器(齿轮箱),并能在它们之间进行速比切换。这种情况下的传动系统传动比 γ_e 是变速器和主减速器传动比的乘积,可以取 G 的离散值 $\gamma_e \in \{\gamma_{e,g}\}$,$g = 1, \cdots, G$,在某一特定时间 t 所选择的档位是由驾驶员(手动变速器、自动手动变速器(AMT))或变速器控制器决定的。在后一种情况下,档位比是换档规律的结果,可以用相应的换档图来进行表示

$$\gamma_e(t) = \Gamma(v(t), F_p(t)) \tag{2.17}$$

这种映射的一种常见的与速度相关的形式(图2.9)是

$$\Gamma(v) = \gamma_{e,1} + \sum_{g=1}^{G-1} \frac{1}{2}(\gamma_{e,g+1} - \gamma_{e,g})(1 + \sin(\arctan(\alpha_g(v - v_{sh,g}))))$$

$$\tag{2.18}$$

式中,$v_{sh,g}$ 为换档速度;α_g 为系数,α_g 的选择是为了使档位过渡足够平稳。

按照图2.2所示的逆向计算方法,发动机转矩 T_e 经由传动机构与动力总成输出力 F_p 有关,即

$$T_e(t) = \frac{F_p(t) r_w}{\gamma_e(t) \eta_t^{\text{sign}(F_p(t))}} \tag{2.19}$$

式中,r_w 为车轮半径;η_t 为传动效率。

该数值取决于所使用的齿轮传动比,尽管这种相关性经常被忽视而设置为定值。

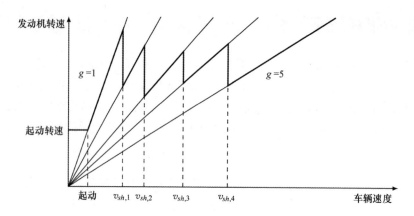

图2.9 由式(2.18)描述的只与速度有关的定性换档规律

反之,发动机转速 ω_e 与车速 v 有关,即

$$\omega_e(t) = \frac{\gamma_e(t)}{r_w} v(t) \qquad (2.20)$$

请注意,式(2.19)意味着在 $F_p = 0$ 时有一个不连续的导数 $\partial T_e / \partial F_p$ (滑行操作)。滑行的一个特殊情况是当变速器处于空档状态时,离合器断开使发动机与车轮解耦。这种操作通常保留在车辆停止状态下,现在也用于汽车在行驶过程中,目的是通过发动机制动效应来延长滑行时间,以节省燃油。在式(2.19)和式(2.20)中不能通过设置 $\gamma_e = 0$ 来描述空档。在这种情况下,发动机要么停止,要么空转(见下文)。

还需要注意的是,在离合(手动变速器)或变矩器(自动变速器)控制动作中,发动机、车辆速度和转矩之间的关系不能用式(2.19)和式(2.20)来描述。

2.2.2 发动机

虽然发动机在燃料类型(汽油、柴油、替代燃料如液化石油气、天然气、E85)、热力学循环(四冲程、二冲程)、吸气方式(自然吸气、增压)以及所使用的技术等方面有很大的不同,但在我们看来,它们有相似的表现形式。

燃油发出的功率 P_f 可以在近似稳态的情况下,使用表格数据("发动机 map 图")作为发动机转矩和转速的函数进行建模。

$$P_f(t) = f(T_e(t), \omega_e(t)) \qquad (2.21)$$

同样,发动机 map 图也可以用效率来表示

$$\eta_e \triangleq \frac{T_e \omega_e}{P_f} \qquad (2.22)$$

如图2.10中等高线所示。

该图还表明,发动机的运行受到一定的限制:①全负荷转矩 $T_{e,\max}$,它取决于

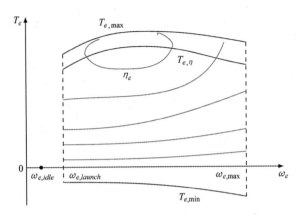

图 2.10 自然吸气式火花塞发动机效率

发动机转速；②阻力矩 $T_{e,\min}$，它因摩擦力而为负值，也取决于转速；③最高转速 $\omega_{e,\max}$；④发动机开始产生稳定转矩的转速 $\omega_{e,launch}$。

当车辆停车或滑行时，将变速器置于空档状态，发动机可能会断开，以怠速 $\omega_{e,idle}$ 运行。为了全面考虑这种情况，必须在考虑发动机 map 图的同时考虑怠速消耗。然而，现代发动机通常都配备了一个发动机起停装置，可以在上述情况下关闭发动机。

曲线 $T_{e,\eta}$ 是发动机最佳工作点的位置，在相同输出功率下，由式（2.22）定义的效率最高。它被称为发动机的最佳工作线（OOL），在一般情况下与最大转矩曲线不一致。

对于本书后面描述的在线应用程序，例如在第 8 章中，近似多项式表达式优于式（2.21）。这类表达式中使用最多的是 Willans 模型[1]。

$$P_f(t) = \frac{T_e(t)\omega_e(t) + P_{e,\min}(\omega_e(t))}{e(\omega_e(t))} \quad (2.23)$$

它由速度相关的参数 e（燃料到气缸产生压力的热能量转换效率）和 $P_{e,\min} = \omega_e T_{e,\min}$（机械摩擦和泵气损失）定义，图 2.11a 所示为用 Willans 模型表示发动机 map 图的例子。

将 $1/e$ 和 $P_{e,\min}/e$ 作为发动机转速的函数进一步参数化，可以得到闭式表达式[7]

$$P_f(t) = (k_{e,0}\omega_e(t) + k_{e,1}\omega_e^2(t)) + (k_{e,2} + k_{e,3}\omega_e(t) + k_{e,4}\omega_e^2(t))T_e(t)\omega_e(t)$$
(2.24)

式中，$k_{e,i}$ ($i=0\cdots4$) 为与设计有关的系数。

通过设置 $T_e=0$ 和 $\omega_e=\omega_{e,idle}$，式（2.23）或式（2.24）也可以记录怠速燃油消耗。

在图 2.11 所示的例子中，燃料消耗产生的功率对转矩或机械功率的依赖性在

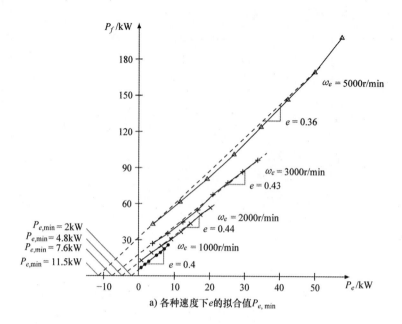

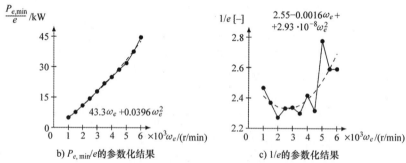

图 2.11 自然吸气式火花点火发动机的 Willans 线（虚线）和实际 map 数据（实线标记）

所有速度下都是合理的，并且可以达到最大转矩允许的速度。然而，在一般情况下，燃料消耗产生功率的范围只延伸到一个中间转矩，通常与 $T_{e,\eta}$ 相吻合或接近，之后曲线 $P_f - P_e$ 会变得明显凸起。

由式 (2.24) 可得发动机制动转矩曲线 $T_{e,\min}(\omega_e)$，设 $P_f = 0$（燃油停止供应）。对于最大转矩曲线 $T_{e,\max}$，点火式自然吸气发动机合理的参数化过程[7]是二次方程，即

$$T_{e,\max}(t) = k_{e,5} + k_{e,6}\omega_e(t) + k_{e,7}\omega_e^2(t) \tag{2.25}$$

对于涡轮增压发动机，其映射关系为

$$T_{e,\max}(t) = \min(k_{e,8} + k_{e,9}\omega_e(t), k_{e,10}, k_{e,11} + k_{e,12}\omega_e(t)) \tag{2.26}$$

2.2.3 ICEV 的燃料消耗

通过前几节介绍的模型，可以评估由式（2.16）定义的 ICEV 的燃料能量消耗。进一步假设在制动阶段 $\mathcal{B}$（$F_W<0$），燃料喷射被关闭（燃料切断），因此发动机吸收功率为 $P_{e,\min}$（发动机制动）。用第 2.13 节的方法，记 $k_b = -P_{e,\min}\eta_t/(vF_w)$，因此，式（2.16）的积分局限于牵引阶段，带入式（2.23）可得

$$E_T^{(\text{ICEV})} = \int_T \frac{v(t)F_w(t)/\eta_t + P_{e,\min}(\omega_e(t))}{e(\omega_e(t))} \mathrm{d}t \tag{2.27}$$

根据式（2.24）的参数化，式（2.27）中的积分可以写成

$$E_T^{(\text{ICEV})} = \sum_g E_{T,g}^{(\text{ICEV})} = \sum_g \int_{T_g} (k_{e,0}\omega_{e,g}(t) + k_{e,1}\omega_{e,g}^2(t) + (k_{e,2} + k_{e,3}\omega_{e,g}(t) + k_{e,4}\omega_{e,g}^2(t))v(t)F_w(t)/\eta_t)\mathrm{d}t \tag{2.28}$$

其中，每项 $E_{T,g}^{(\text{ICEV})}$ 通过对 T_g 进行积分来计算，展开所有项，可以得到一个明确定义的公式，其表达如下

$$\begin{aligned}
E_{T,g}^{(\text{ICEV})} &= \left(\frac{k_{e,0}\gamma_{e,g}}{r_w} + \frac{k_{e,2}C_0}{\eta_t}\right)\int_{T_g} v(t)\mathrm{d}t + \\
&\quad \left(\frac{k_{e,1}\gamma_{e,g}^2}{r_w^2} + \frac{k_{e,2}C_1}{\eta_t} + \frac{k_{e,3}C_0\gamma_{e,g}}{r_w\eta_t}\right)\int_{T_g} v^2(t)\mathrm{d}t + \\
&\quad \left(\frac{k_{e,2}C_2}{\eta_t} + \frac{k_{e,3}\gamma_{e,g}C_1}{r_w\eta_t} + \frac{k_{e,4}\gamma_{e,g}^2C_0}{r_w^2\eta_t}\right)\int_{T_g} v^3(t)\mathrm{d}t + \\
&\quad \left(\frac{k_{e,3}\gamma_{e,g}C_2}{r_w\eta_t} + \frac{k_{e,4}\gamma_{e,g}^2C_1}{r_w^2\eta_t}\right)\int_{T_g} v^4(t)\mathrm{d}t + \left(\frac{k_{e,4}\gamma_{e,g}^2C_2}{r_w^2\eta_t}\right)\int_{T_g} v^5(t)\mathrm{d}t + \\
&\quad \left(\frac{m_t k_{e,2}}{\eta_t}\right)\int_{T_g} v(t)\mathrm{d}v + \left(\frac{m_t k_{e,3}\gamma_{e,g}}{r_w\eta_t}\right)\int_{T_g} v^2(t)\mathrm{d}v + \\
&\quad \left(\frac{m_t k_{e,4}\gamma_{e,g}^2}{r_w^2\eta_t}\right)\int_{T_g} v^3(t)\mathrm{d}v
\end{aligned} \tag{2.29}$$

在这一公式中，燃料能耗被表示为许多项的总和，每一项都是一个积分形式下的车辆相关系数和驾驶相关系数的乘积。这些积分中的每一项都可以进一步表示为部分相位 T_g 和较高惯性下平均速度的函数。

2.3 电动汽车

电动汽车（EV）的动力来自于电池，它积累了电化学能量，并在其终端提供电力。电池是可逆的存储系统，因此，如果有电力供应，那它们可以在运行过程中充电。否则，当车辆停在充电站时，它们将由外部充电器提供电力。电动汽车的动力系统由一台或多台可逆式电机完成，这些可逆式电机可作为电动机或发电机使

用。通常采用三相交流电机。蓄电池端子处的直流电通过电力电子装置（逆变器）转化为交流电，然后再转化为直流电。电机轴上的机械动力通过传动系统与车轮相连。

在电动汽车中，油箱的能量相当于从电动汽车中释放的电化学能量，即

$$E_T^{(\text{EV})} = \int_0^{t_f} P_b(t) \, \mathrm{d}t \qquad (2.30)$$

式中，P_b 为电化学功率。

油箱的能量是如何与行驶工况相关的，现在将按照图 2.3 的方法，分别分析传动系统、电机及其逆变器、功率流和电池。

2.3.1 传动系统

在电动汽车中，传动系统通常配备有固定传动比的变速器（单齿轮减速器）。将传动系统的传动比 γ_m 定义为最终传动比和减速器传动比的乘积，式（2.19）和式（2.20）由以下公式代替

$$T_m(t) = \frac{F_p(t) r_w}{\gamma_m \eta_t^{\text{sign}(F_p(t))}} \qquad (2.31)$$

$$\omega_m(t) = \frac{\gamma_m}{r_w} v(t) \qquad (2.32)$$

式中，T_m 和 ω_m 分别为电机转矩和转速。

2.3.2 电机与逆变器

尽管新的技术正在出现，电动汽车采用的牵引电机通常是永磁同步交流机，或者在较小程度上是感应（异步）交流机。就我们的目的而言，所有这些电机类型都有类似的表示方法。

提供给电机或由电机（包括其逆变器）产生的电力 P_m，通常被表示为电机转矩和转速的函数

$$P_m(t) = f(T_m(t), \omega_m(t)) \qquad (2.33)$$

同理，电机也可以用效率图来表示

$$\eta_m \triangleq \left(\frac{T_m \omega_m}{P_m} \right)^{\text{sign}(T_m)} \qquad (2.34)$$

如图 2.12 中的等高线所示。注意，电机效率图延伸到转矩 – 速度平面的两个象限，反映了电机的可逆性，即其既可以作为电动机（$T_m > 0$）运行，也可以作为发电机（$T_m < 0$）运行。

电机在实际运行过程中会受到很多限制：①可连续提供的最大转矩 $T_{m,\max}$，这是一个与速度有关的量。从零速到被称为基速的某一数值 $\omega_{m,\text{base}}$ 之间是恒定的，然后随着速度的上升而大致呈双曲线下降；②发电机运行范围内的最小转矩 $T_{m,\min}$，

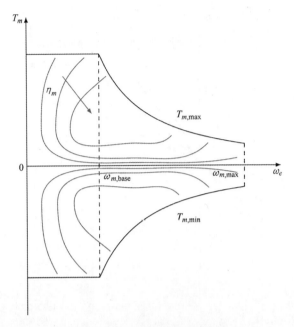

图 2.12　电动机效率图示例

速度的函数；③最大速度 $\omega_{m,\max}$。与发动机相反，电机可以在静止状态下产生转矩，因此没有最低转速。

对于第 8 章中描述的在线实施，使用近似的闭式表达式代替式 (2.33)。例如，通过直流电机的物理学研究得到电机的二次模型近似[8]为

$$P_m(t) = b_2(\omega_m(t))T_m^2(t) + b_1(\omega_m(t))T_m(t) + b_0(\omega_m(t)) \quad (2.35)$$

式中，b_i（$i = 0, 1, 2$）为可调整的参数。

进一步将 b_i 作为电机转速的函数进行参数化，可得到闭式表达式

$$P_m(t) = (k_{m,4} + k_{m,5}\omega_m(t) + k_{m,6}\omega_m^2(t))T_m^2(t) +$$
$$k_{m,3}\omega_m(t)T_m(t) + k_{m,2}\omega_m^2(t) + k_{m,1}\omega_m(t) + k_{m,0} \quad (2.36)$$

如图 2.13 所示，在不超过基本转速的运行区域，通常具有足够的精度。在能源效率研究中也采用了更简单的表示方法，例如，恒定的电机效率和发电效率。

如图 2.12 所示，最大转矩曲线可以有效地近似为

$$T_{m,\max}(t) = k_{m,7}\frac{\min(\omega_{m,\text{base}},\omega_m(t))}{\omega_m(t)} \quad (2.37)$$

式中，$k_{m,7}$ 为额定转矩的系数，基准转速是额定功率与额定转矩之比。

最小转矩曲线 $T_{m,\min}$ 通常等于 $-T_{m,\max}$。

2.3.3　电气连接

电气连接将电池终端与逆变器输入端进行连接，使电能能够实现双向流动。虽

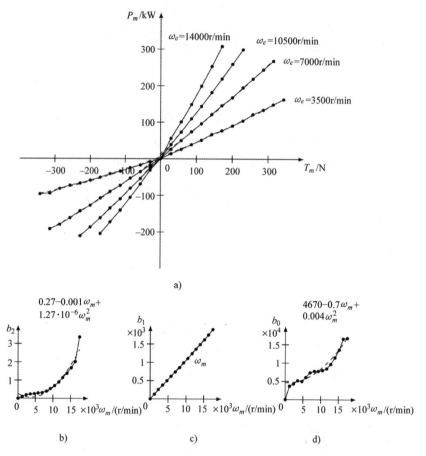

图 2.13 同步永磁电机的二次模型（虚线）、实际 map 数据（实线）和相关参数

然电气连接中不可避免地会出现损耗，但通常这些影响会被忽略，因此，按照图 2.3 中的逆向计算流程，假定

$$P_l(t) = P_m(t) \tag{2.38}$$

式中，P_l 为电池的输出功率。

2.3.4 电池

截至 2017 年，大多数汽车动力电池都采用了锂离子电池，该技术已经取代了镍金属氢化物或铅酸等旧技术。尽管锂离子电池之间在阴极（NMC、LMO、LFP、LCO、NCA 等）、阳极和尺寸等具体化学成分方面可能存在很大差异，但就我们的目的而言，它们具有相似的性质。

电池功率的计算方法是将电池电化学建模为等效电路，理想电压源 V_{b0} 和内阻 R_b 串联，如图 2.14 所示。根据这种表示方法，式（2.30）中要用到的电化学功率为 $P_b = V_{b0} I_b$，并进一步将其作为终端功率 $P_l = V_b I_b$ 的函数来进行计算。

$$P_b(t) = \frac{V_{b0}^2}{2R_b} - V_{b0}\sqrt{\frac{V_{b0}^2 - 4P_l(t)R_b}{4R_b^2}} \quad (2.39)$$

P_b 和 P_l 被定义为放电时为正，充电时为负。

P_b 和 P_l 之间的差异是由于电池内部损耗造成的。对于第 7 章中描述的在线应用，这些影响有时会进一步简化为恒定效率模型（图 2.15），甚至可以忽略，认为 $P_b(t) = P_l(t)$。恒定效率模型为

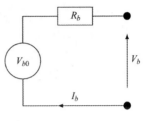

图 2.14　电池等效电路

$$P_b(t) = P_l(t)\eta_b^{-\operatorname{sign}(P_l(t))} \quad (2.40)$$

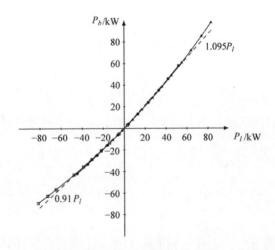

图 2.15　锂离子电池的恒定效率模型（虚线）和实际 map 数据（实线标识）
注：·50% SoC、Δ90% SoC、□10% SoC

开路电压 V_{b0} 和内阻 R_b 实际上可能随时间而变化，因为它们取决于电池中积累的能量水平。通常测量这种能量的方法是衡量电池的荷电状态（SoC），定义为 $\xi_b = q_b/Q_b$，其中 q_b 为剩余电荷，Q_b 为电池的标称容量（A·h）。假设电池电荷耗尽模型为简单的"库仑"模型，即 $dq_b(t)/dt = -I_b(t)$，则 SoC 状态转移方程为

$$\dot{\xi}_b(t) = -\frac{P_b(t)}{V_{b0}Q_b} \quad (2.41)$$

SoC 对于描述对电池运行时的限制是有用的。当然，原则上 $0 \leq \xi_b \leq 1$，然而对于汽车电池的管理方式往往是 $\xi_{b,\min} \leq \xi_b \leq \xi_{b,\max}$，其中，EV 和插电式混合动力汽车（HEV）的电池允许的范围往往更宽。额外的工作限制被施加在电池电压和输出功率上。我们将存储在电池中的能量定义为 $\varepsilon_b \triangleq q_b V_{b0}$。

2.3.5　电动汽车的电能消耗

通过前几节介绍的模型，可以对电动汽车的电能消耗进行评估。进一步假设不

使用摩擦制动器，以便最大限度地利用回收潜力（在第2.1.3节中，$k_b = 1$）[○]。

由于传动系统模型式（2.31）和电池模型式（2.40）对驱动/放电（$T_m > 0$, $P_m > 0$）和制动/充电（$T_m < 0$，$P_m < 0$）有不同的形式，所以式（2.30）的积分可以方便地分成两部分

$$E_T^{(\text{EV})} = \sum_\sigma E_{T,\sigma}^{(\text{EV})} \tag{2.42}$$

式中，$\sigma \in \{\mathcal{T}, \mathcal{B}\}$，包含了第2.1.3节定义的两个阶段。

利用参数模型式（2.36）和式（2.40），并展开所有的项，可以得到该传动类型的复杂但显式的公式

$$E_{T,\sigma}^{(\text{EV})} = \sum_{i,j,\sigma} \mathrm{E}_{ij}^\sigma C_{ij}^\sigma \tag{2.43}$$

总和中的每一项都是车辆相关系数（E）和驾驶相关系数（C）的乘积，定义为

$$C_{ij}^\sigma \triangleq \int_\sigma v^i \dot{v}^j \,\mathrm{d}t \tag{2.44}$$

积分只扩展到有效区域。当 $k_{m,5} = k_{m,6} = 0$，$\eta_b = 1$ 时，得到

$$\begin{aligned}E_{T,\sigma}^{(\text{EV})} =& \left(k_{m,0} + \frac{C_0^2 k_{m,4} r_w^2}{\eta_t^{2\sigma} \gamma_m^2}\right) \int_\sigma \mathrm{d}t + \left(\frac{C_0 k_{m,3}}{\eta_t^\sigma} + \frac{\gamma_m k_{m,1}}{r_w} + \frac{2C_0 C_1 k_{m,4} r_w^2}{\eta_t^{2\sigma} \gamma_m^2}\right) \\ & \int_\sigma v(t)\,\mathrm{d}t + \left(\frac{C_1 k_{m,3}}{\eta_t^\sigma} + \frac{\gamma_m^2 k_{m,2}}{r_w^2} + \frac{C_1^2 k_{m,4} r_w^2}{\eta_t^{2\sigma} \gamma_m^2} + \frac{2C_0 C_2 k_{m,4} r_w^2}{\eta_t^{2\sigma} \gamma_m^2}\right) \int_\sigma v^2(t)\,\mathrm{d}t + \\ & \left(\frac{C_2 k_{m,3}}{\eta_t^\sigma} + \frac{2C_1 C_2 k_{m,4} r_w^2}{\eta_t^{2\sigma} \gamma_m^2}\right) \int_\sigma v^3(t)\,\mathrm{d}t + \left(\frac{C_2^2 k_{m,4} r_w^2}{\eta_t^{2\sigma} \gamma_m^2}\right) \int_\sigma v^4(t)\,\mathrm{d}t + \\ & \left(\frac{2C_0 k_{m,4} m r_w^2}{\eta_t^{2\sigma} \gamma_m^2}\right) \int_\sigma a(t)\,\mathrm{d}t + \left(\frac{k_{m,3} m}{\eta_t^\sigma} + \frac{2C_1 k_{m,4} m r_w^2}{\eta_t^{2\sigma} \gamma_m^2}\right) \int_\sigma v(t) a(t)\,\mathrm{d}t + \\ & \frac{2C_2 k_{m,4} m r_w^2}{\eta_t^{2\sigma} \gamma_m^2} \int_\sigma a(t) v^2(t)\,\mathrm{d}t + \left(\frac{k_{m,4} m^2 r_w^2}{\eta_t^{2\sigma} \gamma_m^2}\right) \int_\sigma a^2(t)\,\mathrm{d}t \end{aligned} \tag{2.45}$$

式中，σ 为指数，取值 +1、-1 分别代表牵引和制动。

这些积分中的每一项都可以进一步表示为平均速度和惯性的函数，过程如第2.1.2节所述。

2.4 混合动力汽车

混合动力汽车（HEV）是内燃机汽车和电动汽车的过渡方案。根据动力的组合方式，混合动力汽车可分为并联式（发动机的机械动力与电机的机械动力耦

[○] 在实际操作中，$k_b < 1$ 的情况非常见，因为在大多数制动情况下，由于行驶稳定性的问题，两根车轴都必须制动。

合)、串联式（电池的电能与发动机通过发电机产生的电能耦合）或串并联式（两种耦合方式都存在，通常带有行星齿轮机构等动力分流装置）。根据联轴器位置的不同，并联式混合动力汽车又分为几种类型，通常从P0（电机与发动机通过传动带连接）到P4（电机安装在其中一个车轴上）。根据电池的运行策略，HEV分为电量维持型混合动力汽车，即电池不能从外部充电，或者插电式混合动力车。

在混合动力汽车中，能量一般从油箱和电池中消耗。衡量能源消耗的方法取决于电池工作的方式。不过，混合动力汽车能耗的常见定义可写成

$$E_T^{(\text{HEV})} = \int_0^{t_f}(P_f(t)+sP_b(t))\mathrm{d}t \qquad (2.46)$$

式中，s为"等效系数"，它的作用是对电力消耗与燃料消耗进行加权求和。

对于电量维持型混合动力汽车，s与车辆和工况周期有关，必须通过两个或更多测试的插值确定，可以使用文献[9]中所描述的方法。对于插电式混合动力汽车，文献[9]推荐的燃油经济性评价规则可写为式(2.46)，其中s是一个确定的系数。

现在将按照图2.4和图2.5的方法对P_f和P_b与行驶工况的关系进行描述。前面几节介绍的发动机、电机和电池的模型仍然适用于HEV。然而，传动系统和动力传递的性质和作用取决于混合动力汽车的结构，下面将讨论这个问题。

2.4.1 传动系统与动力传递

在并联式HEV中，动力总成所提供的驱动力来自于发动机转矩和电机转矩的结合

$$\begin{aligned} T_e(t) &= u(t)\frac{F_p(t)r_w}{\gamma_e(t)\eta_t^{\text{sign}(F_p(t))}} \\ T_m(t) &= (1-u(t))\frac{F_p(t)r_w}{\gamma_m\eta_t^{\text{sign}(F_p(t))}} \end{aligned} \qquad (2.47)$$

式中，$u(t)$为转矩比，是并联式混合动力汽车所提供的转矩分配自由度。

换句话说，在T_e和T_m之间可以自由选择一个组合来满足给定的需求F_p。相反，部件转速则与车速密切相关

$$\begin{aligned} \omega_m(t) &= \frac{\gamma_m}{r_w}v(t) \\ \omega_e(t) &= \frac{\gamma_e(t)}{r_w}v(t) \end{aligned} \qquad (2.48)$$

至于动力传递方面，在并联式HEV中，它将单一的电源（电池）和单一的负荷（电机）连接起来，因此式(2.38)同样适用。

在串联式混合动力汽车中，传动系统由式(2.31)和式(2.32)进行描述，电功率平衡方程为

$$P_g(t) = u(t)P_m(t)$$
$$P_l(t) = (1-u(t))P_m(t) \tag{2.49}$$

串联式混合动力汽车发电装置由一台发动机和一台电机组成,后者专门作为发电机运行,并和发动机机械地连接在一起,使得 ω_e 和 ω_g 转速耦合。对于这样的传动系统, $P_f(t)$ 和 $P_g(t)$ 之间并不存在很明确的关系,因为它取决于两台机器工作时的转速。由于提供了额外的自由度,通常是按照辅助动力装置(APU)的最佳工作线来进行工作的,从而使得 APU 效率最大化(图 2.16)。这条曲线最终提供了最优的速度和转矩作为产生相应电功率 P_g 的函数,而第 2.2.2 节中的发动机模型提供了 P_f。

在混联式 HEV 中,耦合关系比式(2.47)~式(2.49)更复杂,因为它们涉及不同部件间转速的耦合。因此,读者可参考文献[1]中所提供的建模方法。

对于这里没有详细说明的构型甚至更复杂的组合而言,确定自由度 $u(t)$ 或者能量分配率是由混合动力能量管理策略(EMS)所承担的。因此,为了在给定的驾驶情况下预测混合动力汽车的燃料和电力消耗,有必要对这种策略进行描述。

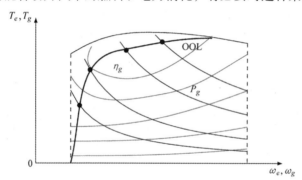

图 2.16 APU 的最佳工作线(OOL)示例

注:图中还显示了 P_g 的等高线:OOL 是在不同的 P_g 值下使 η_g 最大化所产生的。

2.4.2 能量管理策略

EMS 采用了多种控制设计方法,其中包括启发式策略和基于优化的策略。

启发式 EMS 是基于预定义的规则,其表达方式为

$$u(t) = f(F_p(t), v(t), \xi_b(t), \gamma_e(t), \theta_e(t), \cdots) \tag{2.50}$$

式(2.50)右侧的参数描述了车辆运行状态和驾驶员的请求。函数 $f(-)$ 在车载控制单元中通过查找表、算法或有限状态机的形式实现。举个例子,在并联 HEV 中,这些规则可能规定只有在某些驾驶情况下,通常是低速、加速以及足够高的 SoC 下,才会使用纯电动模式($u=0$)。启发式策略在很大程度上依赖于阈值或 map 图,这些阈值或 map 图需要通过相关的校准工作逐点调整。

另外,最优 EMS 的灵感来自于最优控制问题的解决,该问题的目的是在时域

t_f 范围内,在行程结束时荷电状态的约束下,使燃料消耗最小化。在数学上可以表示为

$$\min_{u(t)} \int_0^{t_f} P_f(u,v(t),\cdots) \mathrm{d}t \qquad (2.51)$$

式中,$u(t)$ 受前几节描述的所有部件运行范围的限制。

$$\int_0^{t_f} P_b(u(t),v(t),\cdots) \mathrm{d}t = \Delta E_b \qquad (2.52)$$

式中,ΔE_b 为目标电耗。

一般来说,对于电量维持型混合动力汽车来说,$\Delta E_b = 0$;而对于插电式混合动力汽车来说,通常将其作为电池中剩余的有用能量,这样,EMS 可以在行程结束时以最低的油耗完全放电。

利用最优控制的理论,解决这个问题的方法是构造一个哈密顿函数 H,然后找到 $u(t)$,使

$$u(t) = \arg\min H(u,v(t),\cdots) \qquad (2.53)$$

$$H(u,v(t),\cdots) = P_f(u,v(t),\cdots) + \zeta^* P_b(u,v(t),\cdots) \qquad (2.54)$$

ζ^* 这个量被确定为特定的值,当它作用于式(2.54)时,赋予轨迹 $u(t|\xi^*)$ 位置以及由此产生的 $P_f(t|\xi^*)$、$P_b(t|\xi^*)$ 的值,使其满足式(2.52)。因此,ζ^* 是一个与车辆有关的常数,它可以通过对事先已知的规定驾驶曲线("离线最优 EMS")进行迭代找到,如图 2.17a 所示。

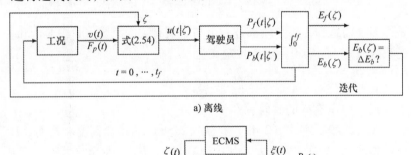

图 2.17 离线和在线优化 EMS 的示意流程图

然而,在实际操作过程中,由于未来的驾驶曲线无法提前知道,因此最佳的 ζ^* 一般无法预测。因此,在线 EMS 只能通过采用某种规则来提供 ζ^* 的估计,随着时间的推进,ζ^* 的估计值只能是次优的。通常采用等效消耗最小化策略(ECMS)方法,将 $\zeta(t)$ 作为 SoC 与目标值偏差的函数进行调节,如图 2.17b 所示。

通过预测未来的道路坡度和交通状况将导致电池过度使用或使用不足的情况,在 CAV 和传统车辆中利用信息交互可以改善对 ζ^* 的估计,从而提高 EMS 的最佳

性能。目前，由此产生的基于预测的能量管理策略是一个比较广泛的研究课题[10]，但本书不进一步论述。

2.4.3 混合动力汽车的能量消耗

与 ICEV 或 EV 相比，即使对 P_f 和 P_b 进行了适当的近似，也很难获得 HEV 在给定驾驶工况上所消耗的能量的闭式表达，因为能量管理策略在定义这种消耗方面发挥着根本性的作用。特别是，如果要预测最小油耗，这就意味着需要一个迭代过程来寻找最佳的 ζ^*。

被称为全分析消耗估计（FACE）[7]的方法基于以下的假设，并经试验证实：如果应用基于该值的最优 EMS 即式（2.54），则总体燃油消耗式（2.46）只是略微依赖于 ζ 的特定选择。在这个假设下，任何"合理"的 ζ 值都能为总体能耗式（2.46）提供良好的估计。例如，一个参考值 ζ 可以"离线"优化一个已知的行驶工况，即使 ζ 不满足条件式（2.52），它仍可以应用式（2.46）来评估任何其他工况下的燃油消耗。

根据这种方法，对所消耗的能量的计算可以表示为

$$E_T^{(\text{HEV})} = \int_0^{t_f} P_f(t\,|\,s)\,\mathrm{d}t + \zeta \int_0^{t_f} P_b(t\,|\,s)\,\mathrm{d}t \tag{2.55}$$

利用已经建立的 ICEV 和 EV 的模型和方法，式（2.55）可以重新组织为

$$E_T^{(\text{HEV})} = \sum_{i,j,g,\sigma} \mathsf{F}_{ij}^{g\sigma}\mathsf{C}_{ij}^{g\sigma} + \zeta \sum_{i,j,g,\sigma} \mathsf{E}_{ij}^{g\sigma}\mathsf{C}_{ij}^{g\sigma} \tag{2.56}$$

它是许多项的总和，每一项都是一个与车辆有关的系数（F 或 E）和一个与驾驶有关的系数（C）的乘积。后者被定义为

$$\mathsf{C}_{ij}^{g\sigma} \triangleq \int_{g,\sigma} v^i \dot{v}^j \,\mathrm{d}t \tag{2.57}$$

积分只扩展到 g 和 σ 有效的时候。

注意，式（2.29）和式（2.43）是式（2.56）的特殊情况。然而，HEV 可能的工作模式集比 ICEV 或 EV 更大，其中 $\sigma \in \{\mathcal{T}, \mathcal{B}\}$，因为它可能包括纯电动模式（$u=0$）、纯 ICE 模式（$u=1$）、混合驱动模式（$0<u<1$）、充电模式（$u>1$）等。此外，一个给定的工况如何应用各种模式也取决于 ζ。

2.5 人力驱动车辆（自行车）

最常见的人力驱动车辆（HPV）是自行车。因此，我们将把分析范围限定在这类系统上，其动力系统通常由骑行者、踏板和链式变速器组成。除了纯人力驱动的自行车外，还有电动自行车。虽然电动自行车的概念在历史上一直是由基于发动机的设计主导的，但如今电动自行车也发挥着越来越大的作用，它通过整合电机和电池以达到更长的续驶里程。电动自行车又可分为踏板辅助型和按需供电型，前者

当传感器检测到骑行者正在踩踏时，电机会辅助骑行者的动作，后者只有在达到一定需求功率下才会起动电机。欧洲立法限制电动助力的功率为250W，速度不超过25km/h。那些超过这些限制的踏板辅助系统（电动自行车）通常在法律上被列为摩托车。

人体也是一个能量转换器，通过食物和饮料获取能量，并以肌肉运动的形式产生有用的能量。因此，自行车的"油箱"能量被定义为骑行者消耗的新陈代谢的能量

$$E_T^{(\mathrm{HPV})} = \int_0^{t_f} P_h(t)\,\mathrm{d}t \tag{2.58}$$

式中，P_h为与氧气吸收量有关的代谢能力，即体积消耗率与氧气能量密度的乘积。

本节将按照图2.6的方法，分别分析传动系统和骑行者的生理状况，以此来描述代谢能量与骑行工况的关系。

2.5.1 传动系统

对于离散齿轮链传动，骑行者在踏板上施加的力近似成车轮上所需力的函数，可以表示为

$$F_c(t) = \frac{1}{\gamma_t(t)\eta_t}\frac{r_w}{l_c}F_p(t) \tag{2.59}$$

式中，γ_t为所选传动比；η_t为效率（一般设为常数）；r_w为车轮半径；l_c为曲柄臂长度。

踏板转速为

$$\omega_c(t) = \frac{\gamma_t(t)v(t)}{r_w} \tag{2.60}$$

因此，机械功率可以表示为$P_c = T_c\omega_c = F_c l_c \omega_c$。

对于电动自行车，式（2.59）可以改为

$$F_c(t) = u(t)\frac{1}{\gamma_t(t)\eta_t}\frac{r_w}{l_c}F_p(t) \tag{2.61}$$

式中，$u(t)$为功率分流比。

电动自行车的电机功率为

$$P_m(t) = (1-u(t))\frac{v(t)F_p(t)}{\eta_t} \tag{2.62}$$

对于脚踏助力电动自行车，$u(t)$是常数，由初始设计参数决定。对于按需供电的电动自行车，$u(t)$的确定取决于相关的能量管理策略。但在这种情况下，u通常不是一个连续的变量，而只能在一组离散的值中进行选择。

2.5.2 骑行者消耗模型

耗氧量作为循环条件函数的评估是一个复杂的因素，目前缺乏一个普遍的、被广泛

接受的模型。不过，在专门的生理学文献中可以找到一些简单的公式[11-15]。

从代谢力转化为机械力的过程，是产生三磷酸腺苷（ATP）的结果，ATP通过有氧和无氧两种途径产生，它是肌肉的能量载体。前者是在氧气存在的情况下进行的过程，因此与摄氧有关。相反，无氧途径会消耗储存的能量，导致乳酸的形成，其在肌肉中的积累会产生疲劳和酸痛感。有氧途径的特点是可用能量无限，但输出功率有限，而无氧途径的特点是输出功率较大，但能量有限，因此它只能在短时间内使用。

在准静态条件下，无氧途径并不活跃，摄氧量是需求功率和脚踏节奏的函数。这种相关性可以用 Willans-type 模型来表示，即

$$P_h(t) = \frac{P_c}{e_h(\omega_h(t))} + P_{h,0}(\omega_h(t)) \tag{2.63}$$

式中，$P_{h,0}$为骑行者自由行走时的代谢功率；e_h为净效率[11]。

这些参数与骑行者有关，但试验测试表明，它们通常都会随着踏板转速的增加而增加。因此，纯自行车效率可以表示为

$$\eta_h \triangleq \frac{P_c}{P_h} \tag{2.64}$$

静止条件下所能产生的最大功率$P_{h,\max}$与最大摄氧量（$\dot{V}_{O_2,\max}$）成正比，通常称为无氧阈值或临界功率（CP）。然而，如图2.18所示，这个极限功率并不是从有氧途径瞬间获得的，另一方面，通过消耗无氧途径中的储备，可以在有限的时间内超过这个极限功率。这种有限的能量供给通常被称为厌氧工作能力（AWC）。

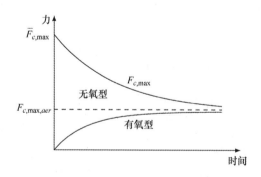

图2.18 导致骑行者施加最大力量的各种机制的说明

注：曲线$F_{c,\max}$和$F_{c,\max,aer}$之间的面积与厌氧工作能力（AWC）成正比。

这些过程的一般结果与发动机或电机这种机械方式相反，其可以产生的最大驱动力$F_{c,\max}$随着超过CP的功率而变化，如图2.18所示。这种现象一般被称为"疲劳"。如果功率降到CP以下或停止，则储存的能量就会由有氧途径补充。改编自文献[16]中的一个简单模型可以描述该过程

$$\frac{dF_{c,\max}(t)}{dt} = \begin{cases} -k_{fat}(F_{c,\max}(t) - F_{c,\max,aer}), & F_c \geq F_{c,\max,aer} \\ k_{rec}(\overline{F}_{c,\max}(t) - F_{c,\max}), & \text{其他} \end{cases} \quad (2.65)$$

式中，k_{fat} 和 k_{rec} 为两个与个体相关的系数；$\overline{F}_{c,\max}$ 为个体在静止状态下所能形成的最大力量，也称为最大随意收缩力（MVC）。

式（2.65）清楚地验证了试验观察到的 $F_{c,\max}$ 在低于 MVC 的时间上呈准指数下降，并且恢复机制有将 $F_{c,\max}$ 带回 MVC 的趋势。

系数 k_{fat} 和 k_{rec} 与可用厌氧能 AWC 的守恒有一定的关系。试验观察表明，k_{fat} 随着 $(F_c - F_{c,\max,aer})/\overline{F}_{c,\max}$ 的增加而增加。相应地，最大耐力时间（MET），即施加恒定的 F_c 后，$F_{c,\max} = F_c$ 的时间，大致与式（2.65）的时间常数和 $1/k_{fat}$ 成正比，随 $(F_c - F_{c,\max,aer})/\overline{F}_{c,\max}$ 的增大而减小[17]。

由于式（2.65）描述的 $F_{c,\max}$ 的下降是疲劳积累的影响，因此，文献[16]中提出了一个衡量疲劳程度的方法，即

$$\xi_h(t) = \frac{\overline{F}_{c,\max} - F_{c,\max}(t)}{\overline{F}_{c,\max} - F_{c,\max,aer}} \quad (2.66)$$

与电池 SoC 类似，比值 ξ_h 通常被称为疲劳状态（SoF）。

2.5.3 骑行者行为模型

关于骑行者行为模型的文献有限。文献[18]中提出的模型包括以骑行者功率作为速度的函数：$P_c(t) = f(v(t))$。该模型基于这样的假设，即骑行者以恒定的额定功率而不是恒定的速度骑行。标称功率定义为在平坦的地形上以一定的"舒适"速度巡航（加速度为零）所需的功率。高于舒适速度时，骑行者就停止踩踏，而高于更高的"恐惧"速度（在陡峭路段下坡时可能达到的速度），他们就会制动。相反，当速度降到最低速度以下时（通常是在陡峭路段上坡时），骑行者就会施加比标称速度更高的动力。

骑行速度和功率原则上可以沿行程进行优化，特别是对于电动自行车。优化目标可以设为与骑行者能耗和电耗相关。但这一概念在文献中没有充分的记载，本书不进行详细论述。

参 考 文 献

1. Guzzella L, Sciarretta A (2013) Vehicle propulsion system
2. Rill G (2011) Road vehicle dynamics: fundamentals and modeling. CRC Press
3. Kobayashi T, Sugiura H, Ono E, Katsuyama E, Yamamoto M (2016) Efficient direct yaw moment control of in-wheel motor vehicle. In: Proceedings of international symposium on advanced vehicle control
4. Wolf-Heinrich H (2013) Aerodynamics of road vehicles: from fluid mechanics to vehicle engineering. Elsevier
5. Bonnet C, Fritz H (2000) Fuel consumption reduction in a platoon: experimental results with two electronically coupled trucks at close spacing. Technical report, SAE technical paper

6. Kubička M, Klusáček J, Sciarretta A, Cela A, Mounier H, Thibault L, Niculescu S-I (2016) Performance of current eco-routing methods. In: Proceeding of intelligent vehicles symposium (IV), pp 472–477. IEEE
7. Zhao J, Sciarretta A (2017) A fully-analytical fuel consumption estimation for the optimal design of light-and heavy-duty series hybrid electric powertrains. Technical report, SAE technical paper
8. Dib W, Serrao L, Sciarretta A (2011) Optimal control to minimize trip time and energy consumption in electric vehicles. In: Proceedings of vehicle power and propulsion conference (VPPC), pp 1–8. IEEE
9. Hybrid-EV Committee et al (2010) Recommended practice for measuring the exhaust emissions and fuel economy of hybrid-electric vehicles, including plug-in hybrid vehicles. SAE International
10. Kermani S, Delprat S, Guerra T-M, Trigui R, Jeanneret B (2012) Predictive energy management for hybrid vehicle. Control Eng Pract 20(4):408–420
11. Chavarren J, Calbet JAL (1999) Cycling efficiency and pedalling frequency in road cyclists. Eur J Appl Physiol Occup Physiol 80(6):555–563
12. Morton RH (2006) The critical power and related whole-body bioenergetic models. Eur J Appl Physiol 96(4):339–354
13. Olds TS, Norton KI, Craig NP (1993) Mathematical model of cycling performance. J Appl Physiol 75(2):730–737
14. Hettinga FJ et al (2008) Optimal pacing strategy in competitive athletic performance. PhD thesis, PrintPartners Ipskamp
15. Rosero N, Martinez JJ, Leon H (2017) A bio-energetic model of cyclist for enhancing pedelec systems. IFAC-PapersOnLine 50(1):4418–4423
16. Fayazi SA, Wan N, Lucich S, Vahidi A, Mocko G (2013) Optimal pacing in a cycling time-trial considering cyclist's fatigue dynamics. In: Proceedings of American control conference (ACC), pp 6442–6447. IEEE
17. Ma L, Chablat D, Bennis F, Zhang W (2009) Dynamic muscle fatigue evaluation in virtual working environment. arXiv:0901.0222
18. Goussault R, Chasse A, Lippens F (2017) Model based cyclist energy prediction. In: Proceedings of international conference on intelligent transportation systems (ITSC), pp 1–6. IEEE

第 3 章
网联自动驾驶汽车的感知与控制

我们所说的网联汽车是使用通信技术，比如 DSRC 和蜂窝网络技术，进行车对外界（V2X）通信的车辆。美国高速公路安全管理局（NHTSA）对完全自动驾驶汽车的定义是：在自动驾驶模式下，车辆的运行不需要驾驶员直接控制转向、加速和制动，驾驶员在使用自动驾驶模式时不需要持续地监视路面[1]。在对部分自动驾驶进行分类时，NHTSA 的联邦自动驾驶政策采用了国际自动机工程师学会（SAE）对车辆自动驾驶水平的定义（表3.1），即自动驾驶水平的范围从完全由驾驶员控制的无自动驾驶（L0 级）到无驾驶员控制的完全自动驾驶（L5 级）共 6 级。本书所讨论的许多功能都可以通过部分 L2 级或 L3 级自动驾驶来实现，因为它们主要依靠速度和转向的自动控制，而这些控制可以由人类驾驶员监督和控制。

表 3.1　SAE 车辆自动驾驶等级（转载自 SAE 标准 J3016[2]）

等级	名称	定义	DDTRQ 持续的横向和纵向车辆运动控制	OEDR	DDT 支援	ODD
驾驶员执行部分或全部的 DDT 任务							
0	无自动驾驶	尽管主动安全系统增强，但是整个 DDT 仍由驾驶员操作	驾驶员	驾驶员	驾驶员	—
1	驾驶辅助	在特定的 ODD 内，系统持续执行横向或纵向运动控制的 DDT（不是同时执行），其余驾驶任务由驾驶员执行	驾驶员和系统	驾驶员	驾驶员	有限制
2	部分自动驾驶	在特定的 ODD 内，系统持续执行横向或纵向运动控制的 DDT，驾驶员完成 OEDR 任务，并监督系统	系统	驾驶员	驾驶员	有限制
ADS 执行整个 DDT（参与时）							
3	有条件自动驾驶	在特定的 ODD 内，ADS 持续执行全部 DDT，在系统发出接管请求或者系统出现故障时，驾驶员需要接管系统并做出响应	系统	系统	驾驶员协助	有限制
4	高度自动驾驶	在特定的 ODD 内，ADS 执行整个 DDT 以及 DDT 的协助，驾驶员不需要响应系统请求	系统	系统	系统	有限制
5	完全自动驾驶	在任何可行驶条件下，ADS 执行整个 DDT 以及 DDT 的协助，无须驾驶员响应请求	系统	系统	系统	无限制

注：DDT 动态驾驶任务、OEDR 对象和事件检测与响应、ODD 设计运行范围、ADS 自动驾驶系统。

在本章中，第3.1节将对网联汽车的V2X通信技术进行介绍，第3.2节将简要概述自动驾驶汽车的定位和感知，第3.3节则将概述自动驾驶汽车的运动规划及控制。图3.1所示为整章内容的概述。

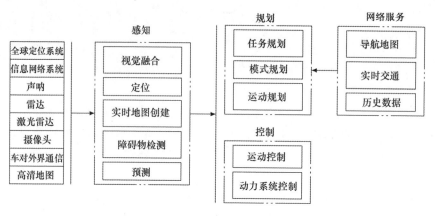

图3.1　CAV的传感、感知、规划和控制

3.1　V2X通信技术

受益于车对外界（V2X）通信技术的通信通道和协议，网联汽车可以与各种实体交换数据和信息，从而提高道路安全、协调交通流并且节约能源。例如，车辆对车辆（V2V）通信技术允许装备该技术的车辆之间交换相互坐标与意图，从而防止碰撞或协调移动。通过车辆对基础设施（V2I）通信技术，实现了车辆与路边单位和基础设施如交通信号灯的通信，使它们能够更好地协同工作。此外，还有其他几种通信技术，包括：车辆对行人（V2P）、车辆对设备（V2D）、车辆对网络（V2N）、车辆对云端（V2C）和车辆对电网（V2G）通信。在本书中，我们主要基于V2V或V2I进行研究。

如今，V2X主要有两种通信技术：无线局域网（WLAN）和蜂窝网络。

在不需要额外通信基础设施的情况下，WLAN技术使得高速行驶的车辆与邻近车辆和路边交通单位之间建立起临时的直接通信通道。目前，一些国家已经为智能交通系统通信分配了频谱，实现了WLAN V2X。例如，美国联邦通信委员会（FCC）自1999年起在5.850～5.925GHz频谱中设置了75MHz频段。在欧洲，30MHz也被指定用于同样的目的。目前，IEEE 1609系列、IEEE 802.11p和SAE J2735[3]构成了车载环境下无线通信（Wireless Access in Vehicular Environments，WAVE）协议的关键部分[4]。车载环境中高速（最高27Mbit/s）短距离（最高1000m）低延迟无线通信的构架、通信模型、管理结构、安全机制和物理接入由IEEE 1609系列标准定义[5]。SAE使用专用短程通信（Dedicated Short Range Communication，DSRC）这个术语来表示 WAVE 技术，其 J2735 标准集在物理层定义了消息有效载荷。SAE J2735[6]通过使用标准化的消息集、数据帧和数据元素，以支持 DSRC 应用之间的相互操作。

蜂窝 V2X（C-V2X）技术最初在第三代合作伙伴计划（3GPP）第 14 版[7]中被定义为 LTE，并被设计为以下几种运行模式：①设备到设备；②设备到信号塔。设备到设备模式可以直接通信，而不一定需要蜂窝网络的参与。另一方面，设备到信号塔依赖于现有的信号塔、网络资源和调度。设备到设备的直接通信改善了延迟，并支持在没有蜂窝网络覆盖的地区运行。

3.2 自动驾驶的感知与定位技术

自动驾驶成功的关键在于有效的定位、障碍物检测和感知。车辆不仅需要准确地确定其所在环境和道路的位置，还需要精准地感知周围的环境，如邻近的车辆、行人、穿行的动物、车道标记、交通标志和信号灯、路牌、路缘和路肩、建筑物和树木等，并测量它们的相对距离和速度。对于高度自动驾驶汽车来说，这些可能是最难克服的技术挑战。本节将对目前用于定位和感知的传感器和算法进行简要介绍。

3.2.1 感知与定位传感器

用于感知和定位的车辆传感器如图 3.2 所示。车辆内部的传感器测量其内部状态，如速度、加速度、轮速、偏航、转向角、发动机转速和发动机转矩。里程表、加速计、惯性测量单元（IMU）和来自控制局域网（CAN）总线的信息用于本体感测，不仅限于自动驾驶汽车，许多现代人类驾驶车辆都依靠它们来实现状态估计和高级控制功能。例如，IMU 包含陀螺仪、加速度计（有时包含沿轴的磁力计），与车辆的轮速传感器相结合，可以提供无死角计算能力。由于 IMU 依靠对加速度的积分来确定位置，容易发生漂移，需要结合 GPS（或在车内进行摄像头融合）以实现更精确的定位。

全球导航卫星系统（GNSS）传感器通常也被称为全球定位系统（GPS），已成为现代车辆导航和定位的标准配置，其他区域的 GNSS 有俄罗斯的 GLONASS、欧洲的伽利略和中国的北斗。虽然目前的 GNSS 可能无法提供自动驾驶汽车定位所需的亚米级精度，但融合 GNSS 和 IMU 的滤波算法可以提供更精确的定位。一些自动驾驶汽车功能（如车道确定）所需的厘米级精度水平可能会受益于更精确的定位系统。预计在不久的将来，高精度全球导航卫星系统的成本将降低，并且能够进入大众市场[9]。如今，通过路边基站将 GPS 读数修正到厘米以内精度的实时动态（RTK）GPS 技术已经问世。此外，同步定位与测绘（SLAM）将在后面的定位算法中展开详细讨论，它是许多自动驾驶汽车的开发者用来定位车辆与周围环境的关

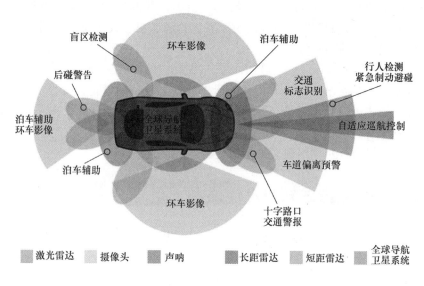

图 3.2 用于感知和定位的车辆传感器（见彩插）

注：本图改编自文献[8]。

系的工具。

声呐、雷达、激光雷达（LIDAR）和摄像头等外感性传感器用于感知周围环境和物体，它们的对比详见表 3.2。声呐、雷达和激光雷达以声波和电磁波的形式发射能量，并通过测量回波来绘制周围环境的地图（如周围物体的距离），被称为主动式传感器。另一方面，只测量环境中的光/电磁波而不发射能量的光摄像头和红外摄像头被称为被动传感器[10]。

声呐能够测量与附近物体的距离，但范围非常有限（<2m）并且角度分辨率低。雷达通过发射无线电波来测量移动物体的距离和速度，范围比声呐大得多，但在分类、行人探测和静止物体探测方面功能较弱。此外，雷达还可能受到其他雷达的干扰产生误报。激光雷达的工作原理与雷达类似，但依靠红外光（激光）代替无线电波。激光雷达以发射超出可见光谱波长的激光，扫描频率为 10~15Hz。激光雷达通过每秒发射数百万个脉冲，实现高分辨率、大视场和创建周围环境三维点云的能力，已经成为大多数自动驾驶汽车开发商的重要传感器。然而，激光雷达不能直接测量速度，对高反射物体的检测可能有困难，并且在雾、雨或雪中的性能也会下降。为了将三维原始数据转换成分类对象，需要对数据进行分割、分类，有时还需要利用时间积分算法[11]。虽然激光发射探测技术并不新鲜，但直到 2005 年，Velodyne 才将 64 个旋转激光器紧凑封装在一起，并将其用于自动驾驶所需的 360°探测。从此，激光雷达技术几乎被所有自动驾驶汽车的研究团队所采用。不过，目前的激光雷达在设计上仍然无法承受开放道路驾驶下的恶劣条件。雷达和激光雷达

在探测非常近的物体（<2m）方面也都很弱，而声呐在这方面表现良好[10]。

表3.2 不同外感性传感器技术在自动驾驶中的对比[10,12-14]

	声呐	雷达	激光雷达	单目摄像头
感知能量	声波	毫米波	600~1000nm波激光信号	可见光
范围/m	2~5	0.15~250	2~100	250
车辆识别与其他对象识别	追踪	追踪	空间分割，运动	外观，运动
分辨率	-	O	+	++
视野	-	+（短程雷达） -（长程雷达）	++	++
距离测量	--	++	++	--
恶劣天气下的工作	++	++	O	--
低亮度表现	++	++	++	--
其他挑战	分类差，范围小，分辨率低	分类差，行人识别差，静态对象检测差，易受干扰	与视觉相比，分类较差。对高反射物体有障碍	计算成本高
成本/美元	50	50~200	7000~70000	100~200

注：++代表非常好；+代表好；O代表一般；-代表差；--代表非常差。

摄像头提供了高视野和高分辨率，可以捕捉到激光雷达无法捕捉到的信息，如颜色和纹理，有助于物体分类。然而，单目摄像头在视觉测量深度比较困难，可以通过双目摄像头提供立体视觉来克服。在计算方面，摄像头对视觉的要求比激光雷达更高。将二维图像转换为对环境的三维理解，需要计算量大的软件和机器学习算法。此外，摄像头视觉对光照条件很敏感，在恶劣天气下其性能会下降[12]。

接下来将简要讨论感知和定位方面的算法。

3.2.2 感知与定位算法

考虑到外部传感器（特别是摄像头和激光雷达）的优缺点，通常会同时使用这两种传感器并依靠滤波和数据融合算法来提高精度和鲁棒性。在使用两个传感器时，测量误差协方差总是小于每个单独的传感器所达到的误差协方差。因此，通过融合两个廉价传感器的数据来达到接近于单个高端传感器的精度是有意义的[11]。V2X通信技术可以提供来自其他车辆和路边设施的信息，以实现更高精度的感知和定位。

3.2.2.1 感知算法

感知算法可以依赖摄像头数据的视觉，或者依赖于捕获物体表面的大量点（也称为点云）的主动传感器。摄像头和主动传感器共同使用，可以更精确地检测和感知周围环境和物体（如车辆、行人、动物、路边）。尽管有成熟的机器视觉和统计学习与分类算法来解析嵌入在图像或点云中的信息，但深度学习和人工智能技术的最新进展为实时的目标检测提供了新的监督学习方法。训练数据集的快速增长、计算能力的提高、更低成本的存储以及广泛可用的开源算法正在带来革命性的进步。例如，文献[15]提出的一种基于卷积神经网络的开源实时物体检测算法，该算法具有每秒处理45～150帧的能力，用边界框标注物体，并给每个物体分配一个置信度分数，如图3.3所示。

图3.3　YOLO实时物体检测在驾驶场景中的应用实例

注：本图由克莱姆森大学的Austin Dollar 和Tyler Ard 提供，每个标签旁边的数字显示了该标签的置信度。

在自动驾驶中，提出了三种感知模型：①中介感知；②行为反射感知；③直接感知[16]。在更常见的中介感知中，首先使用机器视觉或深度学习算法提取到与车辆周围相关对象（包括其他车辆、行人、树木和道路标记）的详细地图和距离。然后，规划和控制算法将使用该地图来规划车辆的运动，同时考虑道路、静止和动态障碍物施加的约束。行为反射感知算法则不同，它利用人工智能构建了一个从感觉输入到驾驶动作的直接映射，从而绕过了定位、路径规划、决策和控制等中间层[17]。虽然降低了复杂度，但这种端到端的解决方案缺乏透明度、无法了解全局并且在训练中可能出现问题。例如，文献[18]表明当将监督学习应用于局部指数稳定控制器的训练集时，可能会失去稳定性。文献[16]中提出的直接感知方法旨在实现前两种方法之间的平衡。它们将图像抽象为一组选定的、有意义的道路情况指标，如车辆相对于道路的角度、与车道标线的距离、与当前车道和相邻车道车辆的距离等。相较于中介感知方法，该方法产生的结果要简洁得多，并且仅包含文献[16]所简化的与规划层和控制层最相关的信息。

3.2.2.2 预测

尽管感知本身是一个重要且富有挑战的工作，但基于当前和历史的感知信息预测邻近车辆或行人的运动对于 CAV 规划来说同样重要，同时也是一个有待解决的难题。在第 1.3.3 节中，我们在预测汽车跟随的背景下讨论了相关的预测文献，其中概率预测是预测前车纵向运动的共同主题。也有一些其他的例子，如文献[19]中假设恒定的速度，文献[20]中假设与速度相关的加速度，文献[21]中使用变分混合模型进行水平面的概率轨迹预测，文献[22]中使用高斯混合模型，文献[23]中使用分类和粒子过滤。这些预测方法大多针对 1~3s 的预测窗口，这可能是有限的。V2X 通信技术的出现，为接收邻近车辆和附近交通管制员的未来意图提供了机会，从而能够更准确地预测更长的时间范围。该内容将在第 8.2.3 节的节能驾驶背景下进一步讨论。

3.2.2.3 定位与地图创建

CAV 需要相当精确的定位，不仅是为了导航，也是为了确定相对于其他（连接的）车辆在道路和车道内的定位，以及使用地图信息，如交通信号灯的位置、上山、弯道、动态拥堵尾部等。虽然定位与地图创建是室内机器人导航领域中的常见课题，并且存在成熟的算法[24]，但室外、动态变化和高速道路环境对 CAV 的定位提出了更大的挑战。

融合 GPS、IMU 和车轮里程表读数，可以在确定车辆在道路上的位置时提供米级的精度。此外，由 GPS 确定的原始坐标可能与车辆预计在道路上行驶的实际中的逻辑模型不匹配。通常采用成熟的地图匹配方法[25]，将原始 GPS 记录修正到道路上的逻辑位置。修正后的 GPS 数据可以通过扩展卡尔曼滤波（EKF）方法与 IMU 和里程测量读数进行融合，但是这些方法依赖于车辆运动学或动力学模型。由于 IMU 读数容易漂移，因此难以准确确定车辆航向。

在高楼林立的城市环境中，由于 GPS 信号的丢失，会对依赖 GPS 导航的算法提出新的挑战[26]。同时，自动驾驶汽车的控制可能需要厘米级的位置精度，而传统的 GPS/IMU 融合无法提供这种精度。虽然实时运动的 GPS 提供了很高的定位精度，但其依赖于额外的路边设施，以至于它无法在现在的道路上实现。为了克服这一困难，许多自动驾驶汽车都依赖于先验测绘的道路，如 Waymo 和 Uber。测绘车在感兴趣的道路上行驶，收集与高精度 GPS 信息相关的详细三维图像或激光雷达数据，并将其处理和存储在大型数据库中。随后的 CAV 通过其传感器读数与先验地图的比较，并借助固定物体对其位置进行三角测量，从而进行定位。此外，CAV 可以更容易地区分先验地图中没有的动态物体，一个早期的成功案例可以从文献[27]中找到。只要地图上的道路保持不变，这种方法就可以继续使用。但是，建筑区、车道标记或道路几何形状的变化可能会使这些地图部分内容失效。

以上问题可以通过高清（HD）地图来解决，即根据行驶过这些路的 CAV 传输最新的测量数据至云端并动态地更新先验地图[28]。例如，由宝马、HERE 和 Mobileye 组成的联盟旨在依靠 HERE、宝马网联车队和 Mobileye REM 技术的精准先验地图,将检测到的与先验地图相关的变化传送到云服务器上更新地图,从而实现高清地图的众包。然后,动态更新的地图就可以通过 HERE 服务器实时访问网联车队。

在这种情况下,当车辆必须同时定位和绘制环境地图时,同时定位和建图(SLAM)就出现了,这显然比仅定位或仅建图更困难。在结构良好、光线充足的环境中,SLAM 在室内机器人导航中已经很成熟[24]。由于可变光照、较少结构化的道路环境和更快的速度,SLAM 对于自动驾驶汽车更具挑战性[10]。

3.2.3 网络服务

网联汽车可以查询基于网络的应用编程接口(API)来实时检索地图、交通拥堵和天气信息。例如,基于云端的谷歌地图平台[29]提供了多个 API,用于实时检索地图、海拔、交通状况、方向、行驶时间、距离以及地点。HERE API[30]也提供了类似的服务。Inrix 提供了一个道路通行和停车的 API[31]。气象信息 API 有多种,如 Yahoo Weather API[32]。现在的计算云平台,如亚马逊网络服务(AWS),为网联和自动驾驶开发人员提供计算和机器学习工具,其想法是将车载计算和数据分析转移到云端[33,34]。

3.3 运动规划及控制

一旦自动驾驶汽车根据环境的三维地图进行定位,并确定出周围静止和移动的物体、交通规则、交通控制基础设施和道路几何形状所施加的限制,便可以规划长期和短期运动。然后,该计划通过运动规划层和控制层在纵向和横向上执行。规划层和控制层都可以从 V2X 通信技术提供的即将到来的道路和交通场景的扩展预览中获益,从而做出更长期的明智决策。本节将对规划层和控制层做简要概述,如图 3.4 所示。

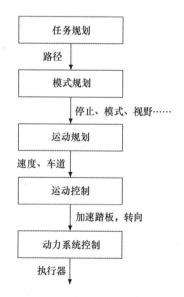

图 3.4 CAV 中规划层和控制层的逻辑方案路线

3.3.1 任务规划

在最高的规划层确定路线,例如,最小化行程距离、时间、延迟或能量。道路网络通常被建模为有向图,其边缘权重反映了该路段的行驶成本。然后可以通过优化算法找到最小成本路径,正如文献[35]中所解释的那样,优化算法可以非常有效地执行。对于电动汽车来说，在这个阶段还可以规划对充电站的访问。然后，任务规划层沿所选路线设置航点作为下层运动规划层的目标。更多关于经济驾驶路线背景下任务规划层所采用的算法将在第 5 章详细介绍。

3.3.2　模式规划

可能存在另一个不同的规划层，该层考虑到任务航点、道路规则和交通状况，从而在一组有限的驾驶模式之间进行选择。例如，车辆可以选择车道保持、变道、（自适应）巡航控制、在停车标志处停车或紧急制动。这将是一个有限的模式集，可以在有限状态机框架中或通过决策树来处理。这一层被称为模式规划，在文献中也使用其他术语来描述，如驾驶策略[36]、操纵规划[37]和行为决策[35]。

此外，最佳的协同式自动驾驶可以包括几种模式，如最大加速、恒定速度巡航、滑行和两个停车间隔之间的最大制动，该部分内容将在第 6 章和第 7 章中进行说明。

3.3.3　运动规划

选择驾驶模式后，运动规划层会生成合法、无碰撞、平滑、舒适且高效的车辆纵向和横向运动的路径或轨迹。我们需要将轨迹与路径区分开来，因为路径在车辆的配置空间中，而轨迹同时还具有与时间的关系[38]。如在纵向 s 上，通常速度轨迹 $s(t)$ 的规划考虑了安全性、乘坐舒适性、行驶时间和能源效率，同时考虑了速度限制、交通灯和停车标志、周围车辆、道路曲率和纵向车辆动力学施加的约束。

例如，在巡航控制（CC）模式下，车辆会跟踪一个恒定的参考速度，而自适应巡航控制（ACC）则会调整速度以保持与前车的安全时间或车头时距，更多细节将在第 4.2.2 节讨论。在预测巡航控制（PCC）模式下，速度的调整依赖于 V2I 通信技术和对未来事件的预测，如道路坡度或交通信号灯阶段和时间的变化。协同自适应巡航控制（CACC）模式依靠 V2V 通信，实现车辆与相邻车辆之间的协调巡航。在紧急制动模式下，车辆可以实施最大限度的制动以避免碰撞。

变道、并线和避免碰撞需要在二维的 $x-y$ 平面上确定可行的路径，由于在二维空间和非凸驾驶区域中有许多选择，因此该路径十分复杂。此外，由于车辆动力学以及周围车辆运动产生的速度和时间相关的约束，运动规划算法还需规划出这些路径上安全舒适的加速度和速度曲线。因此，运动规划是一个轨迹规划问题。

在第 3.3.6 节，我们将讨论适用于运动规划的最优规划算法。

3.3.4　运动控制

在运动规划层所规划的轨迹或路径，将作为对车辆纵向和横向控制器进行前馈和反馈跟踪的参考。在纵向上，控制加速踏板和制动踏板可调整加速度和速度。横向控制主要依靠转向，有时也依靠差速制动来控制横向加速度、速度和车辆偏航率。

3.3.4.1 纵向控制

在规划层确定参考速度后,可在运动控制层使用经典或现代控制技术,并通过加速器或制动器的执行来跟踪规划的参考速度。例如,标准的固定增益或增益调度的 PID 型控制器可以作用于加速器和制动器进行速度参考跟踪[39]。为了正确处理执行器的饱和度,必须增加一个积分器抗饱和机制[40]。此外,应当进行逻辑检查,以确保在所有可感知的情况下安全操作。加速和制动模式之间的切换需要小心处理,以保证性能平稳[41]。

例如,文献[42]提出了如下所示的带有附加非线性项的 PID 型控制器(该方程应在拉普拉斯域中读取)

$$u(s) = -k_p e_v - k_i \frac{1}{s}\left(e_v - \frac{1}{T_t}[u - \text{sat}(u)]\right) - k_d \frac{\tau_d s}{\frac{1}{N}\tau_d s + 1} e_v - k_q e_v |e_v|$$

(3.1)

式中,s 为拉普拉斯变量;u 为命令加速或制动;e_v 为速度跟踪误差;k_p、k_i、k_d 分别为可调比例、积分和微分增益;k_q 为最后一个非线性项的可调增益;$\frac{1}{T_t}[u-\text{sat}(u)]$ 为积分器抗饱和项,其中 $\text{sat}(u)$ 函数在执行器极限处饱和,T_t 是一个时间常数,决定积分器复位的速度。

由于纯导数项是非因果关系且易产生噪声,因此伪导数项是通过增加一阶滞后来使用的,其中参数 N 决定了对导数项的滤波量。式(3.1)中最后一个非线性项 $k_q e_v |e_v|$ 在文献[42]中被称为二次分量,目的是在限制过冲的同时实现快速跟踪。此外,在文献[42]中通过 Lyapunov 分析建立了跟踪误差到零的渐进收敛性。

前馈控制和反馈控制的结合可以增强纵向控制回路的响应性。例如,在规划层发出加速度曲线指令时,可以根据踏板到加速和制动到减速的响应映射以及反馈控制器,输出前馈踏板/制动的输入[43]。

在约束控制框架中,可以更系统地处理输入饱和度、车辆状态约束以及加速器与制动执行器之间的切换等问题。对于重型车辆,对货车质量未知的灵敏感也可以通过文献[44]中的自适应控制技术来处理。

3.3.4.2 横向控制

横向控制可通过转向(有时还可采用差速制动)在变道、并线、转弯和侧方位停车等情况下控制车辆。假设在运动规划层中已经确定了合适的参考路径或轨迹。纯追踪控制是移动机器人和自动驾驶汽车进行路径追踪的一种广泛使用的方法,该方法在文献[45]中首次提出并且实施起来相对简单。纯追踪算法有一个选择转向角的简单公式,使后轴以圆弧形转向路径的中心。如果使用图 3.5 所示的自行车模型,将前轮的转向角 $\delta(t)$ 与车辆航向 $\theta(t)$ 联系起来,则纯追踪算法的公式为

$$\delta(t) = \arctan\left\{\frac{2L\sin[\theta(t)]}{l_d}\right\} \tag{3.2}$$

式中，L 为轴距；l_d 为后轮到路径中心的预视点的距离；θ 为指向前方路径 l_d 单元中心的航向向量与预视向量之间的角度。

事实上，一般根据车辆速度选择预视距离[46]。

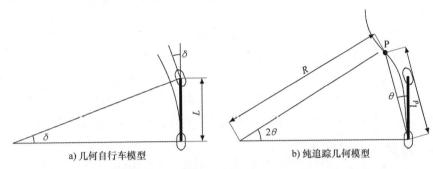

a) 几何自行车模型　　　　b) 纯追踪几何模型

图 3.5　四轮车的简化自行车模型

另一种方法[47]，可以将转向调整为车辆航向与路径错位的函数和交叉轨迹误差的非线性函数

$$\delta(t) = \theta(t) - \theta_p(t) + \arctan\left(\frac{ke_y}{v_x(t)}\right) \tag{3.3}$$

式中，θ 为车辆的航向角；θ_p 为离前轮最近点的路径方向；e_y 为从前轮中心到轨道上最近点测得的交叉跟踪误差；v_x 为车辆的前进速度；k 为增益参数。

利用理想条件下的自行车模型，证明交叉跟踪误差单调收敛为零。

上述横向控制方法易于实现，但依赖于车道单点的反馈。为了获得更平滑的性能，车道跟踪问题可以被描述为一个有限时域最优控制问题，并具有车道参考轨迹的全时域预览。最佳转向控制动作不仅是瞬时车辆状态的函数，而且还包括一个集成整个车道预览的前馈项。如文献[48]所示，当车辆模型是线性的，跟踪成本是二次型的，输入和状态是无约束的，就存在这个预览最优控制问题的分析解。对于紧急制动，或者在轮胎处于牵引力极限的湿滑路面上行驶时，必须考虑输入和状态约束。在这种情况下，轨迹跟踪问题可以在模型预测控制框架中用更高保真度的车辆模型来制定，并明确考虑牵引力约束。文献[49]成功地解决了连续模型线性化导致的线性时变（LTV）MPC 问题，同时试验结果也证实了实时处理的可行性。

与上述相对简单的纵向和横向控制方法相比，能够处理更复杂条件的规划和控制算法将在第 3.3.6 节中介绍。

3.3.5　动力总成控制

如第 1.3.1 节所述，由于驾驶自动化，信息的连通性和稳定性增加，CAV 的动力总成控制模块可以通过编程来利用额外的信息。基于第2章所述的动力系统类型，需要协调多个执行器，如加速、制动、点火、喷油、凸轮相位、废气旁通阀、气门升程、闭缸、SI ICEV的变速器、HEV的电池使用以及附属负载的执行器。预期的速度和道路坡度提供了对未来动力需求的估计，这种预期的功率需求可以用来更好地安排档位的选择、混合动力汽车电池的使用、热负荷管理以及动力系统辅助负荷（如空调负荷）的处理。

动力系统控制器可以从任务规划和模式规划层的长期计划以及运动规划和运动控制层的意图中受益。例如，由于与电池荷电状态相关联，计划好一辆混合动力汽车电池的使用能从长期的任务规划中获益，在第2.4.2节和第4.4.4节中讨论的具有较低热力学动态的热管理也是如此。另一方面，运动规划和控制层的短期决策可能有利于具有较快动态的功能，如预期换档、燃料切断、发动机起/停和闭缸。

3.3.6 规划与控制算法

规划与控制的研究和应用主要有两类方法。第一类方法是由机器人技术和计算机科学技术主导的（无模型）学习方法，利用丰富的训练数据以及深度学习和强化学习算法模仿人类驾驶员。第二类方法由自动控制领域率先采用（基于模型的）最优控制框架进行规划，旨在最小化运动的数学成本（时间、不舒适性、能量、风险等），同时考虑到所有的运动约束。例如，在变道的强化学习方法中，运动规划层逐渐学习一个最大化累积奖励函数的变道策略。该策略定义了在给定道路和相邻车辆的状态下应采取的行动，并将奖励与成功变道相关联，并因碰撞而受到处罚。该算法在现实模拟或真实环境中经历试错过程，直到得到"充分"训练，然后在实际驾驶中运用所学到的策略。

从训练场景中学习的另一种选择是优化控制，它依赖于车辆及其周围环境的模型、精心设计的目标函数，以及具有良好表征的运动约束，然后通过求解动态约束优化问题来确定规划。例如，在车道选择的最优控制方法中，目标可以是达到偏离期望速度和偏离期望车道之间的折中。将预测的周围车辆路径作为运动约束条件，自行车模型可以在候选输入序列下近似自主车辆的运动[50]。

最优控制与规划问题的闭式分析解很少存在，精确的数值解往往是不可预测的，并且在多项式内是不可解的。但通常可以找到简化问题的近似方法。例如，离散化、模型和约束的线性化以及使用二次成本是常见的，它将最优控制问题简化为存在计算效率的解决方法的二次规划，并使其能够实时执行。在模型预测控制（MPC）中，利用车辆当前状态的反馈在每个优化阶段更新控制策略，从而在逐渐缩小的时间或空间范围内解决规划问题[51]。在MPC框架中数值求解规划问题的更多细节将在第8.2.5节中介绍。

优化规划问题的数值方法可分为变分法、图搜索法和增量搜索法[38]。在此分类下，庞特里亚金极小值原理（PMP）是一种变分法，利用变分微积分将最优控制问题简化为两点边界值问题，更多的细节将在第6.2.2.1节中描述。PMP是基于对最优性的必要条件和充分条件的分析构建，然后对这些条件进行离散化与数值求解，被认为是一种间接方法。另一方面，直接方法则是将状态和控制轨迹进行离散化，将最优控制问题转化为非线性规划[52]，再利用优化算法进行求解。此外，伪谱最优控制方法[53]属于直接变分方法。

在图搜索法中，配置空间被离散化，并通过由顶点和边组成的图来表示，然后探索该图的最小成本的运动轨迹。Dijsktra[54]、A*及其变体[55]、动态规划（DP）[56]都属于图搜索法。我们将在第5.1.2.1节的经济路径（任务规划）中更详细地介绍Dijkstra算法，在第6.2.2.2节的经济驾驶（运动规划）中更详细地描述DP算法。

常用的一种增量搜索法是快速扩展随机树（RRT）算法[57]，该算法旨在通过在车辆可到达集合中随机生长空间填充树来有效地搜索非凸高维空间。RRT算法适用于有障碍物和微分约束的问题，因此被广泛应用于机器人运动规划中。

启发式方法，如蚁群优化[58]和粒子群优化[59]也已被用于自主代理和机器人的路径规划。这些分类的示意图如图3.6所示。

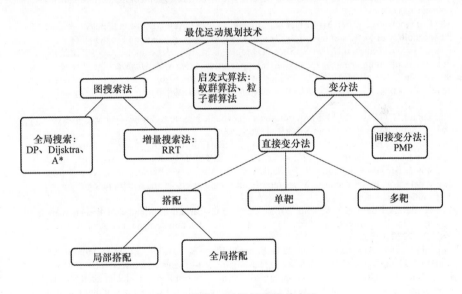

图3.6　优化运动规划的数值方法

本书剩余章节主要集中在任务规划层、模式规划层和运动规划层的高层决策上。对运动控制和动力系统控制感兴趣的读者可以参考现有的许多关于车辆控制的文章和书籍，如文献[60]。

参 考 文 献

1. USDOT. U.S. (2013) Department of Transportation releases policy on automated vehicle development. https://www.transportation.gov/briefing-room/us-department-transportation-releases-policy-automated-vehicle-development. Accessed 30 May 2013
2. SAE International (2018) Taxonomy and definitions for terms related to on-road motor vehicle automated driving systems. Surface vehicle information report J3016. Technical report, SAE International
3. Committee DSRC et al (2009) Dedicated short range communications (DSRC) message set dictionary. SAE Standard J 2735:2015
4. Li YJ (2010) An overview of the DSRC/WAVE technology. In: Proceedings of international conference on heterogeneous networking for quality, reliability, security and robustness, pp 544–558. Springer
5. USDOT. IEEE 1609 - family of standards for wireless access in vehicular environments (WAVE) (2009). https://www.standards.its.dot.gov/Factsheets/Factsheet/80
6. USDOT. SAE J2735 - Dedicated Short Range Communications (DSRC) message set dictionary (2009). https://www.standards.its.dot.gov/Factsheets/Factsheet/71
7. Araniti G, Campolo C, Condoluci M, Iera A, Molinaro A (2013) Lte for vehicular networking: a survey. IEEE Commun Mag 51(5):148–157
8. Energetics Incorporated and INC Z (2017) Study of the potential energy consumption impacts of connected and automated vehicles. https://www.eia.gov/analysis/studies/transportation/automated/pdf/automated_vehicles.pdf
9. Galileo GNSS. The path to high GNSS accuracy (2018). https://galileognss.eu/the-path-to-high-gnss-accuracy/
10. Van Brummelen J, O'Brien M, Gruyer D, Najjaran H (2018). Autonomous vehicle perception: the technology of today and tomorrow. Transp Res Part C: Emerg Technol 89:384–406
11. Pendleton SD, Andersen H, Du X, Shen X, Meghjani M, Eng YH, Rus D, Ang MH (2017) Perception, planning, control, and coordination for autonomous vehicles. Machines 5(1):6
12. Sivaraman S, Trivedi MM (2013) Looking at vehicles on the road: a survey of vision-based vehicle detection, tracking, and behavior analysis. IEEE Trans Intell Transp Syst 14(4):1773–1795
13. Rasshofer RH, Gresser K (2005) Automotive radar and lidar systems for next generation driver assistance functions. Adv Radio Sci 3(B. 4):205–209
14. Dhar SP (2017) From google to tesla, it's a war of LiDAR or RADAR. https://www.unitedlex.com/news-and-insights/blog/2017/google-tesla-it%E2%80%99s-war-lidar-or-radar
15. Redmon J, Divvala S, Girshick R, Farhadi A (2016) You only look once: unified, real-time object detection. In: Proceedings of conference on computer vision and pattern recognition, pp 779–788. IEEE
16. Chen C, Seff A, Kornhauser A, Xiao (2015) Deepdriving: learning affordance for direct perception in autonomous driving. In: Proceedings of international conference on computer vision, pp 2722–2730. IEEE
17. Bojarski M, Del Testa D, Dworakowski D, Firner B, Flepp B, Goyal P, Jackel LD, Monfort M, Muller U, Zhang J et al (2016) End to end learning for self-driving cars. arXiv:1604.07316
18. Da X, Hartley R, Grizzle JW (2017) Supervised learning for stabilizing underactuated bipedal robot locomotion, with outdoor experiments on the wave field. In: Proceedings of international conference on robotics and automation (ICRA), pp 3476–3483. IEEE
19. Kamal MAS, Mukai M, Murata J, Kawabe T (2011) Ecological driving based on preceding vehicle prediction using MPC. IFAC Proc Vol 44(1):3843–3848
20. Kamal MAS, Mukai M, Murata J, Kawabe T (2013) Model predictive control of vehicles on urban roads for improved fuel economy. IEEE Trans Control Syst Technol 21(3):831–841
21. Wiest J, Höffken M, Kreßel U, Dietmayer K (2012). Probabilistic trajectory prediction with gaussian mixture models. In: Proceedings of intelligent vehicles symposium (IV), pp 141–146. IEEE

22. Havlak F, Campbell M (2014) Discrete and continuous, probabilistic anticipation for autonomous robots in urban environments. IEEE Trans Robot 30(2):461–474
23. Hermes C, Wohler C, Schenk K, Kummert F (2009) Long-term vehicle motion prediction. In: Proceedings of intelligent vehicles symposium, pp 652–657. IEEE
24. Thrun S, Burgard W, Fox D (2005) Probabilistic robotics. MIT Press
25. Quddus MA, Ochieng WY, Noland RB (2007) Current map-matching algorithms for transport applications: state-of-the art and future research directions. Transp Res Part C: Emerg Technol 15(5):312–328
26. Cui Y, Ge SS (2003) Autonomous vehicle positioning with GPS in urban canyon environments. IEEE Trans Robot Autom 19(1):15–25
27. Levinson J, Montemerlo M, Thrun S (2007) Map-based precision vehicle localization in urban environments. In: Proceedings of robotics: science and systems conference, vol 4, p 1
28. Seif HG, Hu X (2016) Autonomous driving in the iCity—HD maps as a key challenge of the automotive industry. Engineering 2(2):159–162
29. Google (2018) Google maps platform. https://cloud.google.com/maps-platform/
30. HERE (2019) HERE APIs. https://developer.here.com/develop/rest-apis
31. HERE (2018) INRIX API documentation. http://docs.inrix.com/
32. Yahoo (2018) Yahoo weather API. https://developer.yahoo.com/weather/?guccounter=1
33. Amazon (2018) Amazon Web Services for connected vehicles and mobility. https://aws.amazon.com/automotive/connected-vehicles/
34. Amazon (2018). Amazon Web Services for ADAS and autonomous driving. https://aws.amazon.com/automotive/autonomous-driving/
35. Bast H, Delling D, Goldberg A, Müller-Hannemann M, Pajor T, Sanders P, Wagner D, Werneck RF (2016) Route planning in transportation networks. In: Algorithm engineering, pp 19–80. Springer
36. Aeberhard M, Rauch S, Bahram M, Tanzmeister G, Thomas J, Pilat Y, Homm F, Huber W, Kaempchen N (2015) Experience, results and lessons learned from automated driving on germany's highways. IEEE Intell Transp Syst Mag 7(1):42–57
37. Katrakazas C, Quddus M, Chen W-H, Deka L (2015) Real-time motion planning methods for autonomous on-road driving: state-of-the-art and future research directions. Transp Res Part C: Emerg Technol 60:416–442
38. Paden B, Čáp M, Yong SZ, Yershov D, Frazzoli E (2016) A survey of motion planning and control techniques for self-driving urban vehicles. IEEE Trans Intell Veh 1(1):33–55
39. Ioannou P, Xu Z (1994) Throttle and brake control systems for automatic vehicle following. IVHS J 1(4):345–377
40. Astrom KJ, Rundqwist L (1989) Integrator windup and how to avoid it. In: Proceedings of American control conference, pp 1693–1698. IEEE
41. Huang S, Ren W (1999) Vehicle longitudinal control using throttles and brakes. Robot Auton Syst 26(4):241–253
42. Yanakiev D, Kanellakopoulos I (1996) Speed tracking and vehicle follower control design for heavy-duty vehicles. Veh Syst Dyn 25(4):251–276
43. Kato S, Tsugawa S, Tokuda K, Matsui T, Fujii H (2002) Vehicle control algorithms for cooperative driving with automated vehicles and intervehicle communications. IEEE Trans Intell Transp Syst 3(3):155–161
44. Vahidi A, Stefanopoulou A, Peng H (2006) Adaptive model predictive control for co-ordination of compression and friction brakes in heavy duty vehicles. Int J Adapt Control Signal Process 20(10):581–598
45. Wallace RS, Stentz A, Thorpe CE, Moravec HP, Whittaker W, Kanade T (1985) First results in robot road-following. In: Proceedings IJCAI workshop, pp 1089–1095
46. Snider JM et al (2009) Automatic steering methods for autonomous automobile path tracking. Robotics Institute, Pittsburgh, PA, Technical Report CMU-RITR-09-08
47. Thrun S, Montemerlo M, Dahlkamp H, Stavens D, Aron A, Diebel J, Fong P, Gale J, Halpenny M, Hoffmann G et al (2006) Stanley: the robot that won the DARPA grand challenge. J Field Robot 23(9):661–692

48. Peng H, Tomizuka M (1993) Preview control for vehicle lateral guidance in highway automation. J Dyn Syst Meas Control 115(4):679–686
49. Falcone P, Borrelli F, Asgari J, Tseng HE, Hrovat D (2007) Predictive active steering control for autonomous vehicle systems. IEEE Trans Control Syst Technol 15(3):566–580
50. Dollar RA, Vahidi A (2018) Predictively coordinated vehicle acceleration and lane selection using mixed integer programming. In: Proceedings of dynamic systems and control conference, pp V001T09A006–V001T09A006. American Society of Mechanical Engineers
51. Hrovat D, Di Cairano S, Tseng HE, Kolmanovsky IV (2012) The development of model predictive control in automotive industry: survey. In: Proceeding of international conference on control applications, pp 295–302. IEEE
52. Kelly M (2017) An introduction to trajectory optimization: how to do your own direct collocation. SIAM Rev 59(4):849–904
53. Ross IM, Karpenko M (2012) A review of pseudospectral optimal control: From theory to flight. Ann Rev Control 36(2):182–197
54. Dijkstra EW (1959) A note on two problems in connexion with graphs. Numer Math 1(1):269–271
55. Hart PE, Nilsson NJ, Raphael B (1968) A formal basis for the heuristic determination of minimum cost paths. IEEE Trans Syst Sci Cybern 4(2):100–107
56. Bellman R (2013) Dynamic programming. Courier Corporation
57. LaValle SM (1998) Rapidly-exploring random trees: a new tool for path planning. Technical report
58. Porta Garcia MA, Montiel O, Castillo O, Sepúlveda R, Melin P (2009) Path planning for autonomous mobile robot navigation with ant colony optimization and fuzzy cost function evaluation. Appl Soft Comput 9(3):1102–1110
59. Zhang Y, Gong D-W, Zhang J-H (2013) Robot path planning in uncertain environment using multi-objective particle swarm optimization. Neurocomputing 103:172–185
60. Guzzella L, Sciarretta A et al (2007) Vehicle propulsion systems, vol 1. Springer

第4章
道路与交通

为预测并优化道路车辆的能耗，只建立车辆的动力系统模型并不充分。在前述章节中介绍的变量（如时间域、坡度、曲率、速度限制等）实际上为所行驶道路、道路设施、交通环境的函数。本章的目的是提供一些最先进的道路网模型（第4.1节），交通系统的微观模型（第4.2节）与宏观模型（第4.3节）。本章最后一节（第4.4节）将证明如何将这些信息与第2章中的模型结合起来预测道路网络上的能耗。

4.1 路网建模

地理信息系统（Geographic Information Systems，GIS）的设计是为了收集、储存、分析和再现地理数据。本书聚焦于处理关于交通网络的特定类型信息的GIS，也可以被称为GIST。

所有GIS的核心在于数据模型，如地理特征数据库中的数据及其组织方式可以抽象地表示地理特征。GIS技术采用两种基本类型数据：①空间数据，用以表述地理特征的位置；②属性数据，用以表述地理特征的特点。属性数据通常用数据库管理系统（Database Management System，DBMS）来维护。空间数据则通过专有的文件格式进行编码和维护。

空间数据模型是通过数字信息的方式储存地理数据，其基本类型有两种：矢量模型和栅格/图像数据模型，如图4.1所示。一个地图通常由多层结构组成，每层结构同时包含矢量数据与栅格数据。栅格数据格式基于一个网格单元结构构成，该单元结构将地理区域以单元形式划分，通过空间位置进行区别。因此，地理特征可以通过一些单元网格标识符进行辨别。在GIS中，同时包含具有规则性的空间网格和其他镶嵌的数据结构。从与能量相关的应用角度而言，对于可编码为光栅数据的信息，海拔信息可能是最重要的一种，也有将该信息基于矢量的表示法。数字高程模型（Digital Elevation Models，DEM）被分为地形模型（DTM）和地表模型（DSM），其中前者仅表示裸露的地表，并不包含植物与建筑等目标。

与栅格数据模型不同，矢量数据是基于离散元素形成的格式，即角点或形状点通过它们的空间坐标来表示。目前已存在较多的矢量数据模型，现有最佳的方法是

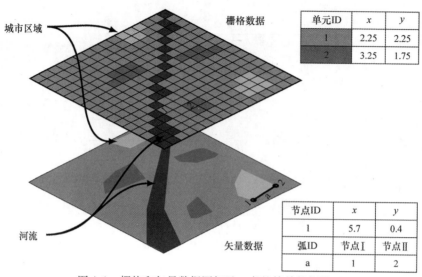

图 4.1 栅格和矢量数据图解及二者的简单数据模型

通过记录拓扑数据模型的邻接信息来保持各空间特征之间的联系。最常用的拓扑数据结构是弧/节点模型。该种模型包含两种基本的实体——弧和节点。弧为一系列通过直线连接的节点，其起点和终点都在节点处。节点可以是两段或者多段的弧交叉点，也可以是独立的点，不与任何弧相连，表述点的特征。一个区域的特征由闭合的弧链组成（多边形）。大多数 GIS 软件通过表格的形式记录这些元素（节点、弧）之间的拓扑关系。例如，节点表格储存了每个节点和其连接弧的信息。弧表格包含了每段弧的所有节点，同时也包含了完全由弧构成的多边形。多边形表格包含了组成每个多边形的弧。

一般地，一个单独分开的数据模型用于储存和维护属性数据，目前已存在较多的该模型。早期的大多数 GIS 软件包是通过表格式模型储存它们的属性数据。关系模型通常应用在数据维护系统（DBMS）中。尽管面向对象的方法比较新，但在一些实际应用中，其很快得到了认可。

关系数据模型通过表格的方式将数据组织排列。每个表都有唯一的名称标识，每个表格都有若干行和列。每个表格的列都有唯一的名字。列（字段）储存特定属性的值。行表示表格中的一条记录。在基于矢量的 GIS 中，行通常通过其标识符链接到一个单独的空间要素，列包含了地理特征的特定值。

截至目前，许多 GIS 在全球信息网上上传地理数据（地图）。其中最受欢迎的为 Google maps [1]、Bing maps [2]、HERE maps [3]、MapQuest [4] 和 OpenStreetMap [5] 等。

4.1.1 路网拓扑

在 GIS 中，通常用几何网络来数字化表示实际的交通网络，如上述介绍的弧 –

节点数据模型。该网络通常为一种具有数学结构的图表,其中的数学结构可以将各实体之间的关系表示为一组节点和一组连接线(弧或边界)之间的连接。在交通网络中,模型中的节点为实际节点的位置,连接线为道路,将各节点连接起来。由于交通系统中一般包含重要的方向流特性(如单行道),因此通常采用定向网络,其中的所有连接线都具有方向性。

矢量模型中的节点 - 连接线关系称为网络拓扑。特别相关的是位置、方向以及连通性的表示。网络拓扑的连通性用矩形表格编码,如图4.2所示,指向符是连接线的唯一辨识符,访问的字段是节点的指针。这些节点在一定程度上按照顺序排列(例如,根据一些地理位置的不同成为参考节点和非参考节点)。表格中除了可以记录连通性之外,还可以储存节点和连接线的属性,参考第4.1.2节。

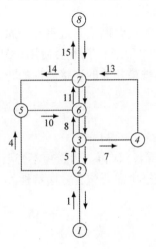

链路ID	节点Ⅰ	节点Ⅱ	经过节点Ⅰ的链路	经过节点Ⅱ的链路
1	1	2	—	4,5
4	2	5	—	10
5	2	3	1,4	7,8
7	3	4	—	13
8	3	6	5,7	8,11
10	5	6	—	8
11	6	7	8	14,15
13	4	7	—	11,14,15
14	7	5	—	10
15	7	8	11,14	—

图4.2 简单道路网络和拓扑编码表格

注:包含方向的连接线用1~16表示;节点用斜体1~8表示。

可以通过几种方式实现从一个节点到另一个节点的信息传递,如在十字路口限制右转的信息。首选的方法是对于相连节点的连接线,设置一个附加的连接方式表字段(如图 4.2 中的示例)。另一种可能是在节点入口处添加一个具有节点条目和字段的可转向的表格,代表与节点一致的连接。值得注意的是,在非平面网络之间的连接中,由于存在天桥和地下通道,并非两条链路的所有交叉点在地理上都对应于一个节点。

有关交通事件和设施的数据(通常称为特征数据)通常采用线性系统而不是基于坐标的系统进行定位。为了将线性参考的属性与空间参考的交通网络综合使用,必须用特定的方法将两种参考系统关联起来。目前已有不同的线性参考方法,如到参考点(基准)的距离、连接中的控制截面或距离某一个连接节点的距离。

4.1.2 路网属性

除了与连接相关的属性外,路网元素最重要的属性与基本几何图形、道路类型和速度限制相关。更加先进的功能和服务会使用详细的地理属性和交通相关的属性。基于此分类,与节能驾驶最相关的连接属性的非详尽列表如下所示。

1. 几何

1)长度。
2)连接节点的坐标(经度和纬度)。
3)方向(正向、反向或者双向)。为避免不必要的和与实际不符的重复连接,特别是在街道中,在属性表格中需要包含方向特性。
4)车道的数量 n_l。
5)车道宽度 w。

2. 类型

1)道路类型,取决于国家和地区(地方、国家、高速公路等)。
2)速度类型取决于指示牌或者地方速度限制。
3)坡度类型(上坡、下坡、水平)。
4)连接的性质,尤其是与允许通行车辆的类别及通行方式有关的连接(受控制道路、低流动性道路、斜坡、出现法律规定或实体的分隔物、砖石铺路、私人/公共、城市、高速、仅限四轮驱动、停车场等)。

3. 速度限制

速度限制 v_{lim},法律规定的最大允许速度,即指示牌上的限速(Posted Speed Limit, PSL)。通常以 10km/h(美国为 5mile/h)的增量标示在交通标牌上。最低限速一般会在低速可能阻碍交通或造成危险的地方标明。在一些国家中,速度限制是可变的,如考虑不同类型的车辆或者一些特殊情况(日期、天气、特殊区域)。在一些地区中,出于安全考虑,建议的速度限制可能低于法律规定的速度。

4. 详细几何属性

1)坐标点连线上的水平曲率半径 R。该值用于估计在转向时的安全速度值,

计算公式为
$$v_{turn} = \sqrt{\mu g R}^{\ominus}$$
式中，μ 为道路摩擦系数；g 为重力加速度。

2）坐标点连线上的海拔或坡度 α。

3）坐标点连接线上的水平方向夹角 θ。

5. 交通

1）自由车速 v_{FF}，当连接线上的交通流密度和流率为零时，定义为车辆的理论速度。实际上，一般用操作性定义测量自由车速，如当前车辆与其前方车辆具有大于 4s 的车头时距。

2）平均交通流速度 V，取决于季节、工作日期和当天具体时间（如设定一天中每 15min 为一个值）。这是对通过该路段的足够多的车辆进行统计的结果。通常用平均速度或者第 85 百分位速度（设定一个值，整体样本中有 85% 的样本超过设定值）来表示这些统计数据。第 85 百分位的交通流速度通常用在交通工程文献中，作为设置速度限制和评估该速度是否合适的指南。

在上述属性中，特别是详细几何属性参数 α、R、v_{lim} 和 V，它们在以下章节所阐述的模型中至关重要。然而，这些参数有时无法获取或得到精确值。在第 8.2.1 节中，我们会讨论如何从一系列测量坐标点中重建瞬时速度、曲率和坡度。

4.1.3 交叉口简介

道路交叉口根据交通控制类型及其拓扑进行分类。无控制的交叉口尽管有时会设置警告信号，但一般没有交通信号灯。优先权（通行权）规则的设定根据国家的不同以及道路所涉及路段的数量而有所变化。交通流量控制（Yield - controlled）交叉口可能有特殊标志。停车控制（Stop - controlled）交叉口至少有一个"停止"标志。一般道路中，双向站点比较常见，有些国家也会采用四向站点。信号控制交叉口取决于交通信号灯，通常为电子式的，用于指示在特定时间内允许某一方向的车辆行驶。环形交叉路口，尤其是环岛路口，有其特定的设计和规则。

虽然其他类型的交叉路口属性通常是固定的，并且可以从 GIS 中获取，而交通信号灯的工作信息，尽管对于预测和优化能耗至关重要，但很难获得实际的信息，一般通过假设或者模拟实现。信号灯相位和计时（Signal Phasing and Timing, SPaT）会提供一种安全有效的行驶方式给交叉路口的各种车辆驾驶者。车辆的行驶反映了驾驶员的意图，行驶方式由驾驶员的类型及其执行的动作定义（车辆转弯或者通过人行横道）。两种不同的车辆行驶方式包含了有通行权的行驶和需要严格按照道路规则的行驶。交通信号控制器通过将这些运动分配给一个或多个信号相

$\ominus$ 该方程对零倾斜角同样有效。从转弯车辆的自由体图可以很容易地得到一个更一般的方程。此外，也忽略了与赛车等相关的提升/下压力。

位来调节这些运动。信号相位是指一个周期内分配给独立的交通流或者组合交通流的通行权、黄灯转变和红灯间隙。间隔是信号指示不变的持续时间。道路交叉口的每个相位都有一组定时,可能包含车辆和行人所用的时间。一个信号灯相位可能会同时控制同车道的直行和右转。在一个执行控制器单元中,周期是指一个包含所有指示信号的完整序列[6]。

在典型的十字形交叉路口中,如图4.3a所示,左转行驶分配为奇数相位。右转行驶通常不分配单独的相位。一般而言,行人的运动和平行及邻接的并行车辆相关联。

美国现代的信号控制实践通过将相位分组为连续的回路(或环路)来组织相位,并在允许运行的时间间隔内将交叉或者冲突的交通流分开,使得运动有序或在运动中添加障碍。图4.3b所示为环路-障碍设置图举例。

在给定的行驶运动中,产生的计时是绿色、黄色和红色信号的周期性交替,如图4.3c所示。我们将占空比参数r_x定义为红色信号时间(包括黄色)t_r与周期$t_g + t_r$的比值。

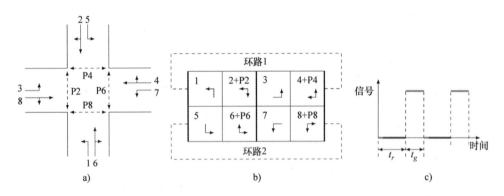

图4.3 a)为十字交叉口示意图,车辆行驶方案如数字1~8所示,p2~p8为并行人行横道;左转被分配为奇数相位,直行被分配为偶数相位,右转与直行共用相位。在上述例中,南向左转1受到保护,并与相位5相关联;西行右转与西行直行兼容,因此共用第4相位;穿过交叉口北段的行人被分配到并行西行车辆阶段(第4相位),与东行左转冲突(相位3)。b)为对应的环路和障碍设置图,障碍为两道较粗的垂直线。从左至右为各相位的顺序,左转弯引导相反的直行通行[6]。c)为信号灯周期图(见彩插)

4.1.4 充电站简介

另一种与节能驾驶策略相关的本地化特征是电池充电站。在路网中,不同的充电站一般具有不同的技术。

慢充主要在家用交流输出的插座上进行。这种方法需要一个车辆内置的AC/DC变换器(车载充电器)。家用额定充电功率一般为3~7kW,纯电动汽车充电需要几个小时。

快充主要通过直流充电站进行充电。快充有两个重要的标准（CHAdeMO 和 COMBO 2），提供 20~50kW 的充电功率。交流充电技术也可以提供（类型 2，一般欧洲实行）22kW 的快充功率。此外，特斯拉拥有其特有的充电标准，其充电功率可以达到 120kW。2018 年，已有相关研究者可以用 CHAdeMO 和 COMBO 标准允许以 100kW 的充电功率进行充电，后者甚至可以允许公交车或者重型客车的充电功率达到 350kW。由于缺乏单独的国际标准，多标准的充电站比较受欢迎，其一般提供一种或者同时包含直流和交流充电接口。

相比于电池充电，在换电站进行换电曾被认为是具有潜力的技术，但是从 2018 年开始，它似乎不再受欢迎。与之相反的是，感应充电（即无线充电）概念近来受到越来越多的关注。感应充电系统使用电磁场将能量通过充电站的一次线圈传输给车辆中的二次线圈进行充电。在动态感应充电系统中，车辆通过埋在道路下的感应线圈获取充电功率。尽管感应充电具有充电时间短和舒适度高的优点，但造价昂贵且技术并不是很成熟[7]。

无论使用何种技术，充电站的特征可以通过其充电函数识别，即，当充电过程开始时，与充电量 ΔE_c 和电池中储存的能量 $\varepsilon_{b,0} \triangleq q_{b0} V_{b0}$ 及所需时间 $\Delta \tau_c$ 有关的函数 $\Delta \tau_c (\Delta E_c, \varepsilon_{b,0})$。除了充电时间，用户在充电站的等待时间也应该在考虑范围内，如在优化充电策略时，具体请参考第 5 章。

一般情况下，因为充电过程中端电压和电流是变化的，所以充电函数是非线性的。如图 4.4 所示，这个过程一般可分为两个阶段，恒流（CC）阶段和恒压（CV）阶段。恒流阶段持续到电池端电压达到一个特定值（截止电压），如当 SoC 达到 80% 时。在第二阶段，为避免损害电池，电流会呈指数级下降，且 SoC 的增加小于相对于时间线性的增加。除了 CC – CV 的充电策略外，还有其他的策略，如恒功率恒电压充电，或明确某项参数最小化的充电曲线，如最小化电池老化或者充电损耗[8]。

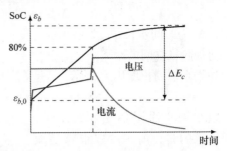

图 4.4 汽车电池的典型充电曲线

在大多数情况中，能量 – 时间的关系可以用一个分段线性函数进行拟合，即 $\varepsilon_b = g(t)$ [9]。因此，充电函数可以通过转换这种关系获得

$$\Delta \tau_c = g^{-1}(\varepsilon_{b,0} + \Delta E_c) - g^{-1}(\varepsilon_{b,0}) \tag{4.1}$$

当然，每种充电技术都可以通过一个特定的分段线性充电函数定义。

4.2 交通流微观模型

微观模型根据单个车辆的行驶轨迹描述交通流动态。这些模型旨在描述人类驾驶员或自动驾驶汽车在自由车流中达到目标车速时的行为,在与其他车辆相互作用的情况下进行调整,做出一些离散型的决定,如车辆变道、给予优先权等。

本节将重点讨论跟车模型(第4.2.1节)、先进巡航控制功能(第4.2.2节),以及车道变更模型(第4.2.3节)。值得注意的是,一个完整的微观模型需要定义所有模拟车辆的起点(来源)和目的地。车辆的起点可以在相关区域的边界处或者在该区域内,但该区域内必须定义车辆的流入量。在模拟的区域内或区域外,可以指定每个交叉口的方向百分比(转弯率),而不是指定特定的目的地[10]。然而,关于如何生成这些数据的内容不在本书的讨论范围内。

4.2.1 跟车模型

跟车模型是一种试图描述驾驶员典型行为的模型,即车辆的加速度受到驾驶员意图、道路基础设施和周围交通状况的影响。这些模型可以用以下形式表示

$$\ddot{s}(t) = \dot{v}(t) = F(v(t), \delta(t), v_p(t)) \quad (4.2)$$

或者同等形式

$$v(t + \Delta t) = F(v(t), \delta(t), v_p(t)) \quad (4.3)$$

式中,Δt 为时间步长;v_p 为前车的速度;δ 为净距离或者间隙,即前车后保险杠与后车前保险杠之间的距离。

如果车辆的长度用 ℓ_p 表示,s_0 是停车时两车的期望间隙,则

$$\delta(t) \triangleq s_p(t) - s(t) - \ell_p - s_0 \quad (4.4)$$

跟车场景简图如图 4.5 所示。需要注意的是,前车可以很容易地替换为其他移动或静止的障碍物,如停车标志灯。

由此产生的加速度需要满足"舒适"的条件约束,或者至少限制在物理定律允许范围内

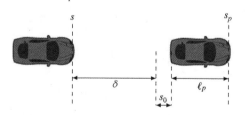

图 4.5 跟车场景简图

$$a_{\min} \leq \ddot{s}(t) \leq a_{\max} \quad (4.5)$$

大多数模型实际上并没有区分理论限制和用户自定义的舒适性要求,见表4.1。

大部分跟车模型会区分两种驾驶行为:①一种自由驾驶机制,驾驶行为仅受当前速度和期望速度 v_d 的影响,期望速度可以是行驶道路路段的最高限制车速;②车间距控制机制,驾驶行为受到当前车间距和期望间距 δ_d 的控制。心理 - 物理

模型同时具有以上两种状态。

表 4.1 跟车模型的典型参数[11]

参数	典型值
时间间隙 t	1s
最小间隙 s_0	2m
加速度指数 m	4
加速度 a_{max}	1m/s²
减速度 $-a_{min}$	1.5m/s²

4.2.1.1 Gipps 模型

Gripps 模型[12]是应用到如 AIMSUN 等商业软件[13]的基础跟车模型。其形式如式（4.3）所示，其中 Δt 为驾驶员反应时间（通常是1s），函数 F 在自由流和间隙控制状态之间进行仲裁

$$v(t + \Delta t) = \min(v_{free}, v_{safe}) \tag{4.6}$$

受到式（4.5）的约束，其中自由驾驶速度 v_{free} 为

$$v_{free} = v(t) + 2.5 a_{max} \Delta t \left(1 - \frac{v(t)}{v_d}\right) \sqrt{0.025 + \frac{v(t)}{v_d}} \tag{4.7}$$

期望速度 v_d 和间隙控制速度的启发式函数为

$$v_{safe} = a_{min} \Delta t + \sqrt{a_{min}^2 \Delta t^2 - a_{min}\left[2\delta(t) - \frac{v_p^2(t)}{a_{min,p}} - v_p(t)\Delta t\right]} \tag{4.8}$$

v_{safe} 被评估为相对于前方车辆安全停车的最大速度。

4.2.1.2 Krauss 模型

用在 SUMO 软件中的 Krauss 模型[14]与 Gipps 模型相似，用以下公式表示

$$v(t + \Delta t) = \min(v_d, v_{safe}) - \eta(t) \tag{4.9}$$

式中，η 为随机扰动。

受到式（4.5）的约束，有

$$v_{safe} = v_p(t) + \frac{\delta(t) - \delta_d(t)}{h_d + \frac{v(t) + v_p(t)}{2|a_{min}|}} \tag{4.10}$$

参考文献[14]，期望间距与前车速度呈正比

$$\delta_d(t) = h_d v_p(t) \tag{4.11}$$

式中，h_d 为期望的车头间距。

4.2.1.3 智能驾驶员模型

时间连续的智能驾驶员模型（Intelligent Driver Model, IDM）被认为是产生真实加速度曲线的最简单模型。与 Gipp 模型不同，IDM 用一个公式结合了自由流驾驶控制和间隙控制模型[15]

$$\ddot{s}(t) = a_{\max}\left[1 - \left(\frac{v(t)}{v_d}\right)^m - \left(\frac{\delta_d(t) + s_0}{\delta(t) + s_0}\right)^2\right] \quad (4.12)$$

式中，m 为调整参数（参见表4.1）。

期望间隙为

$$\delta_d(t) = h_d v(t) + \frac{v(t)(v(t) - v_p(t))}{2\sqrt{a_{\max}|a_{\min}|}} \quad (4.13)$$

可以通过在特定情景中产生更加真实的加速度来改善该模型，如在文献[11]中 $v \geq v_d$ 的情景。

4.2.1.4 心理 – 物理模型

这类模型包括 VSSIM 中使用的 Wiedemann 模型[16]和 PARAMICS 软件中使用的 Fritzasche 模型[17]。在这一框架中，一些机制被定义为间隙和接近率的函数。Wiedemann 模型定义了四个机制，通过可变阈值分开：自由驾驶、车辆接近（驾驶员感受到前车速度变慢）、跟车和紧急情况。Fritzsche 模型有两种不同的跟车场景，因此有五种状态。

4.2.2 高级巡航控制功能

由 ACC 驱动的车辆可以有不同于人类驾驶车辆的行为[18]，因此需要分别建模。目前已有较多的汽车公司推出了 ACC 系统，但对 ACC 系统本身的控制规律、参数标定、响应时间的影响以及车队的队列稳定性等方面的研究仍在进行。其他涉及安全影响、法律问题和技术限制的问题，如 ACC 传感器在转弯操纵、制动、坡道、天气条件等方面的性能仍在研究之中[19]。

ACC 控制器绕过通常由驾驶员控制的加减速机构，并根据当前车与前车的净距离和相对速度（接近率）计算出所需的加速度。

与前面讨论的驾驶机制相似，一般的 ACC 系统中至少有两种控制模式[20]：①速度控制模式，当前车的车速按照驾驶员设定的速度 v_d 行驶，且车辆传感器范围内没有前方车辆（或前方车辆车速远大于设定的速度）；②间隙控制模式，当前车的车速与前车保持一致，将车间距维持在期望值 δ_d。上述两种模式之间的转换应尽可能平滑，不过这可能很难控制。例如，在变道或并线操作时，车间距可能会突然改变。

在速度控制模式中，当前车的行为可描述为

$$\ddot{s}(t) = K_v(v_d - v(t)) \quad (4.14)$$

式中，K_v 为调整参数（参见表4.2）。

在间距控制模式中，加速度与接近率和间距误差成正比，间距误差为期望间距和实际间距的差值。期望间距通常为速度的仿射函数，即 $\delta_d = h_d v(t)$，其中 h_d 是期望的安全车头时距。总结为

$$\ddot{s}(t) = K_1(v_p(t) - v(t)) + K_2(\delta(t) - h_d v(t)) \quad (4.15)$$

式中，K_1 和 K_2 为两个调整参数（参见表4.2）。

ACC 的调整参数必须要保证每辆车的稳定性，同时也要保证车队的稳定性[21, 22]。若假设前车以恒定的速度行驶，则后车的稳定性只要车间距误差在干扰后收敛于 0 即可得到保证。若车队中车辆的空间误差不会呈现放大的趋势，则其队列稳定性可以得到保证[23]。

表 4.2 ACC 模型参数典型值[20]

参数	典型值
速度调整参数 K_v	0.4
速度调整参数 K_1	1.12
间隙调整参数 K_2	1.7
车头时距 h_d	1.5~2s

在自动控制领域中，越来越多的学者提倡将模型预测控制代替瞬时反馈关系在 ACC 中的应用[24-26]。这种方法的目的是在特定域内最小化一个由累计近似率和间隙误差组成的代价函数。第 8 章将讨论节能性 ACC 中与能量相关的代价函数。

4.2.3 车道变更模型

除了跟车模型，对于不同交通流的微观描述还应该包含多车道行为、车道变更和合并模型。在学术上，这些决定被分为强制性的和自由性的。强制改变是出于策略原因，而驾驶员随意改变车道的动机是目标车道的驾驶条件相对于实际情况有所改善。

微观模型通常只包括车道变更决策的操作阶段，也就是变道的选择是否能保证安全和满足期望。这种选择通常通过使用间隙接受模型表述，在该模型中，比较可用间隙与临界间隙，当可用间隙大于临界间隙时，执行车道变换。临界间隙不仅随着车辆的不同而变化，而且随着交通条件不同也会有所变化，如在目标车道上前车和后车的相对速度大小以及变道的类型。

已有学者提出了基于临界间隙概率分布的模型[27, 28]。除此之外，我们将简要介绍一个基于效用概念的比较新颖的车道变换/车道选择模型。

在"最小化由车道变更引起的整体制动"模型中（Minimizing Overall Braking Induced by Lane changes, MOBIL[29]），如果潜在的新目标车道更有吸引力（激励标准），并且变道可以安全进行（安全标准），就会发生车道变更。

该模型中，驾驶员将会在对自身产生的好处（效用）和对其他驾驶员产生的坏处之间做出取舍。从直觉上而言，自身效用随着目标车道上与新出现前车的距离增加而增加，也随其相对速度的增加而增加。例如，若新的前车速度低于当前前车的速度，即使差距较小，仍会保持当前车道行驶。因为在大多数跟车模型中（见第 4.2.1 节和式 (4.2)），加速度随着间隙和接近率的增大而增大，在 MOBIL 中，效用被定义为变道前后的加速度差，并通过跟车模型计算。

对于对称车道使用规则⊖，激励标准为

⊖ 这些规则在美国是有效的。在大多数欧洲国家中，最右边的车道应该是首选。MOBIL 通过在阈值上添加一个偏差项来处理这种不对称情况。

$$(\tilde{a} - a) + p(\tilde{a}_{nf} - a_{nf} + \tilde{a}_f - a_f) > \Delta a_{th} \tag{4.16}$$

其中可能变道后的加速度用波浪线（~）表示，下标 f 和 nf 表示当前或目标车道上的跟随车辆（滞后），如图 4.6 所示。式（4.16）的第一项表示驾驶员可能改变车道的效用。礼貌因子 p 衡量两个直接受影响的邻车的总效用，在 0（利己行为）和 1（利他行为）之间变化。阈值 Δa_{th} 模拟了一定的惯性，并在总体优势较小时防止车道变更。

安全标准为

$$\tilde{a}_{nf} \geq a_{safe} \tag{4.17}$$

其中，$a_{safe} < 0$ 为给定的安全限制。一些典型的参数值见表 4.3。

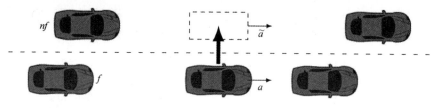

图 4.6　变道场景示意简图

这种基于效用的方法可以适用于其他离散选择的决策，比如在黄色信号灯处决定是巡航还是停车（设定前车的速度 $v_p = 0 = v_d$）、进入有优先权的道路（类似于强制换道）等[11]。

表 4.3　MOBIL 参数的典型值[11]

参数	典型值
阈值改变量 Δa_{th}	0.1 m/s²
安全减速限制 a_{safe}	-2 m/s²
礼貌因子 p	0~1
不对称偏移量	0.3 m/s

4.3　交通流宏观模型

除了预测周围相关车辆的微观驾驶行为外，预测交通流的平均特性对于能源效率优化也非常重要。

交通模型中的主要参数包括流量、密度以及平均速度。交通流密度 $\rho(s,t)$ 是指单位道路长度内每单位时间通过的车辆数量，它等于两个连续车辆之间的平均车头时距（保险杠到保险杠的距离）的倒数。

交通流量 $Q(s,t)$ 定义为一段路中单位时间内通过的车辆数量，它等于两个连续车辆之间平均间隔时间的倒数。

通过定义，进而可得到以下公式

$$Q(s,t) = \rho(s,t)V(s,t) \tag{4.18}$$

式中，$V(s,t)$为平均交通速度。

平均交通速度由单个车辆的速度产生，可以有不同的操作定义。通常，我们考虑 N 辆车在同一时间段内行驶不同的距离，由此计算时间–平均速度[⊖]$V = \sum_j^N v_i / N$（单个速度的算术平均值）。

4.3.1 基础交通流图

当平均速度不变时可认为交通是静止的，若平均速度不随着所考虑路段而变化，则交通被认为是均匀的。考虑到平稳和均匀的交通流，假设密度和速度或流量之间存在某种关系是合理的。

这种基本关系可以通过对几个经验观测值进行曲线拟合，理论上也可以从微观模型中推导出来。当互相跟随的相似车辆组成的车队行驶在一维路径上时，第4.2.1 节中介绍的大部分跟车模型会呈现稳态平衡。因此，它们可用于推导理论流量–密度关系。

微观平衡表明 $v(t + \Delta t) = v(t) = v_p(t) \equiv v_{eq}$ 和 $\delta(t) \equiv \delta_{eq}$。将这些条件施加在 Gipps 模型中，如式 (4.6) ~ 式(4.8)，就可以得到平衡速度为

$$v_{eq} = \min\left(v_d, \frac{2\delta_{eq}}{3\Delta t}\right) \tag{4.19}$$

则容易得到稳态平衡间隙与交通流密度相关，如上面所述，密度是两个连续车辆间距的倒数，即

$$\rho_{eq} = \frac{1}{\delta_{eq} + s_0 + \ell} \tag{4.20}$$

根据其定义，平衡流的计算公式为 $Q_{eq} = \rho_{eq} v_{eq}$。根据式（4.19）和式（4.20），其可表示为密度的函数

$$Q_{eq} = \min\left(v_d \rho_{eq}, \frac{2}{3} \times \frac{1 - \rho_{eq}(\ell + s_0)}{\Delta t}\right) \tag{4.21}$$

流量–密度关系在交通工程文献中被称为基础交通流图。式（4.21）揭示了 Gipps 模型会产生一个三角形基础交通流图，如图 4.7 所示。两种跟车模型（自由驾驶、间隙控制）分别描述了自由流和拥挤的交通状况。在自由流状态下，流率与密度成比例增加，直到达到临界值 $\rho_C \triangleq (\ell + s_0 + 3/2 v_d \Delta t)^{-1}$。在阻塞状态下，流量随密度线性减小，直到达到最大阻塞（"堵塞"）密度 $\rho_J \triangleq (\ell + s_0)^{-1}$，此时速度为零。最大流率（或容量）通过式 $Q_C = v_d \rho_C$ 估计。三角形基础交通流图是

[⊖] 该定义不应与空间平均速度混淆，后者考虑 N 辆车以不同的行驶时间穿越同一路段，其计算方式为 $N \sum_j^N (1/v_i)$（单个速度的调和平均数）。

Daganzo 在经验数据的基础上首次提出的[30]。

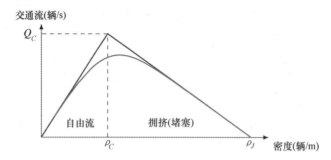

图 4.7　根据 Gipps 微观模型（深色）和 IDM（浅色）得到的基础交通流图
注：Gipps 模型的临界承载力点已标记。

文献中还提出了许多其他的流密度关联式。例如，用 IDM 得到的基础交通流图，式 (4.12) 和式 (4.13) 在 $\rho=0$ 和 $\rho=\rho_J$ 之间是光滑的，如图 4.7 所示。

这些理论上的基础交通流图通常不太适合实际数据。有文献提出了改进的在容量点周围具有不连续性的"逆 lambda"形的图，如容量下降的 Wu 模型[31]。Kerner 提出了与其原理不同的三相理论，考虑了三种状态：自由流、阻塞流和中间同步流，形成了一个不包含流密度曲线的二维区域[32]。

4.3.2　运动学模型

在一阶运动学模型中，在均衡交通条件下得到的 $Q_{eq}(\rho_{eq})$ 关系可以推广到所有场景中，包括非平衡态，因此 $Q(s,t)=Q_{eq}(\rho(s,t))$。这个假设是在 20 世纪 50 年代由 Lighthill 和 Whitham 以及 Richards 独立提出的，因此这类模型被命名为 LWR。

将基础交通流图与连续性方程相结合得到

$$\frac{\partial \rho(s,t)}{\partial t} + \frac{\partial Q(s,t)}{\partial s} = \phi(s,t) - \frac{Q(s,t)}{I(s)}\frac{\mathrm{d}I(s)}{\mathrm{d}s} \quad (4.22)$$

式中，ϕ 为净流入（或流出）流量密度，定义为车辆流量（入口匝道为正，出口匝道为负）除以匝道长度和车道数，如入口匝道或出口匝道的流量密度；$I(s)$ 为车道数，车道数是一个非整数○，它是用于模拟车道合并和分开等情况的与位置相关的数量；右侧第二项描述了从终点车道到新开放车道的净流量。

总体而言，LWR 模型由两个未知数 Q 和 ρ 的方程组成微分代数系统。当以下值可获得时，其方程可以用数值的方法求解：①所考虑的几何区域边界上的未知数值；②模拟开始时的值；③外生变量 ϕ 和 I。这些一阶模型可以真实地描述简单的现象，如冲击波传播。

另一方面，二阶模型放弃了流密度的基本关系，而是在变量中引入了一个微分

○　例如，当 $I=2.2$ 时，意味着在考虑的单位距离内有一小部分有 2 条车道，而剩余部分有 3 条车道。

方程形式的动量守恒方程 $V(s,t)$。因此，这些模型采用三个变量（Q、ρ 和 V）的微分代数系统。这种类型的典型模型包括 Payne 提出的模型[33]。二阶模型是宏观描述交通波和其他复杂现象的方法。

4.4 路网能耗预测方法

本节的目标是介绍预测路网中各种车辆能耗的方法。这种能量消耗预测对于实现节能性路径导航（第 4.5 节）及其相关的策略均有作用。

路网各环节的能量消耗取决于车辆的速度、道路坡度、车辆参数（如空气阻力系数、滚动阻力、质量）和传动系统参数。可以利用特定或有代表性的车辆模型来估算每个环节的能源成本[34]。历史上观察到的或实时的每个路段上的速度和交通轨迹可以用来估计路段上的预期速度分布[35]。或者，有时根据对经验道路数据的回归拟合来估计路网各部分的能量/排放成本，如文献[36]中的综合模式排放和能源模型（Comprehensive Modal Emission and Energy Model，CMEM），或者根据文献[37]中所示的每个道路的历史记录消耗量进行估算。在文献[38]中，回顾了一些宏观和微观的能源消耗和排放模型，这些模型可用于经济路径规划。

使用第 2 章的车辆模型，结合预测的车辆速度及所行驶道路的海拔，可以预测给定路线上车辆的能耗。海拔可从地理信息服务装置获得（第 4.1 节），因此速度曲线的估计尤其重要。在路径规划中，通常假设车辆会遵循其行驶轨迹上的一般交通流特征。特别地，车辆的估计速度和位置假定为

$$\hat{v}(t) = V(\hat{s}(t), t), \frac{d\hat{s}(t)}{dt} = \hat{v}(t) \tag{4.23}$$

这种方法要求 $V(s,t)$ 在所有时间和位置的值是已知的。然而，这些信息通常不可用，至少不完全可用。

一方面，实时的微观或宏观模拟是不切实际的且很少尝试[39]；另一方面，在交通工程文献中经常用于设计道路基础设施的"运行速度"模型（见第 4.4.1 节），尝试将路段上的平均速度 V 与其几何及有前后关系的特征相关联，并可用于首次评估。需要注意的是，这些模型通常与时间无关。

同样，商业地图网络服务（第 3.2.3 节）通常以平均速度 V 的形式提供聚集的交通信息。典型的聚集间隔按路段顺序排列，时间为几分钟。

在后两种情况下，当一辆车在一段路上行驶时，所提供的平均速度 V 是恒定的，因为所处环境为一般交通环境，并且随着一般交通条件的变化，可能只会随着时间缓慢变化。然而，如果没有平均速度周围的波动信息，则无法评估速度对能量消耗的贡献，如式（2.11）中的速度方差和偏斜。这可能导致低估能量消耗，尤其是城市或郊区道路网。事实上，速度曲线轨迹和加速度的中断不仅是由交通造成的，还会受到基础设施的影响。尤其是道路基础设施的关键要素，如红绿灯、十字

路口和弯道，极有可能导致停车或显著减速。

为了考虑车辆高速时的影响，特别是基础设施引起的加速和减速，进而改进能耗估算，我们将在第4.4.2节中阐述一个简单的基于合成速度轨迹的方法。

4.4.1 运行速度模型

运行速度模型根据固定的道路属性来预测路段的平均速度。代表值通常是平均值，或者是更常见的第85百分位速度值。为抑制车间距的影响，减少外生变量的数量，通常只考虑自由流速度。

这些模型可以用以下类型的关系式表示

$$v_{FF,i} \text{ 或 } V_i = f(R_i, \alpha_i, w_i, v_{lim}, n_l, \cdots) \tag{4.24}$$

式中，i 为路段；R 为水平半径；α 为道路坡度；w 为道路或车道宽度；v_{lim} 为限制速度；n_l 为车道数量。

附加的二分（0/1）参数描述了场景中特定的存在（学校、停车场、人行道等）。根据式（4.24）可以推导出一些道路模型，如乡村道路[40]、限速为30km/h的城市切线道路和其他城市场景[41]，以及城郊道路[42]。

文献[43]中研究了重型车辆（货车）在转弯处和环形交叉口上两种特殊情况的速度。统计回归表明，转弯处的横向加速度分布集中在 $0.15g$ 左右，对应的平均转弯速度为

$$V_i \approx 0.39 v_{turn} = 0.39\sqrt{\mu g R_i} \tag{4.25}$$

对于环形交叉口，入口速度、出口速度和平均速度至关重要。后两者与环形交叉口半径有很强的关联性。例如，整个路段的平均速度可以表示为

$$V_i \approx c_1 R_i + c_0 \tag{4.26}$$

式中，$c_1 = 0.43 \text{km}/(\text{h} \cdot \text{m})$；$c_0 = 16.3 \text{km/h}$。

相比之下，入口速度受交通条件的影响更大（例如，它可以为零），因此与道路特性的相关性较小。

4.4.2 综合速度轨迹

对于路网中的每个路段，我们假设知道路段长度 ℓ_i、通行平均交通速度 V_i 和在考虑范围内根据位置变化的道路坡度 α_i。

考虑到路段 i，其上的速度分布应该由两个阶段组成：由前一个巡航速度 V_{i-1} 过渡到现在的巡航速度 V_i 阶段，以及定速巡航阶段速度 V_i。我们首先介绍两段之间的过渡速度，定义为

$$v_{t,i} = \zeta_i \frac{V_i + V_{i-1}}{2} \tag{4.27}$$

式中，$\zeta_i \in [0,1]$ 为取决于交互类型（如停车标志、交通灯、转弯行为等）的参数，可以用确定或随机的方式选择。

两个路段之间的速度变化可以建模为两个不同的瞬态：第一个瞬态从 V_{i-1} 到 $v_{t,i}$，第二个瞬态从 $v_{t,i}$ 到 V_i，两个瞬态的加速度/减速度为恒值 a_t（模型参数），如图 4.8b 所示。通过在过渡开始时取 $\tau = 0$，路段 i 上的预测速度可以写为

$$v_i(\tau) = \begin{cases} V_{i-1} + \text{sign}(v_{t,i} - V_{i-1})a_t\tau, & \tau \in [0, \Delta\tau_{i-1,t}] \\ v_{t,i} + \text{sign}(V_i - v_{t,i})a_t(\tau - \Delta\tau_{i-1,t}), & \tau \in (\Delta\tau_{i-1,t}, \Delta\tau_i] \\ V_i, & \tau \in (\Delta\tau_i, \tau_i] \end{cases} \quad (4.28)$$

其中，瞬时时间为

$$\Delta\tau_{i-1,t} = \frac{|v_{t,i} - V_{i-1}|}{a_t}, \quad \Delta\tau_{t,i} = \frac{|V_i - v_{t,i}|}{a_t} \quad (4.29)$$

需要注意的是，该合成速度模型没有描述红绿灯或十字路口的停车时间，因为其不会对能量消耗产生影响。

通过添加以下项

$$\int_0^{\tau_i} v_i(\tau)\,\mathrm{d}\tau = \ell_i \quad (4.30)$$

可以对路段的行驶时间进行评估。在一般情况下，$v_t \leq V_{i-1}$，$v_t \leq V_i$，其结果为

$$\tau_i = \frac{\ell_i}{V_i} + \frac{-V_{i-1}^2 + 2V_{i-1}V_i + V_i^2 - 4V_i v_t + 2v_t^2}{2a_t V_i} \quad (4.31)$$

因此，平均速度 $v_i \triangleq \ell_i/\tau_i$ 通常比 V_i 小。

速度瞬态也可以根据每个路段的综合速度轨迹进行评估。例如，可以得到

$$\int_0^{\tau_i} v_i^2(\tau)\,\mathrm{d}\tau = \ell_i V_i + \frac{2V_{i-1}^3 - 3V_{i-1}^2 V_i - V_i^3 + 6V_i v_t^2 - 4v_t^3}{6a_t} \quad (4.32)$$

$$\int_0^{\tau_i} v_i^3(\tau)\,\mathrm{d}\tau = \ell_i V_i^2 + \frac{V_{i-1}^4 - 2V_{i-1}^2 V_i^2 - V_i^4 + 4V_i^2 v_t^2 - 2v_t^4}{4a_t} \quad (4.33)$$

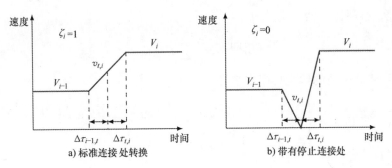

图 4.8 接合处加速度

4.4.3 牵引能耗

在预测了路段的合成速度 $v_t(\tau)$ 轨迹后，能耗可以用前面章节介绍的模型进行

估算㊀。特别地，车轮上的能量消耗可以用式（2.11）进行估算，我们可以在 i 连接处写为

$$E_{W,i} = \frac{1}{2}m(V_i^2 - V_{i-1}^2) +$$

$$\left(mg\alpha_i + C_0 + C_1\bar{v}_i + C_2\bar{v}_i^2 + C_1\frac{\sigma_{v,i}^2}{\bar{v}_i} + 3C_2\sigma_{v,i}^2 + \frac{C_2 b_{v,i}\sigma_{v,i}^2}{\bar{v}_i}\right)\ell_i \quad (4.34)$$

式（2.29）和式（2.43）在考虑油箱能量时成立，分别适用于 ICEV 和 EV。对于 ICEV 和 EV，在连接处的制动和牵引阶段可以通过车轮处的功率 $F_{w,i}(v_i(\tau))v_i(\tau)$ 进行辨别。对于 ICEV，通过将合成速度的轨迹与特定变速器的换档规律式（2.17）耦合，可以识别工作档位与传动比。

尽管这一过程比较简单和精准，但对于每条道路连接处的瞬时功率的评估可能会很耗时。因此，为了满足多个功能（节能性路径规划、里程估算）对能耗的快速预测要求，通常需要更加简化的方法。

该方法考虑了合成速度轨迹式（4.28）的三个阶段，即

$$v_{i1} \triangleq (V_{i-1} + v_{t,i})/2, \ v_{i2} \triangleq (v_{t,i} + V_i)/2, \ v_{i3} \triangleq V_i \quad (4.35)$$

并据此评估三个恒定水平的驱动功率

$$P_{w,ij} = C_0 v_{in} + C_1 v_{ij}^2 + C_2 v_{ij}^3 + mg\alpha_i + ma_{ij}, \ j = 1,2,3 \quad (4.36)$$

我们还定义了三个相应的需求功率水平 $P_{d,ij} \triangleq P_{w,ij}\eta_t^{-\text{sign}(P_{w,ij})}$。

对于 ICEV，对应的燃油功率水平为

$$P_{f,ij} = \begin{cases} a_{0,ij} + a_{1,ij}P_{d,ij}, & \text{若 } P_{d,ij} > 0 \\ 0, & \text{其他} \end{cases} \quad (4.37)$$

式中，$a_{0,ij} \triangleq k_{e,0}\omega_{e,ij} + k_{e,1}\omega_{e,ij}^2$；$a_{1,ij} \triangleq k_{e,2}\omega_{e,ij} + k_{e,3}\omega_{e,ij}^2 + k_{e,4}\omega_{e,ij}^2$。

因此，所消耗的燃油能量为

$$E_{f,i}^{(\text{ICEV})} = \sum_{j=1}^{3} P_{f,ij}\tau_{ij} \quad (4.38)$$

对于 EV，电池的恒定功率水平为

$$P_{b,ij} = \begin{cases} \dfrac{1}{\eta_b}(b_{0,ij} + b_{1,ij}P_{d,ij} + b_{2,ij}P_{d,ij}^2), & \text{若 } P_{d,ij} > 0 \\ \eta_b(b_{0,ij} + b_{1,ij}P_{d,ij} + b_{2,ij}P_{d,ij}^2), & \text{其他} \end{cases} \quad (4.39)$$

其中

$$b_{0,ij} \triangleq k_{m,0} + k_{m,1}\omega_{m,ij} + k_{m,2}\omega_{m,ij}^2, \ b_{1,ij} \triangleq k_{m,3}, b_{2,ij} \triangleq \frac{k_{m,4}}{\omega_{m,ij}^2} + \frac{k_{m,5}}{\omega_{m,ij}} + k_{m,6}$$

$$(4.40)$$

㊀ 在第9.5节的案例学习中将对该方法进行验证。

$$E_{b,i}^{(\text{EV})} = \sum_{j=1}^{3} P_{b,ij}\tau_{ij} \tag{4.41}$$

发动机和电机的速度水平根据 V_{ij} 和 $\gamma_{e,ij}$ 评估。时间 τ_{ij} 可通过式（4.28）~式（4.31）推导得出。

对于 HEV，式（2.43）可用类似的方法。然而，与总能耗不同，相对于比较总的能量消耗，HEV 更感兴趣的是在给定的电量消耗 $E_{b,i}$ 或 SoC 变化范围时去估算最小燃油消耗 $E_{f,i}$。最优能量管理策略（参考第 2.4.2 节）根据一个合成速度轨迹周期内的转矩或功率分配比 u_{ij} 来定义。因此，对于并联 HEV 有

$$P_{f,ij}(u_{ij}) = \begin{cases} a_{0,ij} + a_{1,ij}u_{ij}P_{d,ij}, & \text{若 } u_{ij}P_{d,ij} > 0 \\ 0 & \text{其他} \end{cases} \tag{4.42}$$

$$P_{b,ij}(u_{ij}) = \begin{cases} \dfrac{1}{\eta_b}(b_{0,ij} + b_{1,ij}\overline{u}_{ij}P_{d,ij} + b_{2,ij}\overline{u}_{ij}^2 P_{d,ij}^2) & \text{若 } \overline{u}_{ij}P_{d,ij} > 0 \\ \eta_b(b_{0,ij} + b_{1,ij}\overline{u}_{ij}P_{d,ij} + b_{2,ij}\overline{u}_{ij}^2 P_{d,ij}^2), & \text{其他} \end{cases} \tag{4.43}$$

式中，$\overline{u}_{ij} \triangleq (1 - u_{ij})$。

根据二次约束线性规划的解法，u_{ij} 的值可根据二次约束线性规划的数值方法求解

$$\min_{u_i = [u_{i1}, u_{i2}, u_{i3}]} \sum_{j=1}^{3} P_{f,ij}(u_i)\tau_{ij} \tag{4.44}$$

$$\text{s.t.} \quad \sum_{j=1}^{3} P_{b,ij}(u_i)\tau_{ij} = E_{b,i} \tag{4.45}$$

最后，与所考虑的合成速度轨迹相关的最佳油耗为

$$E_{f,i}^{(\text{HEV})}(E_{b,i}) = \sum_{j=1}^{3} P_{f,ij}(u_{ij})\tau_{ij} \tag{4.46}$$

一个包括可变功率水平和功率限制的更加详细的步骤，可参考文献 [44] 严格执行。

在 HEV 中，每个路段的电池电能的消耗 $E_{b,i}$ 或 SoC 变化是自由参数，通常由能量管理策略在整个行程中进一步优化决定，参考第 6.6 节。文献 [44] 中的方法可以根据道路特性和假定的速度轨迹进行粗略的预测。对于给定的行驶路段，文献中的模型指出最佳电池能量消耗是行驶动能和势能以及车辆参数的函数，定义为

$$E_{b,i} \approx \rho\left(\frac{1}{2}m(V_i^2 - V_{i-1}^2) + mg(z_i - z_{i-1})\right) \tag{4.47}$$

式中，z 为海拔；ρ 为调节参数。

该方法还提供了每个路段可用 ΔSoC 边界的先验估计，可用于更精准的优化（第 5 章）。

4.4.4 热管理能耗

为了提高实际驾驶中能量估计的精确度，还必须考虑附加功率要求。尤其是对

于电动汽车，驾驶室加热、通风和空调的功率要求对续驶里程有着重大影响。这种影响会随着行程持续时间和与期望座舱温度相关的环境温差而增加。

为了获得所需的热管理水平，必须最终从车载电源（内燃机汽车的燃料、电动汽车和混合动力汽车的电池）中给出功率 P_{aux}，以说明从电能或燃料能转换为有用热能过程中的各种效率。为了达到这个目的，我们可以简单地将附加功率建模为环境温度 θ_{ext} 的函数，且在旅程中设定为常值。因此，连接处 i 上的辅助能量消耗可估计为

$$\Delta E_{T,i} = \int_0^{\tau_i} P_{aux} \mathrm{d}t = \int_0^{\tau_i} f(\theta_{ext}) \mathrm{d}t = f(\theta_{ext}) \tau_i \qquad (4.48)$$

对于城市电动汽车的函数 $f(\cdot)$，其典型值如图 4.9 所示[45]。这些数据表明了该类型的参数化

$$\Delta E_{T,i} = K_{th} |\theta_{ext} - \theta_0| \tau_i \qquad (4.49)$$

式中，θ_0 为参考温度，在15℃左右变化；K_{th} 为系数，在加热（$\theta_{ext} < \theta_0$）或者制冷（$\theta_{ext} > \theta_0$）时采用不同的常值。

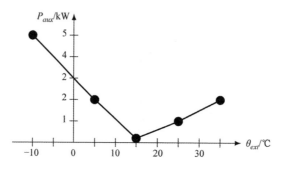

图 4.9　电动汽车的典型附加功率

基于各种技术引入的储热系统，如显热存储（Sensible Heat Storage，SHS）和相变材料（Phase-Change Materials，PCM），提供了额外的自由度。在 CAV 的背景下，将预测动力总成部件释放的热量作为车辆使用情况的函数（预测热管理），这将实现存储系统充放电的优化，并允许 P_{aux} 的大幅降低[46]，参考第 3.3.5 节。

参 考 文 献

1. Google. Google maps platform (2018). https://cloud.google.com/maps-platform/
2. Bing Maps (2019). https://www.bing.com/maps
3. Here We Go (2019). https://wego.here.com
4. MapQuest (2019). https://www.mapquest.com/
5. OpenStreetMap (2019) https://www.openstreetmap.org
6. Koonce P, Rodegerdts L (2008) Traffic signal timing manual. Technical report, United States. Federal Highway Administration
7. Musavi F, Eberle W (2014) Overview of wireless power transfer technologies for electric vehicle battery charging. IET Power Electron 7(1):60–66

8. Parvini Y, Vahidi A (2015) Maximizing charging efficiency of lithium-ion and lead-acid batteries using optimal control theory. In: American control conference (ACC), 2015, pp 317–322. IEEE
9. Montoya A, Guéret C, Mendoza JE, Villegas JG (2017) The electric vehicle routing problem with nonlinear charging function. Transp Res Part B: Methodol 103:87–110
10. Varaiya P (2013) The max-pressure controller for arbitrary networks of signalized intersections. In: Advances in dynamic network modeling in complex transportation systems, pp 27–66. Springer
11. Treiber M, Kesting A (2014) Traffic flow dynamics: data, models and simulation. Phys Today 67(3):54
12. Gipps PG (1981) A behavioural car-following model for computer simulation. Transp Res Part B: Methodol 15(2):105–111
13. Ciuffo B, Punzo V, Montanino M (2012) Thirty years of gipps' car-following model: applications, developments, and new features. Transp Res Rec: J Transp Res Board 2315(1):89–99
14. Krauß S (1998) Microscopic modeling of traffic flow: Investigation of collision free vehicle dynamics. PhD thesis, Universitat zu Koln
15. Kesting A, Treiber M, Helbing D (2010) Enhanced intelligent driver model to access the impact of driving strategies on traffic capacity. Philos Trans R Soc Lond A: Math Phys Eng Sci 368(1928):4585–4605
16. Wiedemann R (1974) Simulation des Strassenverkehrsflusses. PhD thesis, University of Karlsruhe
17. Fritzsche H-T (1994) A model for traffic simulation. Traffic Eng+Control 35(5):317–321
18. Kesting A, Treiber M, Schönhof M, Helbing D (2008) Adaptive cruise control design for active congestion avoidance. Transp Res Part C: Emerg Technol 16(6):668–683
19. Gurulingesh R (2004) Adaptive cruise control. Indian Institute of Technology Bombay
20. Shladover S, Dongyan S, Xiao-Yun L (2012) Impacts of cooperative adaptive cruise control on freeway traffic flow. Transp Res Rec: J Transp Res Board 2324(1):63–70
21. Naus GJL, Vugts RPA, Ploeg J, van de Molengraft MJG, Steinbuch M (2010) String-stable CACC design and experimental validation: a frequency-domain approach. IEEE Trans Veh Technol 59(9):4268–4279
22. Oncu S, Van de Wouw N, Heemels WMH, Nijmeijer H (2012) String stability of interconnected vehicles under communication constraints. In: Proceedings of conference on decision and control (CDC), pp 2459–2464. IEEE
23. Swaroop D, Hedrick JK (1996) String stability of interconnected systems. IEEE Trans Autom Control 41(3):349–357
24. Luo L, Liu H, Li P, Wang H (2010) Model predictive control for adaptive cruise control with multi-objectives: comfort, fuel-economy, safety and car-following. J Zhejiang Univ Sci A 11(3):191–201
25. Stanger T, del Re L (2013) A model predictive cooperative adaptive cruise control approach. In: Proceedings of American control conference (ACC), pp 1374–1379. IEEE
26. Vajedi M, Azad NL (2016) Ecological adaptive cruise controller for plug-in hybrid electric vehicles using nonlinear model predictive control. IEEE Trans Intell Transp Syst 17(1):113–122
27. Gipps PG (1986) A model for the structure of lane-changing decisions. Transp Res Part B: Methodol 20(5):403–414
28. Ahmed KI (1999) Modeling drivers' acceleration and lane changing behavior. PhD thesis, Massachusetts Institute of Technology
29. Kesting A, Treiber M, Helbing D (2007) General lane-changing model mobil for car-following models. Transp Res Rec: J Transp Res Board 1999(1):86–94
30. Daganzo CF (1994) The cell transmission model: a dynamic representation of highway traffic consistent with the hydrodynamic theory. Transp Res Part B: Methodol 28(4):269–287
31. Ning W (2002) A new approach for modeling of fundamental diagrams. Transp Res Part A: Policy Pract 36(10):867–884
32. Kerner BS, Konhäuser P (1994) Structure and parameters of clusters in traffic flow. Phys Rev E 50(1):54

33. Payne HJ (1971) Models of freeway traffic and control. Mathematical models of public systems. Simulation councils
34. Jurik T, Cela A, Hamouche R, Natowicz R, Reama A, Niculescu S-I, Julien J (2014) Energy optimal real-time navigation system. IEEE Intell Transp Syst Mag 6(3):66–79
35. Boriboonsomsin K, Barth MJ, Zhu W, Vu A (2012) Eco-routing navigation system based on multisource historical and real-time traffic information. IEEE Trans Intell Transp Syst 13(4):1694–1704. ISSN 1524-9050. https://doi.org/10.1109/TITS.2012.2204051
36. Barth M, Boriboonsomsin K, Vu A (2007) Environmentally-friendly navigation. In: Proceedings of intelligent transportation systems conference (ITSC), pp 684–689. IEEE
37. Andersen O, Jensen CS, Torp K, Yang B (2013) Ecotour: reducing the environmental footprint of vehicles using eco-routes. In: Proceedings of international conference on mobile data management (MDM), vol 1, pp 338–340. IEEE
38. Demir E, Bektaş T, Laporte G (2014) A review of recent research on green road freight transportation. Eur J Oper Res 237(3):775–793
39. Kamal MAS, Imura J, Hayakawa T, Ohata A, Aihara K (2014) Smart driving of a vehicle using model predictive control for improving traffic flow. IEEE Trans Intell Transp Syst 15(2):878–888
40. Bysveen M (2017) Vehicle speed prediction models for consideration of energy demand within road design. Master's thesis, NTNU
41. Dinh DD, Kubota H (2013) Profile-speed data-based models to estimate operating speeds for urban residential streets with a 30 km/h speed limit. IATSS Res 36(2):115–122
42. Fitzpatrick K, Shamburger CB, Krammes RA, Fambro DB (1997) Operating speed on suburban arterial curves. Transp Res Rec 1579(1):89–96
43. Ojeda LL, Chasse A, Goussault R (2017) Fuel consumption prediction for heavy-duty vehicles using digital maps. In: Proceedings of international conference on intelligent transportation systems (ITSC), pp 1–7. IEEE
44. De Nunzio G, Sciarretta A, Gharbia IB, Ojeda LL (2018) A constrained eco-routing strategy for hybrid electric vehicles based on semi-analytical energy management. In: Proceedings of international conference on intelligent transportation systems (ITSC), pp 355–361. IEEE
45. Sciarretta A, di Domenico D, Pognant-Gros P, Zito G (2014) Optimal energy management of automotive battery systems including thermal dynamics and aging. In: Optimization and optimal control in automotive systems, pp 219–236. Springer
46. De Nunzio G, Sciarretta A, Steiner A, Mladek A (2018) Thermal management optimization of a heat-pump-based hvac system for cabin conditioning in electric vehicles. In: Proceedings of international conference on ecological vehicles and renewable energies (EVER), pp 1–7. IEEE

第 5 章 节能性路径导航

节能性路径方法是指通过路线选择来实现车辆能耗最小化的策略和工具。一般情况下,在驾驶员或使用者给定起始点和终点后,节能性路径方法依据设定,规划出一条能耗最小的路径。

从起始点到达终点所有可能构成的路径汇成一幅路径图,图内节点与节点间的链接分别代表路口交叉点和对应路段。在5.1节,我们将定义一个权重函数,其将为图中每段链接赋予一个权重值。在传统的路径图中,每段弧的权重值要么与其弧长相关,要么与驶过弧长所花的时间相关。在节能性路径的框架图中,每段链接被赋予一个代表着驾驶能耗的权重值。与弧长和驾驶时间的权重不相同的是,在考虑到电动汽车或混合动力汽车的再生制动情况时,其能耗权重可以是负值。在接下来的5.2节中,我们将展示节能性路径算法怎样被应用于预测车辆的最大驾驶区间。最后的5.3节将讨论部分实际应用问题。

5.1 节能性最短路径问题

上诉介绍的能耗最小导航问题通过规划成5.1.1小节中的节能性路径最短问题(ER-SPP)来求解,5.1.2小节则展示了一些用于解决这类问题的技术方法。

5.1.1 问题公式化

节能性路径作为最短路径问题可以通过下面的方式进行阐述。对于一个给定的路径图$\mathcal{G}=(V,A)$,V表示节点n_i的集合,A代表连接节点的链接(或边)e_k的集合,驾驶路径表示为$\boldsymbol{p}=(e_1,e_2,\cdots)\subset\mathcal{P}$,$\mathcal{P}$是所有在$\mathcal{G}$里的简单路径[⊖]的集合,于是,最小化目标函数表示为

$$J(\boldsymbol{p}) \triangleq \sum_{e_k \in \boldsymbol{p}} w_k(t, b_k(t)) \tag{5.1}$$

式中,w_k为分配给链接k的权重,常为时间和附加决策变量b_k的函数。

式(5.1)的最小化求解受限于以下约束:
1) 起始和终点的条件(单源最短路径)

⊖ 简单路径为不含内环的路径:边界都是清晰的。

$$n_1 = n_O, \ n_{(|\boldsymbol{p}|)} = n_D \qquad (5.2)$$

式中，n_O 和 n_D 分别为初始点和搜寻的终点；$|\cdot|$ 为基数。

2）集合 $\boldsymbol{p}$ 中任意节点 n_k 处的状态矢量 x_k 的一阶动态约束

$$x_{k+1} = x_k + f_k(t, w_k(t, b_k(t)), b_k(t)) \quad x_1 = x(n_O) \qquad (5.3)$$

3）状态矢量的代数约束

$$g_i(x_k) \leq 0, i = 1, \cdots, \ell \qquad (5.4)$$

4）终端的状态矢量不等式约束

$$h(x(n_D)) \leq 0 \qquad (5.5)$$

5）可能出现的确定的资源约束

$$R(\boldsymbol{p}) \triangleq \sum_{e_k \in \boldsymbol{p}} r_k(t, b_k(t)) \leq R_f \qquad (5.6)$$

式中，r_k 为在链接 k 上的资源消耗。

在节能性最短路径问题中出现的各种量如 V、A、w_k、b_k、x_k、f、g、h 和 r_k，将在下面的章节中进行具体阐述。虽然成本、状态变量、能源消耗都可能随时间而变化，但我们将只考虑基于时间独立的最短路径问题。类似地，尽管交通网络的情况在不断改变更新，预测未来状态也是相当困难的，我们也不考虑随机性最短路径问题。

5.1.1.1　曲线图

对给定的道路网络，表示路径图集合 $\mathcal{G}$ 的最直观的方式是用节点代表道路交叉点，用链接代表道路。然而这样的表示方法会引发一些严重的问题。尤其是在考虑到拥有 2 个或以上的流入路径且只有唯一流出路径 i 的交叉口时。后者的权重明显取决于车辆的来源链接，因为每一个进入路线 i（如左转、右转、直行）的运动都可能伴随着不同的速度变化。实际上，第 4.4 节介绍的合成速度曲线 $v_i(\tau)$ 在这种情况下便不唯一了，因为它依赖的上游的平均速度 V_{i-1} 在该情景下并不唯一。

这个问题可以通过将路网建模为伴随图来解决，其定义如下：对于定向图 $\mathcal{G}' = (V, A)$，其伴随图 $\mathcal{G} = (A, A^*)$ 中的节点——对应于定向图 $\mathcal{G}'$ 中的链接，如果定向图中的两条链接共用一个节点，则在伴随图中用一条连接这两个对应节点的链接来表示。

换句话说，定向图 $\mathcal{G}'$ 中的链接 $i \in A$ 成为伴随图 $\mathcal{G}$ 中的节点，伴随图 $\mathcal{G}$ 的任一链接 $k \in A^*$ 则包含了在定向图 $\mathcal{G}'$ 中的两条链接 $i-1$，$i \in A$。伴随图中可以正确地分配不同的权重给所有在原始定向图 $\mathcal{G}'$ 中可能发生的运动。图 5.1 阐明了这个概念。伴随图的有效属性允许根据定向图 $\mathcal{G}'$ 的连通属性来计算伴随图中链接的数量，即它的规模尺寸[1]。注意，式（5.2）中的起始和目的节点在伴随图 $\mathcal{G}$ 中代表着原始图中的初始和目标链接 (i_O, i_D)。

基于这个背景，电池充电站（各种类型的充电站，包括换电、全充/部分充、连续无线充电等）可以分配到原始图的某些节点处，从而构成伴随图中链接的子集 $A_c^* \subset A^*$。

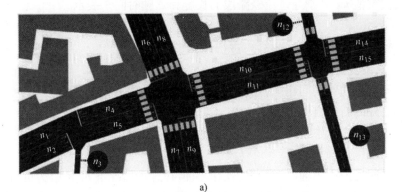

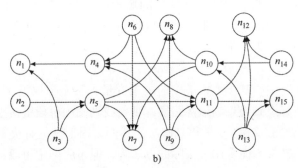

图 5.1　路网之间的联系和相应的路网图[2]

注：节点用圆圈表示，边用箭头表示。从 n_1 到 n_{15} 这 15 个节点代表路网中路段。
从节点射出的边（箭头）表示车辆在下游路口可以转向哪些节点（道路）。

5.1.1.2　目标函数

在标准导航系统内，目标函数 $J(\boldsymbol{p})$ 被用来代表诸如路程长度或驾驶时间之类的指标。而节能性路径问题的关注点在能量节约上，因此图中每段链接的权重代表着相关（油箱）的能量消耗 E_T。

运用原始图 G' 中链接的综合能量消耗的定义，我们可以将能量权重分配给伴随图里的每段链接 $e_k \in A^*$。注意伴随图中的链接 k 包含了原始图路网信息中的路段 $i-1$ 和路段 i 两部分，最自然的选择是将下游路段（i）的能源消耗赋值给链接 e_k，该路段已经计入了（$i-1$）路段的过渡，见第 4.43 节。换句话说，设定

$$w_k = E_{T,i} \tag{5.7}$$

$E_{T,i}$ 可以分别基于式（4.38）对内燃机汽车进行计算，基于式（4.41）对电动汽车进行计算，式（4.46）对混合动力汽车进行计算。注意在后一种情况里，燃油消耗取决于电能消耗，电能消耗从而扮演了式（5.1）中决策变量 b_k 的角色。

最短路径（the Shortest Path，SP）和最快路径（the Fastest Path，FP）可以类似定义为：最短路径在于最小化距离，最快路径在于最小化驾驶时间。在这些情况

里，链接权重值 w_k 分别通过流经路段的长度和驾驶时间来表示

$$w_k^{(SP)} = \ell_i, \quad w_k^{(FP)} = \tau_i \tag{5.8}$$

驾驶时间可以通过式（4.31）进行计算。

5.1.1.3 决策变量

在协同式自动驾驶问题中，决策变量 b 的加入增加了一个除路径图中链接序列排序选择之外的新的自由度。

在混合动力汽车中，附加的决策变量为链接 k 上的电能消耗

$$b_k^{(HEV)} = E_{b,i} \tag{5.9}$$

尽管成本是通过最小燃油消耗量来表示的，但在这种情况下 b_k 可以为负值。

考虑到电动汽车的充电设施时（这里的场景标记为 xEVR），也就是路径不应再被单次充电蓄电池的电量所局限，在充电设施可运行的前提下，链接处再补充的电量可以作为额外的决策变量，即

$$b_k^{(xEVR)} = \Delta E_{c,i}, \quad e_k \in A_c^* \tag{5.10}$$

在上述两种情况中，基于图中链接的决策变量，第 k 个权重 w_k 可以有无穷多的取值。搜寻出从起点到终点的最优路径，则要找到图中每段链接上的最优决策变量值 b_k，此问题已经在文献[3]中得到解决。然而，因上述的解决策略需要很大的计算成本，实际中常常未能采用。实际的方法为，通过为图中每段链接增加和预定义变量 b_k 可能值的相同数量的副本，以此来放大伴随图 $\mathcal{G} = (A, A^*)$。运用离散值 $b_k^{(j)} \in [b_{k,\min}, b_{k,\max}], j = 1, \cdots, N_b$，可定义一个 b 的增广路径图 $\mathcal{G}_B = (A, A_B^*)$，其链接副本 $k^{(j)} \in A_B^*$，新的成本函数为

$$w_k^{(j)} \triangleq w_k : b_k = b_k^{(j)}, j = 1, \cdots, N_b \tag{5.11}$$

式（5.11）表示在基于给定的决策变量 $b_k^{(j)}$ 后，完成运行路径 $k^{(j)} \in A_B^*$ 而需要的成本。副本的数量或决策变量的标准 N_b，是一个设计参数，需要在离散精确度和计算复杂度之间折中选取。变量 $b_k^{(j)}$ 的范围取决于运行路径 $k \in A_B^*$ 的物理性质。

另一种解决拥有附加决策变量的节能性路径问题的可能性方法是制作链接的副本，参考链接末端状态的离散值[3,4]。然而，相比于其他替代展开方式，以决策变量的方式来放大路径图可提供更高的精度，而最佳算法复杂度的选择则是一个争论不休的问题。

5.1.1.4 状态动力学与约束

在状态相关的两种场景里，即混合动力汽车和带有再充电电池的电动汽车中，状态变量的角色通过储存在电池里的电能来表示，$x = \{\varepsilon_b\}$。基于式（5.7）、式（5.9）和式（5.10），式（5.3）对于混合动力汽车的状态动力学可写作

$$f_k^{(HEV)} = -E_{b,i} = -b_k \tag{5.12}$$

对带可充电电池的 xEVR 而言

$$f_k^{(\text{xEVR})} = -E_{b,i} = -w_k + b_k \tag{5.13}$$

在两种情况中，$x(n_O) = \varepsilon_{b,0}$。这些动态变化进一步受到电池物理限制的约束，也就是局部约束式（5.4）需要应用于局部路径中的每段链接上，即

$$0 \leqslant \varepsilon_b \leqslant \varepsilon_{b,\max} \tag{5.14}$$

定义 $\varepsilon_{b,\max} \triangleq Q_b V_{b0}$ 作为电池的最大容量，从简单性考虑，假设电量可被完全耗尽[○]。

依赖于混合动力汽车的类型，在旅程结束时电池能量需要匹配于规定值。对于电量维持型混合动力汽车，最终的 SoC 值应与初始值相匹配，即在式（5.5）中有 $\varepsilon_b(n_D) - \varepsilon_{b,0} = 0$。对于插电式混合动力汽车，如果在终点拥有可再充电设备，其电池电量应该全被消耗完。因此 $\varepsilon_b(n_D)$ 的理想值总是趋近于零的，即电池完全放电。

5.1.1.5 资源约束

尽管能量效率是节能性路径最短路径问题（ER-SPP）中的主要目标，但对驾驶时间的忽略可能会降低对选定路径的吸引力和驾驶员对路径建议的顺从度。因此，提供机会给驾驶员去定义他们所喜爱的节能性和驾驶时间的折中度，对于能源消耗的优化来说是很重要的。这种折中度的体现，可通过将式（5.6）中的资源消耗 r_k 选定为链接 k 上的行驶时间的方式完成，即

$$r_k = \tau_i \tag{5.15}$$

式中，τ_i 为原始图中下游链接的驾驶时间。

式（5.6）中的 R_f 表示总驾驶路径所允许的最长行驶时间。

考虑可充电电池时，驾驶时间必须包括站台等待时间和充电时间。因此，资源消耗成为再充电能的函数，式（5.10）中的决策变量为

$$r_k^{(\text{xEVR})} = \tau_i + \Delta\tau_{c,i}(\Delta E_{c,i}, \varepsilon_{b,k}) \tag{5.16}$$

至于充电函数 $\Delta\tau_{c,i}(\Delta E_{c,i}, \varepsilon_{b,k})$，其模块介绍可参照第 4.1.4 节中的介绍。

终端状态约束和资源约束使节能性路径问题成为资源约束型最短路径问题（RCSPP），同时也被看作一个非确定性问题（NP-hard）。该问题的复杂性使得其在终端用户应用程序和辅助驾驶应用方面并不实际可行，因此提出了一种基于多目标优化问题模式的更易处理的问题公式化样式，即将资源和状态约束转换为附加目标函数，同 $J(p)$ 一起进行最小化计算。

多目标优化问题的解决需要外部决策过程提供对不同目标的相关参考。在后验方法中，参考是已提供的，一旦最优解的代表性解集找到了，决策方案也就相应制定了。相反，在先验方法中，在搜寻最优解集前需要得到可行有效的参考信息。一个标准的先验方法是标量化处理，即将不同目标整合到单目标函数中。基于单目标函数的形式，存在若干进行标量化的方法。特别地，标准加权和的标量化方法通过

○ 实际上，这并不正确，一个切实的 SoC 窗口应该被考虑在内。

将终端约束转化为目标函数中额外附加量的方式[5]，将多目标优化问题转化成单目标问题

$$(1 - \lambda_1 - \lambda_2) \sum_{e_k \in p} w_k + \lambda_1 \sum_{e_k \in p} r_k + \lambda_2 \sum_{e_k \in p} f_k \qquad (5.17)$$

式（5.17）的第一部分是原始目标函数，第二部分是约束于式（5.6）的资源终端值，第三部分是约束于式（5.5）的状态终端值。为了简便，此处所有约束均假定为硬约束。最优权重值 $\lambda \in [0,1]$ 定义为在多目标间的折中度，且必须满足最优路径 p 的终端约束，详见第5.1.2.3节。

局部状态约束式（5.4）可通过对离散集里多个状态标准上的链接建立多个副本，然后直接强制化约束的方式来处理。然而，这个问题将使路径的复杂度呈指数型增加。因此，通常将这些约束在公式里进行松弛处理，并验证它们作为最优路径的后验信息[6]。若对 $\forall e_k \in p$，x_k 满足于约束式（5.4），那么这样的路径是可行的。如果不满足，则选择次最优路径，转而需要一个可以依据选择的目标函数来区分划归不同路径的路径算法（见第5.3节）。

5.1.2 路径算法

自然情况下，路况网络的模型图是具有定向性和循环性的，由于连通性的不足和单行道的存在，代表路网图形的邻接矩阵往往是高度稀疏的。而且，考虑到电动汽车和能量再回收现象，图中链接的权重值可以为负成本。理论上，位于环形图上的负权重值可能导致出现负循环的临界点：道路网络图可能存在环形连接，其成本总和为负值。在这种图中的路径是无效的，因为只要车辆能够在这样的路径上反复运行足够多次，那它就可以轻易地获得任意多的能量。然而，尽管上述假定建模过程正确，但是这个问题在我们的框架里仍没有任何实际意义。

在下面的章节将阐述两种常见的最短路径算法，分别为 Dijkstra 和 Bellman – Ford（BF）算法。然后，介绍了一种可以有效确定双目标优化的帕累托前沿的算法。

5.1.2.1 Dijstra 算法

Dijkstra 算法于20世纪50年代由 Edsger Dijkstra 提出[7]，或许是路径内容里最常用到的算法。算法1中阐述了其基本实现步骤。该程序开始时将图中所有节点均标记为未被访问状态，并分别进行成本赋值，标记为 J，其中初始原点的成本赋值为零，其余节点均赋值为无穷大。然后从原点开始，对所有未被访问节点执行迭代操作。基于当前节点，依次考虑所有未被访问的临近节点，分别计算从当前节点到所有临近节点的链接成本。结果与当前分配的成本相比较，留下其中的较小值。在当前节点的所有未被访问的临近节点全部被考虑后，则当前节点被标记为已访问点（将不会再次检查）。如果最终目标节点被标记为已访问点，则程序结束。否则，拥有最小成本的未被访问节点被选定为新的当前节点，开始新一轮的迭代。一旦程

序完成，通过反向迭代便可重建最优路径。

Dijkstra 算法的计算复杂度为 $O(\|A\|^2$，$\|\cdot\|$ 表示集合的基数，这使它的应用很具有吸引力。然而，Dijkstra 算法需要所有成本均为非负值，才能得到最优路径。因此，它通常不能用来处理电动汽车或混合动力汽车的节能性路径问题。

基于 Dijkstra 算法扩展的 A^* 算法应用更为广泛。与 Dijkstra 算法不同的是，除了"真实"成本 w 外，这种搜寻算法还用启发式函数来计算评估当前节点处的临近节点值。该启发式函数的作用是用来计算从邻近节点到目标节点的剩余成本。

5.1.2.2 Bellman–Ford 算法

著名的 Bellman–Ford（BF）算法[8]可用于解决带有负成本值的路径问题。与 Dijkstra 算法相同的是，由于它们的运行时间是多项式约束的，所以可以认为 BF 也是一种快速算法。然而，Dijkstra 算法只在潜在最短路径的节点处运行，Bellman–Ford 算法则可在模型图中的所有节点处运行。因此，Dijkstra 算法的计算量由路程性质决定，而 Bellman–Ford 算法的计算量由路网规模所决定。特别地，它的计算复杂度为 $O(\|A\|\cdot\|A^*\|)$。

对大规模路况网络而言，一个如此复杂的计算将需要非常长的计算时间，因此它并不适用于面向用户的应用和实时应用。但是，当完成一次算法主循环的迭代后却并没有产生任何链接松弛时，可以通过引入终端条件来更早地结束搜寻进程。它的发生表示算法已经找到从原点开始的所有的最短路径，接下来的迭代不会改变任何结果。当然这对最坏的情况并没有任何提升效果，但在实际路网中却有着非常好的表现。在实际应用中，算法 2 的计算时间显著减少了。

算法 1　Dijkstra algorithm

Require：$\mathcal{G}$，w_k，n_O，n_D
Ensure：**p**，J

▷ Initialization

$\mathbf{p} \leftarrow \emptyset$，$J \leftarrow \infty$，$\text{pred}(n_O) \leftarrow 0$，$J(n_O) \leftarrow 0$

$Q \leftarrow A$

while $Q \neq \emptyset$ **do**

▷ Find current node

　　$J_{opt} \leftarrow \infty$
　　for $u \in Q$ **do**
　　　if $J(u) < J_{opt}$ **then**
　　　　$J_{opt} \leftarrow J(u)$
　　　　$u_{opt} \leftarrow u$
　　　end if
　　end for
　　$u \leftarrow u_{opt}$

▷ Remove u from Q

$Q \leftarrow Q \setminus u_{opt}$

  ▷ Termination condition

if $u_{opt} = n_D$ **then**

 return

end if

  ▷ Evaluate neighbors

for $v \in \text{neighbors}(u)$ **do**

 if $J(u) + w(u,v) < J(v)$ **then**

  $J(v) \leftarrow J(u) + w(u,v)$

  $\text{pred}(v) \leftarrow u$

 end if

end for

end while

  ▷ Reverse iteration

$u \leftarrow n_D$, $\mathbf{p} \leftarrow \varnothing$

repeat

 $\mathbf{p} \leftarrow u \cup \mathbf{p}$

 $u \leftarrow \text{pred}(u)$

until $u = n_O$

算法 2 Bellman – Ford algorithm

Require: $\mathcal{G}$, w_k, n_O, n_D

Ensure: $\mathbf{p}$, J

  ▷ Initialization

$\mathbf{p} \leftarrow \varnothing$, $J \leftarrow \infty$, $\text{pred}(n_O) \leftarrow 0$, $J(n_O) \leftarrow 0$

  ▷ Cycle

for $i \in \{1, \cdots, \|A\|\}$ **do**

 $\text{optimal} \leftarrow \mathbf{True}$

 for $arc \in \{1, \cdots, \|A^*\|\}$ **do**

  $u \leftarrow \text{tail}(arc)$

  $v \leftarrow \text{head}(arc)$

  if $J(v) > J(u) + w(arc)$ **then**

   $J(v) \leftarrow J(u) + w(arc)$

   $\text{pred}(v) \leftarrow u$

   $\text{optimal} \leftarrow \mathbf{False}$

  end if

 end for

 if optimal **then**

  return

 end if

end for

▷ Reverse iteration

$u \leftarrow n_D, \mathbf{p} \leftarrow \emptyset$
repeat
    $\mathbf{p} \leftarrow u \cup \mathbf{p}$
    $u \leftarrow \text{pred}(u)$
until $u = n_O$

5.1.2.3 双目标优化

这里考虑了第 5.1.1 节中定义的多目标优化问题中的一个特例，即只存在一个资源约束（双目标优化），权重值为 $\lambda_1 = 1 - \lambda$，$\lambda_2 = 0$⊖。其目标旨在找出不允许改善目标函数的一个组成部分而不恶化另一个组成部分（非支配解）的路径。在目标空间 $\{J(\mathbf{p}), R(\mathbf{p})\}$ 里的相应解集也常被称为帕累托解，

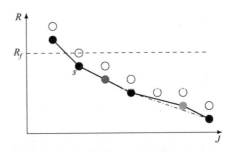

图 5.2　双目标优化问题的客观空间

注：实线：帕累托解。点画线：凸壳。黑色圆圈：极端支持的非支配解。灰色圆圈：非极端支持的非支配解。浅灰色圆圈：非支持非支配解。白色圆圈：支配解。解 s 为在不违反能源消耗约束基础上的能量消耗最小解。

如图 5.2 所示。考虑到节能性路径问题的本质，帕累托解集本质上是由一组离散的解构成。纵观整个前沿面，其详尽地包含了在已选成本（能源）和资源消耗（常为驾驶时间）两者中折中考虑后的一系列可能路径。一方面，决策者可以任选一个理想的折中度。另一方面，可轻易鉴别找到不违反能源约束条件式 (5.6) 情况下的最小化原目标函数 J 的非支配特征解。

这类问题的组合性质使对所有帕累托解的搜寻成为一项非常耗时的任务[9]。而实际的目标通常是要找出更多样的解集，即真实帕累托解集中的解要足够多样化。对于搜寻非支配解的一个有效二分法算法的例子——Aneja，已证明可通过有限次数的迭代来搜寻出所有的非支配解。文献[10]中提出了一种新颖的二进制搜寻算法（算法 3），该算法可以在显著减少计算时间的情况下获得非支配解的代表性子集⊖。两种算法的主要差异在于搜寻解集的空间不同：Aneja 算法依赖于已知的非支配解来选定决策权重 λ，进而不断递归探索目标空间；改进的算法依赖递归二分法搜寻的决策权重来探索决策空间。后一种算法通过计算 $\lambda = 0$（资源消耗最小化，如最快路径）和 $\lambda = 1$（能源最优路径）两种单目标的解集展现了一个标准初始化的过程。算法 3 通过参数 γ_λ 和 γ_d 来确定在算法迭代次数和搜寻到的解集数

⊖ 同样的方法当然也适用于状态约束而不是与资源约束相关的情况，只需用 h 来替代 R。

⊖ 理论上，算法仅搜寻极端支持的非支配解的解集，即这些非支配解集位于帕累托解集前沿面的凸壳上的顶点，如图 5.2 所示。

之间的最佳折中度[11,12]。

算法 3 Scalarization bi – objective optimization

Require: w_k, r_k, n_O, n_D
Ensure: S
  $S \leftarrow \emptyset$
  $\lambda \leftarrow 0$ ▷ Initialize binary search
  $\mathbf{p}^1 \leftarrow \text{BFalgorithm}(\mathcal{G}, \lambda_{wk} + (1-\lambda)r_k, n_O, n_D)$
  $S \leftarrow S \cup \{J(\mathbf{p}^1), R(\mathbf{p}^1)\}$
  $\lambda \leftarrow 1$
  $\mathbf{p}^2 \leftarrow \text{BFalgorithm}(\mathcal{G}, \lambda w_k + (1-\lambda)r_k, n_O, n_D)$
  $S \leftarrow S \cup \{J(\mathbf{p}^2), R(\mathbf{p}^2)\}$
                                                                                                ▷ Compute S
  $S \leftarrow \text{solveRecursion}(J(\mathbf{p}^2), R(\mathbf{p}^2), J(\mathbf{p}^1), R(\mathbf{p}^1), S, 1, 0)$
                                                                                              ▷ Recursive funcition
  function SOLVERECURSION(z_1^l, z_2^l, z_1^r, z_2^r, S, λ_l, λ_r)
    $\lambda \leftarrow (\lambda_l + \lambda_r)/2$
    $\mathbf{p} \leftarrow \text{BFalgorithm}(\mathcal{G}, \lambda w_k + (1-\lambda)r_k, n_O, n_D)$
    $z_1 \leftarrow J(\mathbf{p})$
    $z_2 \leftarrow R(\mathbf{p})$
    if $\{z_1, z_2\} \notin S$ **then**
      $S \leftarrow S \cup \{z_1, z_2\}$
      if $|\lambda - \lambda_r| \geq \gamma_\lambda$ AND $|(\lambda z_1 + (1-\lambda)z_2) - (\lambda z_1^r + (1-\lambda)z_2^r)| \geq \gamma_d$ **then**
        $S \leftarrow \text{solveRecursion}(z_1, z_2, z_1^r, z_2^r, S, \lambda, \lambda_r)$
      end if
      if $|\lambda - \lambda_l| \geq \gamma_\lambda$ AND $|(\lambda z_1 + (1-\lambda)z_2) - (\lambda z_1^l + (1-\lambda)z_2^l)| \geq \gamma_d$ **then**
        $S \leftarrow \text{solveRecursion}(z_1^l, z_2^l, z_1, z_2, S, \lambda_l, \lambda)$
      end if
    else
      if $\{z_1, z_2\} = \{z_1^l, z_2^l\}$ **then**
        if $|\lambda - \lambda_r| \geq \gamma_\lambda$ **then**
          $S \leftarrow \text{solveRecursion}(z_1, z_2, z_1^r, z_2^r, S, \lambda, \lambda_r)$
        end if
      else
        if $|\lambda - \lambda_l| \geq \gamma_\lambda$ **then**
          $S \leftarrow \text{solveRecursion}(z_1^l, z_2^l, z_1, z_2, S, \lambda_l, \lambda)$
        end if
      end if
    end if
    return S
  end function

5.1.3 数值结果

本节将展示针对简单路径图，采用改进的 BF 算法（算法 2）获得的一些结果。原始图如图 5.3a 所示，它是通过将路网图 4.2 中的原始数据库链接的不同方向看作不同的部分而推导出的。每段路径的平均速度和节点的高度都已在图中标出。图 5.3b 所示为伴随图，能量消耗和驾驶时间（资源消耗）在每段链接上都已标出。在这幅图中，车轮处的能量消耗被认为是能量成本，独立于之前的特殊传动系统，

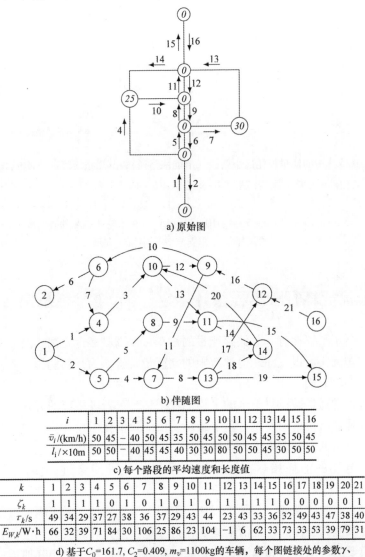

i	1	2	3	4	5	6	7	8	9	10	11	12	13	14	15	16
$\bar{v}_i$/(km/h)	50	45	—	40	50	45	35	50	45	50	50	45	45	35	50	45
l_i/×10m	50	50	—	40	45	45	40	30	30	80	50	50	45	30	50	50

c) 每个路段的平均速度和长度值

k	1	2	3	4	5	6	7	8	9	10	11	12	13	14	15	16	17	18	19	20	21
ζ_k	1	1	1	1	0	1	0	1	0	1	0	1	1	1	1	0	0	0	0	0	1
τ_k/s	49	34	29	37	27	38	36	37	29	43	44	23	43	33	36	32	49	43	47	38	40
$E_{W,k}$/W·h	66	32	39	71	84	30	106	25	86	23	104	−1	6	62	33	73	33	53	39	79	31

d) 基于 C_0=161.7, C_2=0.409, m_v=1100kg 的车辆，每个图链接处的参数 γ、驾驶时间和车轮处能量消耗值

图 5.3 采用算法 2 计算的简单路径图

且不考虑再充电设备。应用第4.4节中的方法，把式（4.27）定义的参数ζ随机赋值于链接，以此来表示交通信号（$\zeta=1$表示可以自由流动，$\zeta=0$表示暂停），进而将额外的能量和驾驶时间赋予链接。

图5.4所示为基于给定停止信号序列的节能性路径和能量－时间的解空间。注意，对于这样小的路径图，各种不带环形的不同路径可以轻易地被枚举出来，且详细的帕累托解的前沿面也可以通过计算得到。

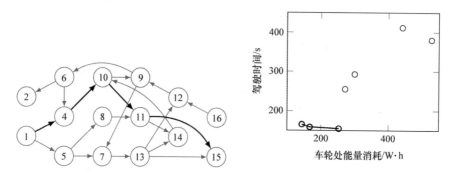

图5.4　a）图5.3中的能量消耗最小路径（节能性路径），其用粗线表示，且$n_O=1$，$n_D=15$；b）七种不含内环的可能方案的结果（1-5-13-15，1-5-8-11-15，1-4-10-11-15，1-4-10-9-7-13-15，1-5-7-13-14-10-11-15，1-5-8-11-14-10-9-7-13-15，1-5-7-13-12-9-6-4-10-11-15），在车轮能耗和驾驶时间方面，帕累托集（非支配解）用粗线表示

5.2　最优能耗行驶里程估计

驾驶员会想了解拥有车载储存能量的汽车可以驾驶多远距离。对于电动汽车来说，这个问题确实值得关注。电池有限的储能量常被认为是新能源技术渗透市场的最大限制（"里程焦虑"）。

行驶里程常通过假设每千米的平均能耗来估计可行驶距离的方式来估算。这样的估值要么是在行程未出发时，基于最坏均值能量消耗假设计算，要么是在行驶途中，基于已测量的消耗值来进行求解计算。面向用户的里程输出应具有一定的保守性，以防止电能的消耗殆尽，而模糊的里程估计可能会进一步增加"里程焦虑"性。

为了深入有效地观察，行驶里程估计策略应该准确地考虑车辆和道路运输网络的特点。在预测驾驶区间时，清晰阐明在行驶里程内允许驾驶员到达位置的路径类型是至关重要的。例如，倾向于更少驾驶时间的路径可能相比于其他类型路径需要更多的能量消耗，因此路径的选择直接影响到驾驶区间的规模大小。尽管这方面很重要，却也常常被忽略[13]。在极少的作品中[14,15]，作者意识到了节能性路径的选择对于行驶里程的决定性作用，然而在城郊环境下，简化的能量消耗和路网模型并不能收获满意的精确度。

接下来的章节将会介绍 5.1 节中的节能性路径方法是如何通过预测到达行驶里程内所有可能的终点的最优能量消耗的方式，以此来求解最优能耗行驶里程。这需要对典型的不现实的最坏均值能量消耗的假定进行松弛，并对路网的能量性质特征进行更清晰透彻的理解。

5.2.1 问题公式化

能量最优驾驶区间可以定义为

$$\text{range}(n_O) \triangleq \{\Delta \subseteq A : \forall n \in \Delta, E_T(n \mid n_O) \leq E_T^*\} \quad (5.18)$$

式中，n_O 为原始节点；A 为图中所有节点的集合；Δ 为能量最优行驶区间中节点的子集；$E_T(n \mid n_O)$ 为从原点到节点 n 消耗的能量预测值；E_T^* 为理想（油箱）的能量消耗。

特别地，对于电动汽车而言，此量级表示为位于原点时储存于电池中的电能大小。

5.2.2 求解方法

针对节能性路径的单源最短路径算法，如 Dijkstra 和 Bellman – Ford 算法，都具有通过相同的操作执行得到返回值的性质，不仅包括从原点到终点的最短路径，如在 5.1 节标记为 p，还有从原点到图中所有节点的最优成本，如在算法 1 和算法 2 中标记的 J。利用这样的性质特征，可以通过一个确定的理想能量消耗值来区分鉴定所有可到达的目标点。

实际上，可以用到达节点 n 的最小成本函数 $J(n)$ 来代替式（5.18）中的 $E_T(n \mid n_O)$。注意，通过单源最短路径算法获得的驾驶区间是最优的，从某种意义上说，对位于驾驶区间里的任何节点，都可沿着从原点到该点的最短路径而到达。换句话说，因为路径图都被赋予了能量成本的权重（对于 $\lambda = 1$ 时），位于能量最优驾驶区间的节点都可沿节能性路径到达。

这种方法在驾驶区间的计算上达到了很高的精确度。与只提供多角曲线来界定驾驶区间的技术方法相比较，这种策略可以分析驾驶区间域内的能量消耗性质特征，更重要的是，可以确定这样的区域是否为单连通。如果单向连通的性质不能保持，那么驾驶区间内的一些节点就不能通过节能性路径的方式而到达。

这种策略可以在轻易拓展后去计算往返行程的驾驶区间，对于电动汽车而言将非常有趣。往返行驶里程可以深入了解可到达的目的地，也可以在所需能耗阈值内返回出发点。为了做到这一点，单目标最短路径问题可以通过在颠倒所有链接方向的相同路径图上轻易得到解决。Bellman – Ford 算法在这样的模型图中运行，再次以原点（往返行程的终点）作为起始点。

5.2.3 数值结果

一个能量最优驾驶区间估算示例的计算结果如图 5.5 所示。该图为图 5.3 中的简单路网图。将 $n_O = 1$ 作为原始节点,并在图中展示部分能量消耗等高线。

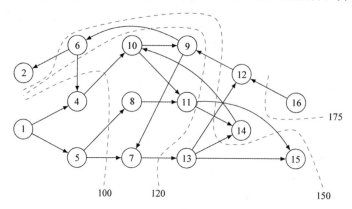

图 5.5　基于图 5.3 中 $n_O = 1$ 时的能量区间估计

注：灰色虚线为车轮处的能量消耗等高线。

大量其他的例子[16]证明了本节的方法可以用来准确地捕捉到电动汽车和混合动力汽车的能量驾驶区间等重要性质特征,如：

1）驾驶区间可能不关于原点对称。
2）驾驶区间域可能不是单连通域。
3）附加功率需求可能对驾驶区间有显著影响。
4）环形路线的驾驶区间可能关于原点逼近对称。

更多细节的案例分析将在第 9.5 节中进行介绍。

5.3　实际应用

原则上,节能性路径的算法应该根据用户的需求运行,从路网中每段链接的能量权重和资源消耗（本章中的 w_k 和 r_k）的更新开始,并把它们作为当前交通信息的函数。换句话说,w_k 和 r_k 应该从速度信息 v_k 中进行计算获取,来实践类似于第 4.4 节中介绍的过程。甚至可以推测出未来时刻主动车辆将要穿过的特殊链接的权重。然而,因为这种完整的更新需要大量的计算时间,所以几乎不应用于实践。

节能性路径系统中有一种更实用的处理旨在减少计算时间,进而减少面向用户的服务时间,该方法在离线层与在线层之间分配计算任务,如图 5.6 所示。

远程服务器（云计算）储存优先区域的路网信息,将每段链接中不同的能量权重和资源消耗通过集合 N 的形式储存。基于历史交通信息的这些集合已在离线

第 5 章 节能性路径导航

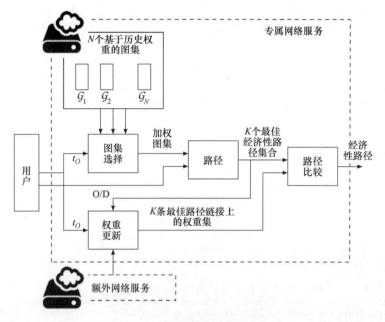

图 5.6 节能性路径系统的概念图

状态下完成计算。通常，它们对应于不同的白天和工作日，以表示最多样化的交通条件集。

通过人机界面（HMI），用户得到目的地的地址或坐标。在先前的例子中，街道地址多通过 GIS 转化为地理坐标，这一过程称为地理编码。至于路程的原点信息，则由 GPS 信号提供。

这些片段信息发送给远程服务器进行计算操作。首先，原点和终点的位置必须通过图像匹配的过程转换为路径图中有用的节点或链接。例如，点到点的方法将给定的位置与 A 中最近的节点进行匹配。相反地，点到线的方法将给定的位置与 A^* 中最近路上的最近点进行匹配。当整个轨迹（即位置序列）需要匹配时，线到线的方法试图将它们与路网中最相似的路径匹配。

基于当前时间的需求（在图 5.6 中标记为 t_0），从已储存的权重图集合 N 中选择适合的子集。基于提供的目标函数，然后在路径图中应用路径算法来输出得到 K 个最佳路径集合。对单目标路径问题，K 个最佳路径可以通过 Yen 算法求出，其为 Bellman–Ford 算法的一种变化形式。对多目标问题，在第 5.1.2.3 节描述的整个跨度的帕累托解的前沿面中已经提供了多个可替代的路径解。

真实交通条件由外部的网络服务器提供，并转换为选定行驶路径的权重和能源消耗量，如 4.4 节中的模型。

然后，K 个最优路径集通过这些更新的权重来筛选评估。换句话说，通过估算这些路径的目标函数和考虑它们的状态约束来舍弃不可行的路径。最终，最佳路径

通过集合 A^* 中链接的最优序列表示出来。为了将此序列转换为适合 HMI 显示的地理坐标序列，还需经过一个新的地图匹配阶段。

参 考 文 献

1. De Nunzio G, Thibault L, Sciarretta A (2016) A model-based eco-routing strategy for electric vehicles in large urban networks. In: Proceedings of international conference on intelligent transportation systems (ITSC), pp 2301–2306. IEEE
2. Kubička M (2017) Constrained time-dependent adaptive eco-routing navigation system. PhD thesis, Université Paris-Saclay
3. Strehler M, Merting S, Schwan C (2017) Energy-efficient shortest routes for electric and hybrid vehicles. Transp Res Part B: Methodol 103:111–135
4. Fontana MW (2013) Optimal routes for electric vehicles facing uncertainty, congestion, and energy constraints. PhD thesis, Massachusetts Institute of Technology
5. Caramia M, Dell'Olmo P (2008) Multi-objective optimization. Springer, Berlin
6. De Nunzio G, Sciarretta A, Gharbia IB, Ojeda LL (2018) A constrained eco-routing strategy for hybrid electric vehicles based on semi-analytical energy management. In: Proceedings of international conference on intelligent transportation systems (ITSC), pp 355–361. IEEE
7. Dijkstra EW (1959) A note on two problems in connexion with graphs. Numer Math 1(1):269–271
8. Bellman R (1958) On a routing problem. Q Appl Math 16(1):87–90
9. O'Connor D (2012) Notes on the Bellman-Ford-Moore shortest path algorithm and its implementation in MATLAB. Dublin University College, technical report
10. De Nunzio G, Thibault L, Sciarretta A (2017). Bi-objective eco-routing in large urban road networks. In: Proceedings of international conference on intelligent transportation systems (ITSC), pp 1–7. IEEE
11. Aneja YP, Nair KPK (1979) Bicriteria transportation problem. Manag Sci 25(1):73–78
12. De Cauwer C, Van Mierlo J, Coosemans T (2015) Energy consumption prediction for electric vehicles based on real-world data. Energies 8(8):8573–8593
13. Ferreira JC, Monteiro V, Afonso JL (2013) Dynamic range prediction for an electric vehicle. In: Proceedings of world electric vehicle symposium and exhibition (EVS27), pp 1–11. IEEE
14. Neaimeh M, Hill GA, Hübner Y, Blythe PT (2013) Routing systems to extend the driving range of electric vehicles. IET Intell Transp Syst 7(3):327–336
15. Stankoulov P (2015) Vehicle range projection, September 1 2015. US Patent 9,121,719
16. De Nunzio G, Thibault L (2017) Energy-optimal driving range prediction for electric vehicles. In: Proceedings of intelligent vehicles symposium (IV), pp 1608–1613. IEEE

第 6 章
节能性速度曲线
（协同式自动驾驶）

实现节能驾驶方式是协同式自动驾驶技术的目标。遵循这些技术的驾驶员显然受到了可实现的节能激励。驾驶员可借助先进驾驶辅助系统（ADAS）来计算节能速度曲线。随着 CAV 的出现，与单纯的人为驾驶相比，协同式自动驾驶将更容易实现。

第 6.1 节的主题是介绍一些在没有任何特定工具情况下辅助驾驶员的通用技术。在第 6.2 节中，我们将协同式自动驾驶表述为一个基于能量目标函数最小化的最优控制问题。根据能量的最小化，可以得到几种不同的协同式自动驾驶策略，这些策略将在第 6.3~6.6 节中描述。

6.1 协同式自动驾驶技术

在协同式自动驾驶技术中，经常列出的是一般的常识性做法，如车辆的机械维护（轮胎充气压力、车轮校准、发动机润滑等）、减少运输质量、去除增加空气阻力的不必要设备，以及减少辅助负载（空调、供暖）。不过，本章只考虑了作用于驾驶风格的协同式自动驾驶技术，即作用于车辆的速度和加速度的技术。

第 6.1.1 节将介绍可应用协同式自动驾驶的几种驾驶场景。目前，大多数协同式自动驾驶技术都是基于启发式经验规则或者与节能驾驶相关的良好实践经验。第 6.1.2 节将回顾这些实践。

6.1.1 协同式自动驾驶场景

可以作为协同式自动驾驶目标的包括但不限于以下几个驾驶场景：

1）加速到巡航速度：从给定速度 v_i 开始，在自由时间 t_f 内，达到目标速度 $v_f > v_i$，行驶自由距离 s_f，使单位距离的能耗最小化。

2）减速到停车：从给定速度 v_i 开始，在规定或自由时间 t_f 内行驶距离 s_f，减速至 $v_f = 0$。

3）在两站之间行驶：从 $v_i = 0$ 开始到 $v_f = 0$ 结束的时间 t_f 内，行驶一段距离 s_f。

4）"节能性接近"信号灯路口：从给定速度 v_i 开始，以自由通行速度 v_f 结束，在绿灯时间窗口 t_f 内行驶一段距离 s_f。

5)"绿灯波动"：与场景4)相同，但对序列里的多个交通灯依次重复。

6)市区出行：场景1)~5)的组合。

7)高速公路出行：在有速度限制、海拔变化和车道变化（或并线）的情况下，通过最小化给定的能耗和出行时间之间的折中，在不停车的情况下行驶一段距离 s_f。

8)巡航：在允许的速度范围内，最小化每段距离的能量，并且使 $v_f = v_i$。

9)跟车：与场景6)~8)相同，此外，与前车要保持安全间距。

我们将在本书后面，特别是在第7章中提到这些场景。

6.1.2 协同式自动驾驶规则

也许最简单的"协同式自动驾驶规则"就是保持低速匀速行驶。直观地讲，较低的速度会减少第2章中所述的空气阻力和滚动阻力损失，而基本恒定的速度则是为了抑制用于加速的能量，而这些能量通常在减速时不可能完全回收。在定速巡航情况下，单位行驶距离的车轮能耗可以很容易地利用式（2.11）求得，显然，速度越低，这种能耗就越低。当然，降低速度通常也会增加行驶一定距离所需的时间，因此必须在能量消耗和行驶时间之间做出折中。例如，如果通过可调系数 β 将行驶时间转换为等效能量消耗⊖，则可将最优巡航速度定义为使单位行驶距离的等效车轮能耗最小时的速度

$$v_{cr,opt} = \arg\min_{v}\left(C_0 + C_1 v + C_2 v^2 + \frac{\beta}{v} \right) \tag{6.1}$$

即一般为正速度水平。例如，使用数值 $C_0 = 162$、$C_1 = 0$、$C_2 = 0.410$，最优巡航速度则为 $(\beta/2C_2)^{1/3}$，即 $\beta = 10^3$ 时为 38km/h、$\beta = 5 \times 10^3$ 时为 66km/h、$\beta = 10^4$ 时为 83km/h。

从另一个角度来看，最优巡航速度也可定义为使"油箱"能量消耗最小的速度，而不是单位行驶距离的车轮能耗⊖。这一概念特别适用于ICE，其中能源消耗进一步取决于传动比，即啮合档位。使用第2.2.2节中的模型，式（6.1）可改写为

$$(v_{cr,opt}, \gamma_{e,cr,opt}) = \arg\min_{v,\gamma_e}\left\{ \left(\frac{k_{e,0}\gamma_e}{r_w} + \frac{k_{e,2}C_0}{\eta_t}\right) + \left(\frac{k_{e,1}\gamma_e^2}{r_w^2} + \frac{k_{e,2}C_1}{\eta_t} + \frac{k_{e,3}C_0\gamma_e}{r_w\eta_t}\right)v + \right.$$

⊖ 这种方法通过类似于第5章中所描述的标量化来实现双目标优化。

⊖ 一些资料倾向于将最优巡航速度定义为在给定传动比下使动力系统效率最大化的速度。对于ICE动力系统来说，这个数值对应于发动机效率达到最高的发动机转速。但必须注意的是，动力系统效率越高，并不意味着总体能耗越低。

$$\left(\frac{k_{e,2}C_2}{\eta_t} + \frac{k_{e,3}\gamma_e C_1}{r_w \eta_t} + \frac{k_{e,4}\gamma_e^2 C_0}{r_w^2 \eta_t}\right)v^2 +$$

$$\left(\frac{k_{e,3}\gamma_e C_2}{r_w \eta_t} + \frac{k_{e,4}\gamma_e^2 C_1}{r_w^2 \eta_t}\right)v^3 + \left(\frac{k_{e,4}\gamma_e^2 C_2}{r_w^2 \eta_t}\right)v^4 + \frac{\beta}{v}\right\} \quad (6.2)$$

例如，使用上述数值和 $k_{e,1}$ = 0.0396、$k_{e,2}$ = 2.55、$k_{e,3}$ = -0.0016、$k_{e,4}$ = 2.93 × 10^{-8}、r_w = 0.32、η_t = 1、γ_e = 3.5，得到的最优巡航速度一般低于前一种情况：如图 6.1 所示，$\beta = 10^3$ 时为 27km/h、$\beta = 5 \times 10^3$ 时为 47km/h、$\beta = 10^4$ 时为 61km/h、$\beta = 5 \times 10^4$ 时为 61km/h。当 $\beta = 0$ 时，在给定传动比的情况下，最优巡航速度是最低的。

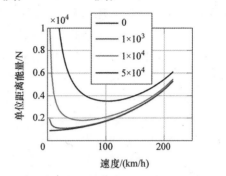

图 6.1　在给定传动比（$\gamma_e = 3.5$）和 4 个 β 值的情况下，单位距离的能量与速度的关系（见彩插）

式 (6.2) 表明，通过尽可能降低传动比，即使用最高档位，可以最小化稳态发动机的油耗。由于在 ICEV 中，为了使发动机转速处于其允许的范围内，每个档位只能在一定速度范围内使用，因此实际的最优巡航策略是使用最高档位可以达到的较低速度。值得注意的是，从纯能量的角度来看，这种换档策略是最优的，但就驾驶性能而言，这种策略通常是不可取的，因为几乎没有留有后备转矩用于超车或紧急状况。在本书的剩余部分，除非另有说明，我们一般不将换档优化作为协同式自动驾驶的一部分，而应考虑由动力性能所规定的换档规律。

以上是基于恒定巡航速度的分析。实际上，对于 ICE 动力系统，在平均速度恒定的情况下，周期性地以高负荷运行发动机，然后关闭发动机，可以比保持恒定的巡航速度产生更低的能耗。这些考虑构成了加速与滑行（Pulse and Glide，P&G）策略的理论基础，该策略经常被作为协同式自动驾驶机制。

定速策略（或 P&G 策略）只能应用于有限的驾驶场景，如第 6.1.1 节中列出的"巡航"或"高速公路出行"场景。当初始和终止（目标）速度不同时，速度不可能是恒定的，必须进行至少一次加速或减速。一般的协同式自动驾驶规则通常建议驾驶员尽可能平稳地加速或减速。然而，在第 6.2 节中介绍的方法将显示，最优加速曲线通常会最大限度地利用动力系统的能力，以便尽快达到巡航速度。

相反，减速需要应用摩擦制动或者依赖于车辆/动力系统制动，即以热能形式耗散能量。即使是采用再生制动（动力系统）的混合动力汽车和电动汽车，也会以热能的形式损失一部分可用能量。因此，最好尽可能避免这些情况。这意味着，当在平坦的道路上减速或停车时，在动力系统不提供任何力的情况下滑行，使用滚动阻力和空气阻力使车辆减速通常更节能。然而，惯性滑行并不总是安全或可取的。因此，滑行往往被动力系统制动或超车所取代。在内燃机车辆中，将发动机与车轮连接，并切断燃油喷射，这相当于使用"发动机制动"。

此外，在没有速度限制的理想场景中，沿着陡峭的道路下坡时，速度在滚动阻力和空气阻力的作用下增加并趋于平衡会更节能。遗憾的是，由于道路速度和前车的限制，这种做法非常不安全，而且往往不切实际。

总之，惯性滑行策略的实施需要对即将到来的减速或下坡进行预测，以便车辆能在合适的时机开始滑行，同时精确地获悉可能缩小的速度限制。

一般而言，高效的协同式自动驾驶策略不能仅仅基于当前的驾驶参数，还必须具有预测性，即必须基于对未来外部条件的估计，如对交通和路径特征的预测。可以通过获悉道路概况以及监测周围车辆和其他道路使用者来获得这些信息。在这方面，车辆通信是实现预测性协同式自动驾驶的一个主要工具。

虽然上述启发式规则通常是直观并且相对容易实现的，但发挥协同式自动驾驶的全部潜力需要一个更严密的框架。如果将协同式自动驾驶视为一个最优控制问题，在该问题中，寻求使给定行程的能耗最小化的驱动命令，则可以实现这一目标。

6.1.3 协同式自动驾驶系统

第6.1.2节中介绍的规则和将从第6.2节开始讨论的最优驾驶曲线，原则上都可以自动实现。虽然这一可能性实际上是为自动驾驶汽车设想的（见第3章），但目前协同式自动驾驶必须通过人为驾驶的车辆来实现。

协同式自动驾驶培训课程是为驾驶员提供的第一级支持。然而，在评估活动的支持下，人们普遍认为，如果没有在线工具来提醒驾驶员，那么通过培训课程获得的良好实践经验很快就会被遗忘[1]。

因此，在过去的十年内，帮助驾驶员实现协同式自动驾驶的软件工具和系统相继出现。大多数系统都是根据从车辆网络数据中提取的当前驾驶信息向驾驶员提供建议，这些建议包括作为当前速度函数的换档策略，以及对加速/减速强度的判断[2]。包含基于智能手机加速度传感器的警报等更基本的概念可以在标有"协同式自动驾驶"的移动应用软件中找到。

不同类型的工具使用第6.2节中描述的公式和方法，就能量最优的速度曲线向驾驶员提出建议。这些工具可以提供真实驾驶曲线与最优驾驶曲线（节能性培训）之间的对比，也可以预测要遵循的最优驾驶曲线，这将在第8章中详细描述。

6.2 协同式自动驾驶的最优控制问题

尽管能量最优驱动可以应用于多种不同的情况，但这些情况可以通过定义一个协同式自动驾驶最优控制问题（Eco – Drive Optimal Control Problem，ED – OCP）来处理。第6.2.1节将阐述这个问题,而第6.2.2节则会提出解决这种最优控制问题的两种主要技术。

6.2.1 问题公式化

一个以(连续)时间为自变量的通用最优控制问题可以表述为:在优化范围 $t \in [0, t_f]$ 中,对于每一时刻 t_f,找到使性能指标或目标函数最小化的控制向量 $\boldsymbol{u}(t) \subset \mathbb{R}^m$。

$$J = \Phi(\boldsymbol{x}(t_f), t_f) + \int_0^{t_f} L(\boldsymbol{x}(t), \boldsymbol{u}(t), t) \mathrm{d}t \tag{6.3}$$

式中,L 为运行成本;Φ 为终端成本。

1) 状态向量 $\boldsymbol{x}(t) \subset \mathbb{R}^n$ 的一阶动态约束

$$\dot{\boldsymbol{x}}(t) = f(\boldsymbol{x}(t), \boldsymbol{u}(t), t), \quad \boldsymbol{x}(0) = \boldsymbol{x}_i \tag{6.4}$$

2) 控制向量和状态向量(单一)及其组合(混合)的代数约束○

$$g_i(\boldsymbol{x}(t), \boldsymbol{u}(t), t) \leq 0, \quad i = 1, \cdots, \ell \tag{6.5}$$

3) 终端(等式)约束

$$h(\boldsymbol{x}(t_f)) = 0 \tag{6.6}$$

4) 内点约束

$$\boldsymbol{x}(t_{B,j}) = \boldsymbol{x}_{B,j}, \quad j = 1, \cdots, n_B \tag{6.7}$$

请注意,如果最终时间未被指定且自由,函数 Φ 可以惩罚最终状态和时间。当应用到最终状态时,它可以被视为一个"软"约束,而不像函数 h 那样严格要求最终状态收敛到状态空间的一个给定点。在某些情况下,只有 q 个状态变量在终端时刻是固定的,而其他 $n-q$ 个状态变量通常与终端成本相关。

我们将在下面几节中讨论如何具体化协同式自动驾驶最优控制问题中的 t_f、L、Φ、x、u、f、g 和 h。

6.2.1.1 优化范围

协同式自动驾驶最优控制问题的主要目标是在一定时间和距离范围内最小化燃油或能量消耗。使用与第3章和第5章相同的命名法,我们将这一范围称为行程。一段所谓的行程可以通过其持续时间或时间范围 t_f 以及距离和空间范围 s_f 来定义。

通常,这两个范围是已知的,也就是说,预计在一段时间 t_f 内正好能覆盖行驶距离 s_f。在这种情况下,由于时间是自变量,对 t_f 的强制执行隐含在式(6.3)中,而对 s_f 的强制执行则起到了终端约束的作用,见第6.2.1.6节。

然而,在某些情况下,不需要指定行程持续时间,而是将其视为自由参数,最

○ 在本书的其他章节中,我们将使用不同的符号来表示混合控制约束,$\boldsymbol{u}(t) \in U(\boldsymbol{x}(t), t) \subset \mathbb{R}^m$,并且保留式(6.5)来表示单一状态约束。

小目标函数所对应的最后时间就是问题的解[⊖]。

6.2.1.2 目标函数

考虑到 ED – OCP 的能量导向性质，目标函数的一个自然选择是所选时域内的能量消耗。这将导致选择 $\Phi=0$ 和式（6.3）中的积分项，要么表示式（2.13）所示的动力系统能量 E_p，要么表示油箱能量 E_T。在前一种情况下，运行成本 L 由第 2 章中介绍的功率 $F_p v$ 表示。在后一种情况下，ICEV 和 HEV 的运行成本与 P_f（燃油功率）一致，而 EV 的运行成本与 P_b（电池功率）一致。

如上所述，除能量外，行程时间可以是给定行程距离的最小化问题，或者限制在一个允许的时间范围内。这些需求导致了一个多目标优化问题，该问题可以用数值方法（见第 5 章）来处理，将行程时间与能量目标函数相连，作为终端成本

$$\Phi(\boldsymbol{x}, t_f) = \cdots + \beta t_f \tag{6.8}$$

式中，β 为调优参数，β 的变化显著地改变了能量消耗与行程时间的折中关系。

以类似的方式，可以在目标函数的组成部分或终端成本中添加额外项，以惩罚偏离平均参考速度、车辆加速度、换挡次数或其他驾驶性能措施，以及电池老化。

6.2.1.3 控制变量

从前面几节的讨论中可以清楚地看出，如果选择车轮能量作为目标函数，控制向量 $\boldsymbol{u}(t)$ 必须包括力 F_p 和 F_b。

在目标函数是油箱能量的情况下，控制向量可能有额外分量。在 ICEV 中，燃油消耗由车轮受力和传动比 γ_e 明确定义。然而，后一个量通常不是基于能量的优化目标，而是由动力性考虑因素（如后备转矩）决定的，在式（2.17）所示类型的换挡图中实现。离合器控制是另一种可能的离散控制，但它可以方便地与齿轮控制输入或发动机控制输入集成。因此，在本书的其余部分，我们必须选择

$$\boldsymbol{u}^{(\text{ICEV})} = \{F_p, F_b\} \tag{6.9}$$

同样的考虑也适用于 EV 和 HPV，从而导致以下选择

$$\boldsymbol{u}^{(\text{EV})} = \{F_p, F_b\} \tag{6.10}$$

$$\boldsymbol{u}^{(\text{HPV})} = \{F_c, F_b\} \tag{6.11}$$

注意，其他变量也可作为控制输入，如加速度、ICEV 燃油量或 EV 电机电压，都可映射到单源车辆的动力系统力。

相反，在 HEV 中，必须考虑第 2 章所描述的内部自由度。在并联式 HEV 中，动力系统力由发动机 $F_{p,e} = u F_p$ 和电动机 $F_{p,m} = (1-u) F_p$ 共同提供，其中转矩分配因子 u 是式（2.47）中介绍的内部自由度。因此，ED – OCP 的控制向量为

$$\boldsymbol{u}^{(\text{PHEV})} = \{F_{p,e}, F_{p,m}, F_b\} \tag{6.12}$$

在串联式 HEV 中，u 为电池与 APU 之间的功率分配比，见式（2.49），而第

[⊖] 这将通过使用横向条件或迭代过程求解。我们将考虑包含确定终端时刻的协同自动驾驶最优控制问题，为了避免歧义，在本书的其他部分没有另外指定。

二个内部自由度,如 APU 速度,则采用图 2.16 所示的最优工作线(Optimal Operating Line,OOL)方法求解。因此,作为 ED – OCP 控制变量的 u 和 F_p 可以等效地替换为两个功率水平,从而

$$u^{(\text{SHEV})} = \{P_g, P_b, F_b\} \quad (6.13)$$

6.2.1.4 状态动力学

原则上,在表示一个车辆系统时要考虑许多动力学因素,因此也要考虑许多状态变量。然而,遵循第 2 章的准静态建模方法,状态向量的基数一般应限制为 2 或 3。

在单源车辆中,如 ICEV 与 EV,状态向量定义为

$$x^{(\text{ICE},\text{EV})} = \{s, v\} \quad (6.14)$$

速度动力学由式 (2.1) 表示,这里改写为

$$\dot{v}(t) = \frac{F_p(t)}{m} - \frac{C_2}{2m}v(t)^2 - \frac{C_1}{m}v(t) - \frac{C_0}{m} - g\sin(\alpha(s(t))) - \frac{F_b(t)}{m}, v(0) = v_i \quad (6.15)$$

简单的位置动力学表示为

$$\dot{s}(t) = v(t), s(0) = 0 \quad (6.16)$$

在 HEV 中,额外的状态变量是电池的荷电状态

$$x^{(\text{HEV})} = \{s, v, \xi_b\} \quad (6.17)$$

式 (2.41) 给出了其动力学

$$\dot{\xi}_b(t) = -\frac{P_b(t)}{V_{b0} Q_b}, \xi_b(0) = \xi_0 \quad (6.18)$$

如第 2.5 节所述,自行车的最大力是动态变化的,因此必须用状态变量表示

$$x^{(\text{HPV})} = \{s, v, F_{c,\max}\} \quad (6.19)$$

式 (2.65) 给出其动力学,且 $F_{c,\max}(0) = \overline{F}_{c,\max,0}$。

6.2.1.5 控制和状态约束

控制变量和状态变量都受式 (6.5) 所示类型的不等式约束。第 6.2.1.3 节中定义的控制输入 $F_{p,e}$、$F_{p,m}$、F_c、P_g、P_b 均受第 2 章所述物理极限的约束。对于发动机、电动机和骑自行车的人而言,这些极限随速度变化,由此产生了对函数 $h(\cdot)$ 的状态向量的交叉依赖。除这些限制外,驾驶性能的需求可能被用于进一步约束动力总成的力。式 (6.15) 定义制动控制输入 F_b 为正值,通常约束在 0 和制动系统所能达到的最大制动力 $F_{b,\max}$ 之间。当档位也被控制时,$\gamma_{\max}(t)$ 和 $\gamma_{\min}(t)$ 实际上是接合档位的函数,因此需要将档位本身作为一个状态变量。

状态变量也受不等式约束。速度通常限定在一个与位置相关的范围内

$$v_{\min}(t, s(t)) \leq v(t) \leq v_{\max}(t, s(t)) \quad (6.20)$$

其中,$v_{\max}$ 的数值是几种可能的限制中最严格的,包括位置 s 处的法定速度限制、平均交通诱导速度、第 4 章中定义的转弯时的安全速度 v_{turn} 和主观允许的最大速

度。变量 $v_{\max}(t,s(t))$ 可以用来描述由交通灯、停车点或交叉路口的中断引起的速度约束。变量 $v_{\min}$ 可以用来表示主观上允许或保证交通流不受严重干扰的最小速度。

另一类状态约束与车辆位置有关

$$s_{\min}(t) \leqslant s(t) \leqslant s_{\max}(t) \tag{6.21}$$

其中，$s_{\max}$ 可能表示一辆不可被超越的头车的存在，$s_{\min}$ 则表示跟随车辆的存在，跟随车辆的位置显然会随着时间而改变。

当相关时，状态变量 $\xi_b(t)$ 也受限于一个允许的范围 $[\xi_{b,\min}, \xi_{b,\max}]$，其宽度取决于第 2 章中描述的电池技术。

6.2.1.6 终端约束

终端约束关系到行程结束时状态变量的值。在某些场景中，终端位置是可以确定的，因为它对应着到最终目的地或到一个特殊的中间位置的距离。但是，在其他情况下，s_f 不是特定的（是自由的）。在这种情况下，ED – OCP 可以通过应用横向条件或通过对 s_f 的迭代过程来求解，目的是找到使目标函数最小化的最优值。

同样，终端速度可以是自由的，也可以或多或少地"严格地"限制到一个规定的值 v_f。

当考虑 HEV 时，附加的约束关系到最终的 SoC。在不能从外部充电的电量维持型混合动力汽车中，自然的选择是规定最终 SoC 与初始值相匹配，即 $\xi_b(t_f) = \xi_i$。然而，在插电式混合动力汽车中，终端约束则以最小值为目标，即 $\xi_b(t_f) = \xi_{b,\min}$，从而使电池在行程结束后能更有效地从电网充电。因此，这一要求相当于对最优能量管理施加式（2.52）的约束。

6.2.1.7 内部约束条件

通过交通灯、停车点、交叉路口、交通队列或其他典型的城市变换场景，可以沿行程逐点施加速度和位置的等式约束。从形式上看，这些约束是

$$s(t_{B,j}) = s_{B,j}, \, v(t_{B,j}) = v_{B,j} \tag{6.22}$$

式中，$t_{B,j}$ 和 $s_{B,j}$（$j = 1, \cdots, n_B$）为施加这种约束的时刻和位置，本书其余部分的所有这种约束标识符被称为"断点"（图 6.2）。

内部约束可以直接施加，也可以如 6.2.1.5 节中描述的通过适当地设置状态边界来施加，例如，$v_{\min}(t_{b,f}, s_{b,f}) = v_{\max}(t_{b,f}, s_{b,f}) = v_{b,f}$。

当速度和位置是仅有的状态变量（即不包括 HEV 的情况），并且两者在每个断点上都是固定的时候，将行程分割为 $n_B + 1$ 个相关的子行程或路段，可作为一种施加内部约束的替代方法。初始的 ED – OCP 等价于 $n_B + 1$ 个相互独立的 OCP，每个 OCP 都有自己的时空域和初始、终止条件

$$t_{f,j} = t_{B,j} - t_{B,j-1}, s_{f,j} = s_{B,j} - s_{B,j-1}, v_{f,j} = v_{i,j+1} = v_{B,j} \tag{6.23}$$

伴随着边界条件 $t_{B,0} = s_{B,0} = 0$，$v_{i,1} = v_i$，$t_{f,n_B+1} = t_f$，$s_{f,n_B+1} = s_f$ 和 $v_{f,n_B+1} = v_f$。整个行程的能量消耗就是各路段能量消耗的总和。

请注意，路段也可以通过道路特征的改变（如法定速度限制、坡度等）或者由驾驶员或交通导致的事件（如规划停车、交叉路口、交通灯或交通队列）来划分整个行程。在下文中，除非另有说明，如用于 HEV，我们将考虑两个断点之间单一路段的 ED-OCP。

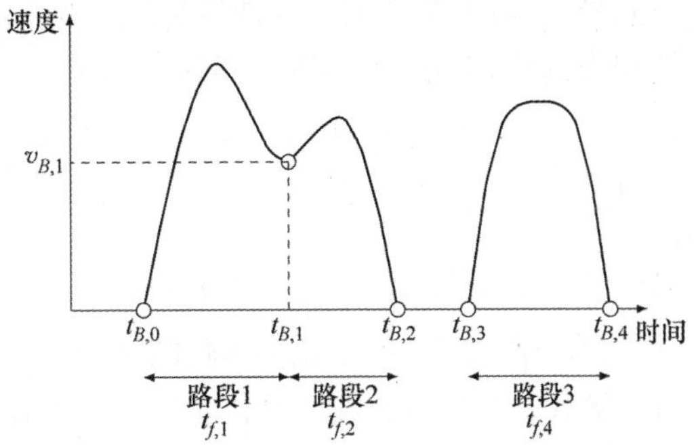

图 6.2 内部约束的说明和路段（子行程）的定义

6.2.2 求解方法

式（6.3）~ 式（6.6）所示类型的问题可以使用各种数值方法求解。其中，动态规划（Dynamic Programming，DP）和庞德里亚金极小值原理（Pontryagin's Minimum Principle，PMP）是使用最多的方法。本节将简要介绍这两种求解方法。

6.2.2.1 庞德里亚金极小值原理

该方法是基于哈密顿函数的定义求解，哈密顿函数的形式为

$$H(\boldsymbol{x},\boldsymbol{u},t) = L(\boldsymbol{x},\boldsymbol{u},t) + \lambda f(\boldsymbol{x},\boldsymbol{u},t) \tag{6.24}$$

式中，$\lambda \subset \mathbb{R}^n$ 为协态向量，与状态向量有相同的维度 n。

如果没有状态约束，则控制轨迹 $\boldsymbol{u}(t)$，$t \in [0, t_f]$ 的最优性必要条件包括：

1）状态动力学

$$\dot{\boldsymbol{x}}(t) = \frac{\partial H}{\partial \lambda}(\boldsymbol{x}(t),\boldsymbol{u}(t),t) \tag{6.25}$$

2）边界条件

$$\boldsymbol{x}(0) = \boldsymbol{x}_i, \ x_j(t_f) = x_{j,f}, j = 1,\cdots,q \tag{6.26}$$

3）协态动力学（欧拉方程）

$$\dot{\lambda}(t) = -\frac{\partial H}{\partial \boldsymbol{x}} \tag{6.27}$$

4）横向条件

$$\lambda_j(t_f) = \begin{cases} \text{free} & j = 1,\cdots,q \\ \frac{\partial \Phi}{\partial x_j}(\boldsymbol{x}) & j = q+1,\cdots,n \end{cases} \tag{6.28}$$

5）最小值原理的哈密顿函数最小化条件

$$\boldsymbol{u}(t) = \arg\min_{u \in U(\boldsymbol{x},t)} H(\boldsymbol{x}(t),u,t) \tag{6.29}$$

由于初始时刻定义 n 个边界条件，终止时刻定义其余 n 个边界条件，因此 $2n$ 维耦合微分方程系形成了一个两点边界值问题（Two-Point Boundary Value Problem，TPBVP）。在终止时刻边界条件中，q 是状态变量，其余的 $n-q$ 是协态变量。这种情况使得 TPBVP 往往难以解决。

此外，采用 PMP 很难处理约束式（6.5）。当问题中出现形式为 $g(\boldsymbol{x}(t),t) \leq 0$ 的纯状态约束时，可采用间接邻接法[3,4]。考虑 $\ell = 1$（只有一个约束）的情况。如果 $g(\boldsymbol{x}(t),t)$ 是第 p 阶的，也就是说，它对时间微分 p 次，直到控制变量 $\boldsymbol{u}$ 显式地出现，那么 $g^{(p)}(\boldsymbol{x}(t),\boldsymbol{u}(t),t)$ 项以 η 乘子与哈密顿函数相加，形成拉格朗日函数

$$\mathcal{L}(\boldsymbol{x}(t),\boldsymbol{u}(t),t) \triangleq H(\boldsymbol{x}(t),\boldsymbol{u}(t),t) + \eta g^{(p)}(\boldsymbol{x}(t),\boldsymbol{u}(t),t) \quad (6.30)$$

在这种情况下，控制轨迹优化的必要条件仍然是式（6.25）~式（6.29），用拉格朗日函数代替哈密顿函数以及状态约束成为有效的跳跃条件⊖（进入或接触时间）

$$\lambda(\tau^-) = \lambda(\tau^+) + \sum_{j=0}^{p-1} \pi_j \frac{\partial g^{(j)}}{\partial \boldsymbol{x}}(\boldsymbol{x}(\tau),\tau) \quad (6.31)$$

$$H(\tau^-) = H(\tau^+) - \sum_{j=0}^{p-1} \pi_j \frac{\partial g^{(j)}}{\partial t}(\boldsymbol{x}(\tau),\tau) \quad (6.32)$$

互补松弛条件为

$$\eta(t)g(\boldsymbol{x}(t),t) = 0, \ (-1)^j \eta^{(j)}(t) \geq 0, \ j = 0,\cdots,p \quad (6.33)$$

$$\pi_j \geq 0, \ \pi_j g(\boldsymbol{x}(\tau),\tau) = 0, \ j = 0,\cdots,p-1 \quad (6.34)$$

对于一阶约束（$p=1$）的特殊而常见的情况，式（6.33）可以简化为 $\eta(t)g(\boldsymbol{x}(t),t) = 0, \eta(t) \geq 0, \dot{\eta}(t) \leq 0$，将 $\eta(t)$ 作为额外待确定的未知因素⊖，而式（6.34）只适用于单个未知的乘子 π_0。总之，不等式约束还引入了必须确定的附加未知数和附加条件。

因此，只有少数的 TPBVP 可以以封闭形式求解；通常，必须要进行迭代。最常用的方法包括搭配法，如 Matlab 中 bvp4c 函数的算法和（多种）打靶法。后一种方法的工作原理是迭代初始协态值，并在最后一次检查指定状态的结果值。算法 4 给出了一个由打靶法求解 TPBVP 的 PMP 算法实例。

算法 4 庞德里亚金极小值原理

Require：λ_i
Ensure：$u_{opt}(1,\cdots,N),\ x_{opt}(0,\cdots,N)$
  repeat
    $\lambda_{opt}(0) = \lambda_i \in \Lambda$
    $x_{opt}(0) = x_i$
                                                                  ▷时间循环
    for $k = 1,\cdots,N$ **do**

⊖ 此约束条件源自 $[g^{(0)}(\tau),\cdots,g^{(p-1)}(\tau)] = 0$，并将这些切线条件作为内点约束，通过附加的乘子 π 附加到拉格朗日函数。

⊖ 这些条件意味着当约束不活跃时（$g(\boldsymbol{x}(t),t) < 0$），将 $\eta(t)$ 设为 0。当约束活跃时（$g(\boldsymbol{x}(t),t) = 0$），$\eta(t)$ 必是未知的正数[5]。条件 $g(\cdot) = 0$ 在本例中提供了必要的附加等式，用于确定额外的未知量 η。

$H_{opt} \leftarrow \infty$
for $u \in U_k(x_{opt}(k-1))$ **do**

▷极小值原理

$\widetilde{H} = L_k(x_{opt}(k-1),u) + \lambda(k-1) \cdot f_k(x_{opt}(k-1),u)$
if $\widetilde{H} < H_{opt}$ **then**
$\quad H_{opt} = \widetilde{H}$
$\quad u_{opt} = u$
end if
end for

▷欧拉方程

$\lambda_{opt}(k) = \lambda_{opt}(k-1) + \ell_k(x_{opt}(k-1), u_{opt}(k))\Delta$
$x_{opt}(k) = x_{opt}(k-1) + f_k(x_{opt}(k-1), u_{opt}(k))\Delta$
end for
until $x_{opt}(N) = x_f$

6.2.2.2 动态规划

20 世纪 50 年代，Richard Bellman 提出了 DP 算法[6]。从那时起，DP 已经被用作设计自变量有限、状态变量和控制输入有约束的系统的最优控制器的工具。作为一种图搜索方法，它可以看作是对第 5 章提出的 Dijkstra 算法[7]的推广。

该方法通常基于时间离散化作为自变量㊀、状态空间和控制空间。在式 (6.3) ~ 式(6.6) 中采用带时间步长的前向欧拉方案，便可简化为无终端成本，则目标函数为

$$J = \sum_{k=1}^{N} L_k(\boldsymbol{x}_{k-1}, \boldsymbol{u}_k)\Delta \quad (6.35)$$

其中 $N\Delta = t_f$，状态方程为

$$\boldsymbol{x}_k = \boldsymbol{x}_{k-1} + f_k(\boldsymbol{x}_{k-1}, \boldsymbol{u}_k)\Delta \quad (6.36)$$

边界条件为

$$\boldsymbol{x}_0 = \boldsymbol{x}_i, \ h(\boldsymbol{x}_N) = 0 \quad (6.37)$$

融合该方法主要特点的基本 DP 算法见算法 5。如伪代码所示，DP 算法使用离散状态空间 $\boldsymbol{x}_k \in X_k$。X_k 集随车辆位置状态而变化，以表示与位置相关的速度限制（例如，法定最高速度）或与时间相关的附加速度限制（交通诱导速度限制、信号灯处的通行速度等）。控制空间也被相应离散化 $\boldsymbol{u}_k \in U_k(\boldsymbol{x}_k)$，$U_k$ 集随速度状态而变化，通常表示与速度相关的力的限制。在这方面，通过相应地选择这些子集，加强式 (6.5) 中的状态和控制约束。

这个过程首先初始化成本函数 $J(\boldsymbol{x})$，它表示在时间步长 k 处从状态 $\boldsymbol{x}$ 到达允许终端状态的最小成本。在最后时刻，不可行状态的成本是无限的，如 $h(\boldsymbol{x}) \neq 0$

㊀ 在我们的问题中，位置也可以作为自变量，这将在后面说明。

的任意状态。算法在时间上向后运算，利用贝尔曼最优性原理更新 $\mathcal{J}$

$$\mathcal{J}_k(\boldsymbol{x}) = \min_{\boldsymbol{u} \in U_{k+1}(\boldsymbol{x})} \{L_{k+1}(\boldsymbol{x},\boldsymbol{u})\Delta + \mathcal{J}_{k+1}(\boldsymbol{x}+f_{k+1}(\boldsymbol{x},\boldsymbol{u})\Delta)\}, \quad k = 0,\cdots,N-1$$

(6.38)

相应地，反馈函数 $\mathcal{U}_k(\boldsymbol{x})$ 代表在时间步长 k 时任意状态 $\boldsymbol{x}$ 的最优控制输入。当对整个时间 – 状态网格求出这些函数后，算法从初始状态开始向前计算，利用函数 $\mathcal{J}$ 和 $\mathcal{U}$ 来计算控制输入和状态的最优轨迹。

尽管算法 5 的结构相对简单，但在实现动态规划时仍需要考虑几个问题。当应用贝尔曼方程时，由状态方程计算 $\mathcal{J}_{k+1}$ 项的参数，可能与 X_{k+1} 中的任何离散状态都不匹配，X_{k+1} 中定义了代价函数。因此，此项必须使用最近邻法或插值法逼近。然而，这些方法在计算速度和精度方面各有优缺点，必须谨慎应用。例如，处理不可行终端状态的常用方法是给这些状态分配无限成本，这在使用插值方法时至关重要。对 DP 算法感兴趣的读者可以参考标准教科书，如文献 [5, 8, 9]。

算法 5 动态规划

Require: $f(\cdot), L(\cdot), N, X, \Delta$
Ensure: $u_{opt}(1,\cdots,N), x_{opt}(0,\cdots,N)$

                  ▷最终成本计算步骤
 for $x \in X_N$ do
  $\mathcal{J}[x,N] \leftarrow \infty$
 end for
 $\mathcal{J}[x_f,N] \leftarrow 0$
                  ▷中间计算步骤
 for $k \in [N-1, N-2, \cdots, 0]$ do
  for $x \in X_k$ do
   $J_{opt} \leftarrow \infty$
   for $u \in U_{k+1}(x)$ do
                  ▷贝尔曼方程
    $\widetilde{J} \leftarrow L_{k+1}(x,u)\Delta + \mathcal{J}[x+f_{k+1}(x,u)\Delta, k+1]$
    if $\widetilde{J} < J_{opt}$ then
     $J_{opt} \leftarrow \widetilde{J}$
     $u_{opt} \leftarrow u$
    end if
   end for
   $\mathcal{J}[x,k] \leftarrow J_{opt}$
   $\mathcal{U}[x,k] \leftarrow u_{opt}$
  end for
 end for
                  ▷后向计算
 $x_{opt}(0) \leftarrow x_i$
 for $k = 1,\cdots,N$ do
  $u_{opt}(k) \leftarrow \mathcal{U}[x_{opt}(k-1), k-1]$
  $x_{opt}(k) \leftarrow x_{opt}(k-1) + f_k(x_{opt}(k-1), u_{opt}(k))\Delta$
 end for

DP 算法的另一个问题是"维数灾难",因为计算时间和占用内存随着状态数量呈指数增长。因此,要尽可能缩小问题的规模。当扰动和约束条件(即函数 L、f 和 g)仅依赖时间和位置之一时,可以简化状态。在前一种情况下(仅为时间相关问题),除非执行最终状态,位置状态与优化无关。因此,可以从状态向量中删除位置,并通过目标函数中的附加可调项 $\beta' \sum_{k=1}^{N} v_{k-1} \Delta$ 来强制执行其最终值。为了确定正确的可调系数 β',可以使用求根方法来使最终位置误差为零。

取决于位置而不是时间的情况更为常见。这种情况适用于如依赖位置的坡度和速度限制。在这种情况下,位置作为自变量,通过把一个可调的终端成本作为强制执行的终端时间约束,可以更方便地重新表示式(6.35)和式(6.36)。对一个位置步长 Δ',产生收益为

$$J' = \beta \underbrace{\sum_{k=1}^{N'} \frac{\Delta'}{v_{k-1}}}_{t_f} + \sum_{k=1}^{N'} \frac{L_k(\boldsymbol{x}'_{k-1}, \boldsymbol{u}_k)}{v_{k-1}} \Delta' \qquad (6.39)$$

其中 $N\Delta' = s_f$,并且

$$\boldsymbol{x}'_k = \boldsymbol{x}'_{k-1} + \frac{f_k(\boldsymbol{x}_{k-1}, \boldsymbol{u}_k)}{v_{k-1}} \Delta' \qquad (6.40)$$

式中,$\boldsymbol{x}'$ 为用时间代替位置后,状态向量的重新表示;下标 k 为离散位置。

最终位置的约束现在由构造来实现。与前面的情况类似,要确定正确的可调系数 β,可以通过求根方法使最终时刻误差为零[10-12]来得到,详见算法 6。

算法 6 单状态协同式自动驾驶动态规划

Require: $f(\cdot)$, $L(\cdot)$, N, N', X', Δ', TOL, $\beta_{\min}$, $\beta_{\max}$
Ensure: $u_{opt}(1, \cdots, N)$, $x'_{opt}(0, \cdots, N)$
  $m = 1$
  while $m < M_{\max}$ **do**
    $\beta \leftarrow \dfrac{\beta_{\min} + \beta_{\max}}{2}$
    $\{u_{opt}, x'_{opt}\} \leftarrow \text{DynamicProgramming}\left(\dfrac{f}{v}, \dfrac{L+\beta}{v}, N', X', \Delta'\right)$
    $t_f \leftarrow \sum \dfrac{\Delta'}{v}$
    if $|t_f - N| < \text{TOL}$ **then**
      return
    else
      $m \leftarrow m + 1$
      if $\text{sign}(\beta) = \text{sign}(\beta_{\min})$ **then**
        $\beta_{\min} \leftarrow \beta$
      else
        $\beta_{\max} \leftarrow \beta$
      end if
    end if
  end while

第 6.3 节将针对运行成本 L 的各种定义详细说明一般协同式自动驾驶的 OCP。

6.3 基于距离的车轮效率最大化

最简单的情况是用车轮处的动力系统能量来表示最小化的目标函数。通过这种方式，除了必须根据峰值功率和再生制动能力而变化的控制约束，ED – OCP 和它的解决方案将独立于所使用的特殊动力系统。

6.3.1 问题公式化

本节的目的是求解在时间 t_f 和距离 s_f 上，从速度 v_i 变化到 v_f，且使式（2.13）中定义的动力系统能量最小的速度曲线。如 6.2.1.3 节中所述，控制输入定义为 $u_p \triangleq F_p/m$ 和 $u_b \triangleq F_b/m$。因此，最优控制问题为

$$\min_{u_p(t), u_b(t)} J = \int_0^{t_f} F_p(t) v(t) \, \mathrm{d}t$$

$$\text{s.t.} \quad \frac{\mathrm{d}s(t)}{\mathrm{d}t} = v(t)$$

$$\frac{\mathrm{d}v(t)}{\mathrm{d}t} = u_p(t) - \frac{C_1}{m} v(t) - \frac{C_2}{m} v^2(t) - h(s(t)) - u_b(t)$$

$$v(0) = v_i$$

$$v(t_f) = v_f$$

$$s(0) = 0$$

$$s(t_f) = s_f$$

$$u_{p,\min}(v(t), t) \leq u_p(t) \leq u_{p,\max}(v(t), t)$$

$$0 \leq u_b(t) \leq u_{b,\max}$$

$$v_{\min}(t, s(t)) \leq v(t) \leq v_{\max}(t, s(t))$$

$$s_{\min}(t) \leq s(t) \leq s_{\max}(t) \tag{6.41}$$

式中，$u_{p,\min} \leq 0$ 和 $u_{p,\max} > 0$ 为可用动力系统极值；$u_{b,\max}$ 为最大制动力；$h(s) \triangleq C_0/m + g\sin(\alpha(s))$。

6.3.2 数值结果

最优控制问题式（6.53）可以通过 6.2.2 节中介绍的动态规划方法求解。特别是单状态 DP（算法 6），可以用式（6.39）和式（6.40）中的 OCP 重新定义，且 $\boldsymbol{x}' = \{v\}$、$\boldsymbol{u} = \{u_p, u_b\}$。

本节提出了通过改变式（6.41）主要参数而得到的一些结果。乘用车参数见表 6.1。固定行程时间为 $t_f = 60\text{s}$，研究初始和终止速度、行程距离、道路坡度的影响。基本情况为 $v_i = v_f = 0$、$\alpha = 0$（平路）和 $s_f = 500\text{m}$。这是一个典型的干线驾驶场

第 6 章　节能性速度曲线（协同式自动驾驶）

景，车辆在预期时间内行驶两个信号灯之间的距离。

表 6.1　6.3.2 节中使用的车辆参数

	参数	值
车辆	m	1100kg
	ρ_a	1.184kg/m³
	A_f	2.1m²
	C_D	0.33
	C_{rr}	0.015
	g	9.81m/s²
传动系统	$u_{p,\max}$	3.0m/s²
	$u_{p,\min}$	0（滑行）
	$u_{b,\max}$	2.0m/s²

图 6.3a 所示为在不同行驶距离下车轮处能量效率最大化的速度曲线。基本方案从最大加速期开始，随后定速巡航，接着滑行很长一段时间，最后以最大制动结束。随着行程距离的增加，最高速度也相应增加，巡航阶段逐渐消失，由更长的滑行代替。

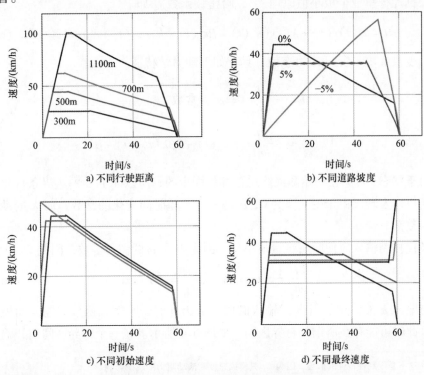

a) 不同行驶距离　　b) 不同道路坡度
c) 不同初始速度　　d) 不同最终速度

图 6.3　最小化动力系统能量的速度曲线

图 6.3b 所示为不同道路坡度的最优速度曲线。在保持总趋势的情况下，更大的负坡度和正坡度分别增加了滑行和巡航阶段的持续时间。然而，在下陡坡（-5% 坡度）时，滑行可能最终导致加速。

图 6.3c、d 所示分别为不同初始速度和最终速度的结果。从图中可以看出，在所有情况下，最优速度曲线都由相同的四个阶段组成（最大加速、巡航、滑行和最大减速），而不同的边界条件表现为上述各个阶段不同的持续时间。注意，在某些情况下，例如在图 6.3d 中，相同的阶段（最大加速）可以重复两次。

6.3.3 解析结果

为了更好地理解所得到的数值结果，我们在本节利用庞德里亚金极小值原理推导出 ED-OCP 的闭式解。为此，我们还应假定：①阻力的 C_1 项为 $0^\ominus$；②$h(s)$ 项为常数（恒定坡度）$^\ominus$；③在优化范围内，状态没有边界。

在这些假设下，状态方程为

$$\dot{s}(t) = v(t)$$
$$\dot{v}(t) = u_p(t) - \beta v^2(t) - h - u_b(t) \quad (6.42)$$

其中 $\beta \triangleq C_2/m$，运行成本（动力系统功率）除以质量，可以得到 $u_p(t)v(t)$。

根据庞德里亚金极小值原理[14]，哈密顿函数 H 如下

$$H = u_p(t)v(t) + \lambda(t)(u_p(t) - \beta v^2(t) - h - u_b(t)) + \mu(t)v(t) \quad (6.43)$$

其中，变量 λ 和 μ 是两个协态值，具有如下动力学特征

$$\begin{cases} \dot{\mu}(t) = -\dfrac{\partial H}{\partial s} = 0 \Rightarrow \mu \text{ 为常数} \\ \dot{\lambda}(t) = -\dfrac{\partial H}{\partial v} = -u_p(t) + 2\beta\lambda(t)v(t) - \mu \end{cases} \quad (6.44)$$

由于状态 s 和 v 在初始和最终位置都是固定的，所以 λ 和 μ 的边界条件是自由的。还可以发现，由于变化率为 0，μ 是一个不随时间变化的常数，而 λ 的动力学则更为复杂。

最优控制输入应使哈密顿量最小化。因为 H 是 μ 的仿射函数，因此

$$\frac{\partial H}{\partial u_p} = v(t) + \lambda(t), \frac{\partial H}{\partial u_b} = -\lambda(t) \quad (6.45)$$

与输入无关，除了当 H 对输入的偏导数为 0 时，哈密顿函数在输入的极值处最小，此时可能存在所谓的奇异区间，如图 6.4 所示。在一个奇异区间内，输入可

⊖ 这不是限制性很强的假设，因为 C_1 只模拟速度对滚动阻力的二阶影响。

⊖ 通过分析以位置为自变量的问题，可以消除这个假设，见文献 [13]。

以取其约束范围内的任何值。因此，这里用 u_p^* 表示最优的动力系统力

$$u_p^* = \begin{cases} u_{p,\max}, & v < -\lambda \text{（最大牵引）} \\ u_{p,s}, & v = \lambda \text{（奇异牵引）} \\ u_{p,\min} & v > -\lambda \text{（超出限值）} \end{cases} \quad (6.46)$$

式中，$u_{p,s}$ 为可能的奇异区间内的动力总成输入。

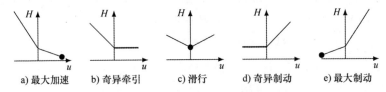

a) 最大加速　b) 奇异牵引　c) 滑行　d) 奇异制动　e) 最大制动

图 6.4　函数 $H(u)$ 的定性形状

注：黑色圆圈或线段表示最优的 u。

用 u_b^* 表示最优的制动力

$$u_b^* = \begin{cases} 0, & \lambda < 0 \\ u_{b,s}, & \lambda = 0 \\ u_{b,\max}, & \lambda > 0 \end{cases} \quad (6.47)$$

式中，$u_{b,s}$ 为可能的奇异区间内的制动输入。

在牵引过程中，若存在奇异区间，则条件 $\sigma \triangleq \lambda + v = 0$ 必须在一个时间区间内有效，而不只是在一个点上有效。换句话说，在一个奇异区间内，$d\sigma/dt$ 必须为零。将状态方程代入式（6.44）得

$$-h - \beta v^2 + 2\beta\lambda v - \mu = 0 \quad (6.48)$$

代入 $\lambda = -v$，我们可以得出在一个奇异牵引区间内的速度一定是

$$v_{p,s} = \left(\frac{1}{3\beta}(-h-\mu)\right)^{1/2} \quad (6.49)$$

因为 μ 是常数，所以 $v_{p,s}$ 也是一个常数。因此，奇异牵引力为 $u_{p,s} = \beta v_{p,s}^2 + h = (2h-\mu)/3$。从这些结果可以清楚地看到，奇异牵引（$v_{p,s} > 0$、$u_{p,s} > 0$）只会发生在 $\mu/2 < h < -\mu$ 时。因为 μ 必须是一个负值，所以对于正的和负的坡度，奇异牵引力是可能存在的。

对于制动过程中存在的一个奇异区间，条件将对一个位置区间有效，而不是只对一个点有效。然而，将 $\lambda = 0$ 和 $u_p = u_{p,\min}$ 代入式（6.44），显然这个条件通常不能在任何有限区间内持续⊖。因此，奇异制动通常是不可能的。

综上所述，最优解可由四种不同的模式组成：

1）最大牵引：$u_p = u_{p,\max}$、$u_b = 0$。

⊖ 理论上，当满足边界条件 $\mu = -u_{p,\min}$ 和 $\lambda \equiv 0$ 时，整个行程可以是奇异的。

2）奇异牵引：$u_p = u_{p,s}$、$u_b = 0$。
3）超出限值：$u_p = u_{p,\min}$、$u_b = 0$。
4）最大制动：$u_p = u_{p,\min}$、$u_b = u_{b,\max}$。

这与 6.3.2 节中以数字表示的各阶段相对应，对于 $u_{p,\min} = 0$，超出限值变成了滑行。

通过两点边界值问题的解得到这些模态发生的特定序列，该两点边界值问题的解简化为寻找 λ_0、μ 这两个量的问题，从而使

$$\begin{cases} \dot{s} = v(t), s(0) = 0, s(t_f) = s_f \\ \dot{v} = u_p(t) - \beta v^2(t) - h - u_b(t), v(0) = v_i, v(t_f) = v_f \\ \dot{\lambda} = -u_p(t) + 2\beta\lambda(t)v(t) - \mu, \lambda(0) = \lambda_0 \\ u_p(t) = (6.46), u_b(t) = (6.47) \end{cases} \quad (6.50)$$

在 $u \triangleq u_p - u_b$ 为分段常数的区间上，用解析法求解式（6.50）比较容易。注意，速度动力学与其他两个状态解耦，第三个方程与 λ 成线性关系。经过冗长而直接的积分，我们得到了以下关于 μ 为常数区间的解析表达式

$$v(t) = \begin{cases} a_1 \tanh\left(\operatorname{artanh}\left(\dfrac{v_i}{a_1}\right) + a_1\beta(t - t_i)\right), & u > h \\ \dfrac{v_i}{1 + v_i\beta(t - t_i)}, & u = h \\ a_1 \tan\left(\arctan\left(\dfrac{v_i}{a_1}\right) + a_1\beta(t - t_i)\right), & u < h \end{cases} \quad (6.51)$$

式中，$a_1 \triangleq \sqrt{(u-h)/\beta}$；下标 i 为区间的开始。

然而，请注意，尽管式（6.51）有解析解，边界条件的封闭执行和动力总成能耗的评估通常不是很简单的。

6.4 内燃机汽车效率最大化

上一节的重点是提高"车轮到距离"的能量效率，而没有解决依赖于动力系统的"油箱到车轮"的效率。这两个问题并不是完全分离的，例如，由于低恒定速度时阻力更小，可以提高"车轮到距离"的能量效率。另一方面，汽油发动机在低负载、低转速下效率并不高。发动机的最优工作点通常在发动机负载相对较大时出现。为了达到平衡（高效运行发动机并保持较低的平均速度），在巡航阶段，发动机可以在"加速-滑行"策略下以高负载周期性地起动。为了研究这种行为，本节在 6.3 节的分析基础上进行扩展，将内燃机车辆从油箱到车轮的能量路径囊括在内。

6.4.1 问题公式化

我们选择式（2.16）中定义的燃料能量，而不是动力系统能量作为最小化目标函数。J 表示整个旅程的总燃料消耗，运行成本由燃料注入发动机的时间速率 $\dot{m}_f(t)$ 给出。我们使用第 2 章给出的表示方法将 $\dot{m}_f$ 与速度和控制输入 $u_p = F_p/m$ 联系起来。假设采用燃油截止策略，并且恢复燃油喷射不受惩罚，则可以得到

$$\dot{m}_f(t) = \begin{cases} \dfrac{1}{H_f}\left(\dfrac{k_{e,0}}{r_w}\gamma_e(t)v(t) + \dfrac{k_{e,1}}{r_w^2}\gamma_e^2(t)v^2(t) + \dfrac{k_{e,2}}{\eta_t}mv(t)u_p(t) + \right. \\ \left. \dfrac{k_{e,3}}{r_w\eta_t}\gamma_e(t)v^2(t)mu_p(t) + \dfrac{k_{e,4}}{r_w^2\eta_t}\gamma_e^2(t)v^3(t)mu_p(t)\right), & u_p(t) > 0 \\ 0, & u_p(t) \leq 0 \end{cases} \quad (6.52)$$

原则上可以将齿轮传动比作为控制输入进行优化。然而，正如 6.1.2 节和 6.2.1.3 节中所讨论的，我们将转而考虑一种预定义的换档规律 $\gamma_e(v(t), u_p(t))$。

在此假设下，最优控制问题为

$$\min_{u_p(t), u_b(t)} J = \int_0^{t_f} \dot{m}_f(u_p(t), v(t)) \, \mathrm{d}t$$

$$\text{s.t.} \begin{cases} \dfrac{\mathrm{d}s(t)}{\mathrm{d}t} = v(t) \\ \dfrac{\mathrm{d}v(t)}{\mathrm{d}t} = u_p(t) - \dfrac{C_1}{m}v(t) - \dfrac{C_2}{m}v^2(t) - h(s(t)) - u_b(t) \\ v(0) = v_i \\ v(t_f) = v_f \\ s(0) = 0 \\ s(t_f) = s_f \\ u_{p,\min}(v(t), t) \leq u_p(t) \leq u_{p,\max}(v(t), t) \\ 0 \leq u_b(t) \leq u_{b,\max} \\ v_{\min}(t, s(t)) \leq v(t) \leq v_{\max}(t, s(t)) \\ s_{\min}(t) \leq s(t) \leq s_{\max}(t) \end{cases} \quad (6.53)$$

与 6.3 节中定义相同。

如 2.2.2 节中所述，最大动力系统输入 $u_{p,\max}$ 是最大发动机转矩 $T_{e,\max}$ 的图像，而最大发动机转矩则通常是发动机转速的函数。后者通过可变传动比与车辆速度产生联系，因此式（6.53）中 $u_{p,\max}$ 与 v 和时间均相关。同样，最小（制动）发动机转矩 $T_{e,\min}$ 将会导致最小的动力系统输入 $u_{p,\min}$。

6.4.2 数值结果

最优控制问题式（6.53）的解可以用 6.2.2 节中介绍的动态规划方法求解。

特别地，单状态 DP（算法 6）可以用在式（6.39）和式（6.40）中重新定义 OCP 和 $x' = \{v\}$、$u = \{u_p, u_b\}$。

本节介绍通过改变式（6.53）的主要参数后，用单状态 DP 代码获得的结果。所考虑的车辆参数见表 6.2（车辆参数见表 6.1）。此外，我们考虑一种燃油截止的滑行策略（见 2.2.2 节），在这种策略下，当转矩低于或等于零时，发动机不消耗燃油。因此，我们强制系统在 $u_{p,\min} = 0$ 的条件下运行。

表 6.2　6.4.2 节中使用的 ICEV 参数

	参数	值
发动机	$k_{e,0}$	57.0
	$k_{e,1}$	0.0697
	$k_{e,2}$	2.80
	$k_{e,3}$	-0.0032
	$k_{e,4}$	5.79×10^{-6}
	$k_{e,8}$	50N
	$k_{e,9}$	0.1
	$k_{e,10}$	300
	$k_{e,11}$	521
	$k_{e,12}$	-0.048
	H_f	42.2MJ/kg
传动系统	r_w	0.2785m
	$u_{p,\min}$	0
	$u_{b,\max}$	2.0m/s^2

考虑的场景同样是在固定时间 $t_f = 60s$ 内，在平坦道路（$\alpha = 0$）上两个停车点之间（$v_i = v_f = 0$）行驶。图 6.5a 所示为在三种情况下最小化燃料能量的速度曲线：A（$s_f = 500m$）、B（$s_f = 750m$）、和 C（与 B 相同且有额外的速度约束 $v_{\max} = 50km/h$）。所有曲线以高动力系统转矩阶段开始，因此加速度很高。然后，速度达到巡航值，该值由非常快速地开关发动机来保持。在 6.1.2 节中已介绍过这种特殊模式，在协同式自动驾驶文献中将其称为加速与滑行（Pulse and Glide，P&G）。理论上，当发动机没有额外成本地快速开闭时，可以通过无限快的 P&G 来有效地维持定速⊖。在 P&G 阶段后，发动机关闭的滑行阶段将使车辆减速，然后通过制动阶段完全停车。需要注意的是，添加一个速度约束（曲线 C）并不会改变速度阶段的性质，只会改变相对持续时间。

最优曲线 A~C 在图 6.5b 中表示为速度-转矩平面的点。转矩曲线显示的是

⊖　这一行为类似于使用气缸熄火来节省燃料的过程。不同于在较低歧管压力和较低单次效率下的气缸点火，在较高的歧管压力和较高的单次效率下，较少的气缸点火事件可获得相同的平均转矩输出。

最大的动力总成转矩、发动机 OOL 对应的动力总成转矩（$T_{e,\eta}$，见 2.2.2 节）、最小的动力系统转矩和最大的制动转矩（$T_{p,\min} - T_{b,\max}$）。通过结合发动机 Map 图和换档 Map 图，这些值被表示为车辆速度的函数。显然，加速是沿着 OOL 执行，而制动点则邻近最大制动转矩曲线。同样明显的是在零转矩时的滑行点。OOL 点和滑行点之间的中间点可能是由数值效应造成的，并随考虑的特定场景变化而变化。

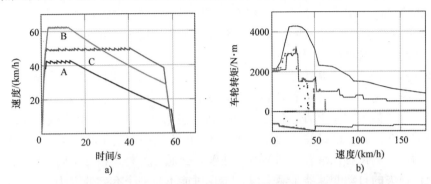

图 6.5　数值计算使燃油能量在 60s 内最小化的速度曲线（见彩插）

为了了解加速和滑行阶段的有效性，应该对其展开进一步的分析。本研究采用了简化的发动机和变速器模型。我们在给定发动机开关周期及其对应恒定平均巡航速度下，对 P&G 进行了比较。例如，图 6.6a 所示为一个在 60s 周期内加速和滑行的场景，以等效恒定速度 15m/s（代表在城市驾驶）和脉冲加速度 $u_{p,\max} = 1\text{m/s}^2$ 行驶。相应的燃油消耗率如图 6.6b 所示，在整数周期内节约燃油 32%。

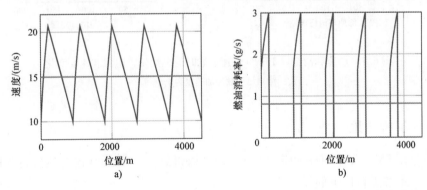

图 6.6　速度和燃油消耗率在低频（1/60Hz）脉冲与 15m/s 恒速滑行巡航的变化

然而，这种燃油节约带来的代价是在加速阶段由轻微加速带来的不适。此外，速度每分钟都要在 10~20m/s 之间变化，可能会干扰交通。可以通过缩短 P&G 周期来减小速度变化范围，但这要受发动机开闭速度的限制。本书尚未考虑发动机开启的燃油成本。该成本应当从节约的燃油中进行扣除，这就在决定可行 P&G 频率时引入了另一个需要考虑的约束。另一方面，增加发动机开/闭周期会导致速度波动,从而增加气动阻力损失,因此必须权衡发动机的开闭速度。理论上,当发动机可以快速开启和关闭而不需要额外的成本时,加速和滑行(P&G)应该无限快,以有效地维持定速。图 6.7 所示为 P&G 不同时期的节油和速度变化。图 6.7a 证明,当 P&G 周期几乎趋于零(无限快速切换)时,节能最有效,图 6.5 的结果从数值上接近了这种情况。图 6.7a 也显示了 P&G 阶段随着速度变化增加(图 6.7b)而增加的空气阻力损失。超过一定 P&G 周期后,阻力损失抵消了发动机效率增益,导致 P&G 不再有效(负节油)。显示的结果是平均速度为 15m/s。在较高的平均速度下,预期增益会更小。

加速和滑行算法的有效性已经在文献[15]中得到证明,文献[16]中使用了最优控制理论,文献[17]进行了试验,但总体而言,现有文献提出的结果参差不齐,有时甚至相互矛盾。在与飞行控制相关的文献[18]中已经证明了类似抖振弧的存在。我们已经注意到加速和滑行可能不是一个实用的协同式自动驾驶策略,因为速度变化会让乘客感到不适,并破坏交通。另外,根据文献[17],对于有变矩器损失的自动变速器车辆来说,P&G 可能不是一个有效的方法。

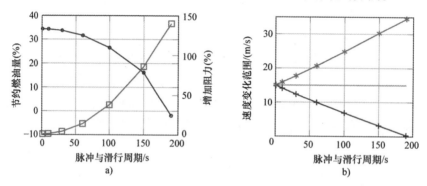

图 6.7　加速和滑行以 15m/s 恒速巡航时的燃油量、阻力和速度变化

注:结果显示脉冲加速度为 $1m/s^2$。

6.4.3　解析结果

通过用 PMP 求解 ED-OCP(6.53),可以得到上一节所阐述的颤振行为的理论证明。本节进行以下假设:

1)阻力的 C_1 项为 0。

2)$h(s)$ 为常数(恒定坡度)。

3)传动系统效率 η_t 为常数。

4)换档规律只与速度有关,$\gamma_e(t) = \gamma_e(v(t))$,即速度的分段常数函数,类似于式(2.18)。

5)发动机 OOL 转矩与最大转矩吻合,因此式(2.23)在整个发动机范围内有效[注]。

6) 发动机指示效率是常数,$k_{e,3}=k_{e,4}=0$。
7) 发动机摩擦转矩为常数,$k_{e,1}=0$。
8) 假设断油滑行,不使用发动机制动,且 $u_{p,\min}=0$。
9) 在优化范围内,状态没有边界。

在这些假设下,运行成本为

$$\dot{m}_f(t)=\begin{cases}p_0(v(t))+p_1 u_p(t)v(t),&u_p(t)>0(\text{供油阶段})\\0,&u_p(t)=0(\text{断油阶段})\end{cases}\quad(6.54)$$

或者以更简洁的方式表示,即 $\dot{m}_f(t)=(p_0(v(t))+p_1 u_p(t)v(t))\mathcal{H}(u_p)$,其中 $\mathcal{H}$ 为亥维赛函数,$p_0\triangleq k_{e,0}\gamma_e(v)v/(r_w H_f)$ 和 $p_1\triangleq k_{e,2}m/(\eta_t H_f)$。利用式(6.42)中的状态动力学和上述成本函数,可得哈密顿函数为

$$H=(p_0(v(t))+p_1 u_p(t)v(t))\mathcal{H}(u_p)+\lambda(t)(u_p(t)-\beta v^2(t)-h-u_b(t))+\mu(t)v(t)\quad(6.55)$$

协态动力学为

$$\dot{\mu}(t)=-\frac{\partial H}{\partial s}=0\Rightarrow\mu\text{ 为常数}$$

$$\dot{\lambda}(t)=-\frac{\partial H}{\partial v}=-\left(\frac{\partial p_0}{\partial v}+p_1 u_p(t)\right)\mathcal{H}(u_p)+2\beta\lambda(t)v(t)-\mu\quad(6.56)$$

由于状态 s 和 v 在初始和终止位置都是固定的,所以 λ 和 μ 的边界条件是自由的。我们还注意到,由于 μ 的变化率为零,所以 μ 是不随时间变化的常数,而 λ 的动力学则更复杂。

输入[注]是如式(6.24)所示的分段仿射哈密顿函数,包括

$$\frac{\partial H}{\partial u_p}=p_1 v(t)\mathcal{H}(u_p)+\lambda(t)\quad\frac{\partial H}{\partial u_b}=-\lambda(t)\quad(6.57)$$

但现在它又出现了 $u_p=0$ 的不连续情况。因此,如图6.8所示,通过比较在 $u_{p,\max}$ 和 $u_p=0$ 处的值,求出其最小值。使切换哈密顿函数最小化的最优输入为

$$u_p^*=\begin{cases}u_{p,\max},&\lambda<\lambda_B\\u_{p,\max}\text{ 或 }0,&\lambda=\lambda_B\\0,&\lambda>\lambda_B\end{cases}\quad(6.58)$$

其中 $\lambda_B\triangleq-p_0/(p_1 u_{p,\max})-p_1 v$。注意,由于切换了哈密顿函数[注],对于正 u_p 不可能存在奇异区间。然而,当在边界 $\lambda=\lambda_B$ 时,$u_p=0$ 和 $u_p=u_{p,\max}$ 是最优的,且最

[注] 请参阅第2章页下注对这一假设的讨论。

[注] 请注意,将 γ_e 作为额外的控制输入会导致 $\partial H/\partial\gamma_e=k_{e,0}v/(r_w H_f)>0$,因此,最优换档规律总是使用最高的可用档位($\gamma_e$ 的最小值),如6.1.2节中所讨论的。

[注] 注意,如果移除 $u_{p,\min}=0$ 和燃料截止的假设,则哈密顿函数连续。最优驾驶模式不采用 PnG 模式,而是采用与6.3节相似的奇异弧段。

优解在两个值之间切换，由此产生了已经介绍的"加速和滑行"。此外，加速和滑行之间的切换无限快。这个论断是通过在有限时间内在两个解之间进行切换来证明的。因此，有了第一阶段（Ⅰ）$u_p = u_{p,\max}$、$\lambda < \lambda_B$ 和第二阶段（Ⅱ）$u_p = 0$、$\lambda > \lambda_B$。为了避免 λ 的不连续性和加强解的周期性，必须确保 $\ddot{\lambda}^{(\mathrm{I})} > 0$ 和 $\ddot{\lambda}^{(\mathrm{II})} < 0$，以便在两个阶段切换过程中使 λ 和 λ_B 的值完全相交。现在我们求两个阶段中 λ 的二阶导数，对式（6.56）求导（u_p 为常数）

$$\ddot{\lambda}(t) = 2\beta v(t)\dot{\lambda}(t) + 2\beta\lambda(t)\dot{v}(t) \tag{6.59}$$

假设 λ 在 λ_B 和 v 附近的变化很小，式（6.56）显示 $\dot{\lambda}^{(\mathrm{I})} \approx \dot{\lambda}^{(\mathrm{II})} - \left(\dfrac{\partial p_0}{\partial v} + p_1 u_{p,\max}\right)$。

如果切换过程中没有档位变化，$-\dfrac{\partial p_0}{\partial v}$ 可以忽略，则有

$$\ddot{\lambda}^{(\mathrm{I})} \approx \ddot{\lambda}^{(\mathrm{II})} + 2\beta\lambda_B(\dot{v}^{(\mathrm{I})} - \dot{v}^{(\mathrm{II})}) - 2\beta p_1 u_{p,\max} v \tag{6.60}$$

通过构造 $\dot{v}^{(\mathrm{I})} > \dot{v}^{(\mathrm{II})}$，式（6.60）显示了与需求相反的 $\ddot{\lambda}^{(\mathrm{I})} < \ddot{\lambda}^{(\mathrm{II})}$。这个结果意味着不能在有限时间内切换，但可以无限快。

对于最优制动输入，我们可以很容易地发现它仍由式（6.47）给出。如 6.3 节所述，有限时间内不可能出现奇异制动：对于 $\lambda = 0$、$u_p = 0$，通常情况下，条件 $\dot{\lambda} = 0$ 不能持续。

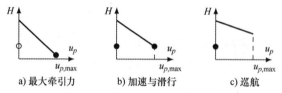

a) 最大牵引力　　b) 加速与滑行　　c) 巡航

图 6.8　函数 $H(u_p)$ 的定性形状

注：黑色圆圈表示最优 u_p。

6.4.3.1　控制模式

总之，ICEV 的最优速度曲线最多由四种不同模式组成：

1) 最大驱动（A）：$u_p = u_{p,\max}$，$u_b = 0$。
2) 加速与滑行（S）：$u_p = u_{p,\max}/0$，$u_b = 0$。
3) 巡航（C）：$u_p = 0$，$u_b = 0$。
4) 最大制动（B）：$u_p = 0$，$u_b = u_{b,\max}$。

这些模式发生的特定序列和时序取决于边界条件，并由两点边界值问题（TP-BVP）的解求得，该问题可简化为寻找两个量 λ_0 和 μ

$$\begin{cases} \dot{s} = v(t), s(0) = 0, s(t_f) = s_f \\ \dot{v} = u_p(t) - \beta v^2(t) - h - u_b(t), v(0) = v_i, v(t_f) = v_f \\ \dot{\lambda} = -\left(\dfrac{\partial p_0}{\partial v} + p_1 u_p(t)\right)\mathcal{H}(u_p) + 2\beta\lambda(t)v(t) - \mu, \lambda(0) = \lambda_0 \\ u_p(t) = (6.58), u_b(t) = (6.47) \end{cases} \tag{6.61}$$

实际上，控制模式有四种可能的序列：A - S - C - (B)、A - S - A、C - S - C -

(B) 或 C – S – A。例如,当 v_i 和 v_f 都很小或为零时,序列 A – S – C – B 可能是最优的。在速度、控制输入和协态值方面,这一完整解决方案的定性概述如图 6.9 所示。

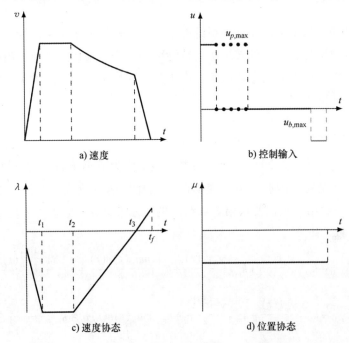

图 6.9 对 ICEV 协同式自动驾驶的定性概述(序列 A – S – C – B)

6.4.3.2 TPBVP 的解

方程 (6.61) 的顺序积分与相应方程 (6.50) 的顺序积分相似,都是未知初始值 λ_0 和 μ_0 的函数,由于 PnG 弧(上述 S 阶段)总是最优序列的缘故,它通常不可能在初始值中出现。然而,两点边界值问题可以简化为一个参数优化问题,用以寻找正确的控制模式序列及其切换时间 $t_i (i = 1, 2, 3)$。

对于完整的四阶段模式序列,两个切换时间由终端条件 $v(t_f) = v_f$、$s(t_f) = s_f$ 决定,而第三个切换时间不确定。因此,这个自由度应该以最小化燃料消耗的方式实现。求解 TPBVP 简化为参数 MOOP 类型

$$\min_{t_1, t_2, t_3} (|v(t_f) - v_f|, |s(t_f) - s_f|, |m_f(t_f)|) \qquad (6.62)$$

式 (6.62) 中的这三项显然取决于 t_i 的选择。对于一个三阶段模式序列,可以通过执行终端条件来充分定义两个切换时间 t_1 和 t_2,因此,只有前两项出现在式 (6.62) 中。有关该方法更详细的实现过程请参阅附录 A。

与运行参数优化程序不同,神经网络算法是一种更实用的在线方法,它直接评估作为边界条件的函数的最佳切换时间[19]。对于 ICEV,后者的输入向量和输出向量分别为 $I = \{t_f, s_f, v_i, v_f, \alpha\}$ 与 $O = \{t_1, t_2, t_3\}$。

6.5 电动汽车效率最大化

前两节已经介绍了最小化动力系统能量会导致碰撞-单点-碰撞行为,而考虑基于ICE的动力系统和它们的转矩仿射特性可能会产生最优的加速与滑行控制。在本节中,我们将分析扩展到电动汽车,由于其非线性的特性,多种类型的速度曲线都被认为是最佳的。

6.5.1 问题公式化

我们现在选择式(2.30)中定义的电池能量作为最小化的目标函数。J 表示整个行程的总电能消耗。因此,运行成本由电池耗尽速率或式(2.39)中定义的电化学功率 $P_b(t)$ 给出。我们使用第2章给出的表示法将 P_b 与速度和控制输入 $u_p = F_p/m$ 关联起来,有

$$P_b(t) = \begin{cases} \dfrac{1}{\eta_b}\left(k_{m,0} + k_{m,1}\dfrac{\gamma_m v(t)}{r_w} + k_{m,2}\dfrac{\gamma_m^2 v^2(t)}{r_w^2} + k_{m,3}\dfrac{m u_p(t) v(t)}{\eta_t} + k_{m,4}\dfrac{m^2 r_w^2 u_p^2(t)}{\gamma_m^2 \eta_t^2}\right), u_p > 0 \\ \eta_b\left(k_{m,0} + k_{m,1}\dfrac{\gamma_m v(t)}{r_w} + k_{m,2}\dfrac{\gamma_m^2 v^2(t)}{r_w^2} + k_{m,3} m u_p(t) v(t) \eta_t + k_{m,4}\dfrac{\eta_t^2 m^2 r_w^2 u_p^2(t)}{\gamma_m^2}\right), u_p \le 0 \end{cases}$$

(6.63)

最优控制问题为

$$\min_{u_p(t), u_b(t)} J = \int_0^{t_f} P_b(u_p(t), v(t)) \, \mathrm{d}t$$

$$\text{s.t.} \begin{cases} \dfrac{\mathrm{d}s(t)}{\mathrm{d}t} = v(t) \\ \dfrac{\mathrm{d}v(t)}{\mathrm{d}t} = u_p(t) - \dfrac{C_1}{m}v(t) - \dfrac{C_2}{m}v^2(t) - h(s(t)) - u_b(t) \\ v(0) = v_i \\ v(t_f) = v_f \\ s(0) = 0 \\ s(t_f) = s_f \\ u_{p,\min}(v(t)) \le u_p(t) \le u_{p,\max}(v(t)) \\ 0 \le u_b(t) \le u_{b,\max} \\ v_{\min}(t, s(t)) \le v(t) \le v_{\max}(t, s(t)) \\ s_{\min}(t) \le s(t) \le s_{\max}(t) \end{cases}$$

(6.64)

与6.3节定义相同。

与上一节讨论类似，应该清楚的是，控制约束 $u_{p,\max}$ 和 $u_{p,\min}$ 分别是由最大和最小（制动）电机转矩 $T_{m,\max}$ 和 $T_{m,\min}$ 决定的。这两个量都是电机转速的函数，因此，假设传动比不随车速变化。

6.5.2 数值结果

利用 6.2.2 节中介绍的动态规划方法，可以得到最优控制问题即式（6.64）的解。单状态 DP（算法 6）可以用在式（6.39）和式（6.40）中重新定义 OCP 和 $\boldsymbol{x}' = \{v\}$、$\boldsymbol{u} = \{u_p, u_b\}$。

本节介绍改变式（6.64）的主要参数后，用单状态 DP 代码获得的结果。所考虑的电动汽车参数见表 6.3。所考虑的场景同样是在固定时间 $t_f = 60s$ 内，在平坦道路上的两个停车点（$v_i = v_f = 0$）之间行驶。图 6.10a 所示为在与 6.4 节中相同的三种情况下使电池能量最小化的速度曲线：A（$s_f = 500m$）、B（$s_f = 750m$）和 C（与 B 相同且有额外的速度约束 $v_{\max} = 50km/h$）。最优曲线 A – C 在图 6.10b 中表示为速度 – 转矩平面的点，这也显示了最大和最小的动力总成转矩以及最小的车轮转矩（$T_{p,\min} - T_{b,\max}$）。通过结合电机 Map 图和传动系统特性，这些值被表示为车辆速度的函数。

表 6.3　6.5.2 节中使用的电动汽车参数

	参数	值
电机	$k_{m,0}$	96.2
	$k_{m,1}$	– 1.85
	$k_{m,2}$	0.0034
	$k_{m,3}$	1
	$k_{m,4}$	– 0.53
	$k_{m,5}$	0.0123
	$k_{m,6}$	-1.98×10^{-6}
	$k_{m,7}$	70N
	$\omega_{m,\text{base}}$	250rad/s
电池	R_b	0.0255Ω
	V_{b0}	75.6V
传动系统	γ_m	9.91
	η_t	0.95
	r_w	0.2785m
	$u_{b,\max}$	$2.0m/s^2$

最优曲线通常不同于 ICEV 所获得的最优曲线。现在，车辆初始加速时的转矩越来越小，而不是遵循最大或 OOL 转矩曲线。除非有速度限制，否则将没有巡航阶段，车辆在达到最高速度后直接进入滑行阶段。车辆会随着转矩的递减而减速。

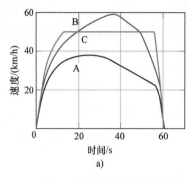 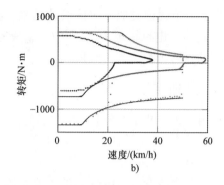

图 6.10 数值计算使电池能量在 60s 内最小化的速度曲线（见彩插）

但请注意，在场景 A 中，无论是在驱动还是在制动时，电机都没有达到极限转矩，而在场景 B 和场景 C 中达到了制动极限。

6.5.3 解析结果

以封闭形式通过 PMP 求解 ED‑OCP，即式（6.64）。做出以下假设：
1）阻力的 C_1 项为 0。
2）$h(s)$ 为常数（恒定坡度）。
3）传动系统效率 η_t 为常数。
4）在电机模型中，$b_0 = 0$、$k_{m,3} = 1$ 和 $k_{m,5} + k_{m,6} = 0$。
5）在优化范围内，状态没有边界。

在假设条件下，运行成本为

$$P_b(t) = mu_p(t)v(t)\eta^{-\text{sign}(u_p)} + bu_p^2(t)(\eta\eta_t)^{-\text{sign}(u_p)} \tag{6.65}$$

其中 $b \triangleq k_{m,4} m^2 r_w^2 \gamma_m^{-2}$，且 $\eta \triangleq \eta_t \eta_b$。

利用式（6.42）中的状态动力学和上述成本函数，得到哈密顿函数为

$$H = mu_p(t)v(t)\eta^{-\text{sign}(u_p)} + bu_p^2(t)(\eta\eta_t)^{-\text{sign}(u_p)} + \lambda(t)(u_p(t) - \beta v^2(t) - h - u_b(t)) + \mu(t)v(t) \tag{6.66}$$

协态动力学为

$$\dot{\mu}(t) = -\frac{\partial H}{\partial s} = 0 \Rightarrow \mu \text{ 为常数}$$

$$\dot{\lambda}(t) = -\frac{\partial H}{\partial v} = -mu_p(t)\eta^{-\text{sign}(u_p)} + 2\beta\lambda(t)v(t) - \mu \tag{6.67}$$

因为状态 s 和 v 在初始和终止位置处是固定的，所以 λ 和 μ 的边界条件是自由的。我们还注意到，由于 μ 的变化率为 0，所以 μ 是不随时间变化的常数，而 λ 的动力学则更复杂。

这次哈密顿函数在摩擦制动输入中仍然是仿射的,而在动力系统输入中是二次的

$$\frac{\partial H}{\partial u_p} = mv(t)\eta^{-\text{sign}(u_p)} + 2bu_p(t)(\eta\eta_t)^{-\text{sign}(u_p)} + \lambda(t), \frac{\partial H}{\partial u_b} = -\lambda(t) \quad (6.68)$$

导致可能的局部极小值为

$$u_p^+(t) \triangleq -\frac{\eta_t}{2b}(\eta\lambda(t) + mv(t)), u_p^-(t) \triangleq -\frac{1}{2b\eta_t}\left(mv(t) + \frac{\lambda(t)}{\eta}\right) \quad (6.69)$$

如果 $0 \leq u_p^+ \leq u_{p,\max}$ 或 $u_{p,\min} \leq u_p^- \leq 0$,那么这也是全局最优解。否则,根据PMP,最优输入位于其中一个边界处,如图6.11所示。因此,使哈密顿函数最小化的最优动力系统输入为

$$u_p^* = \begin{cases} u_{p,\max} & \lambda \leq \lambda_{MT} & (最大牵引) \\ u_p^+ & \lambda_{MT} < \lambda \leq \lambda_T & (最优牵引) \\ 0 & \lambda_T < \lambda \leq \lambda_B & (滑行) \\ u_p^- & \lambda_B < \lambda \leq \lambda_{MB} & (最优再生制动) \\ u_{p,\min} & \lambda_{MB} < \lambda & (最大再生制动) \end{cases} \quad (6.70)$$

其中 $\lambda_{MT} \triangleq -mv/\eta - 2bu_{p,\max}/(\eta\eta_t)$、$\lambda_T \triangleq -mv/\eta$、$\lambda_B \triangleq -mv\eta$、$\lambda_{MB} \triangleq -mv\eta - 2b\eta_t u_{p,\min}$。我们可以很容易地发现最优制动输入仍由式(6.47)给出。

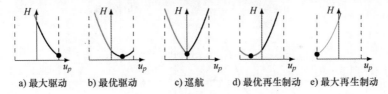

a) 最大驱动   b) 最优驱动   c) 巡航   d) 最优再生制动   e) 最大再生制动

图6.11 函数 $H(u_p)$ 的定性形状

注:黑色圆圈表示最优 u_p。

请注意,滑行模式的出现是因为哈密顿函数中出现了 $\eta^{-\text{sign}(u_p)}$,且出于同样的原因,最优驱动模式不同于最优再生制动模式。甚至,如果 $\eta = 1$,那么 $\lambda_B \equiv \lambda_T$ 且 $u_p^+ \equiv u_p^-$。

6.5.3.1 控制模式

总之,最优解决方案包括多达六种不同的模式:

1) 最大驱动(MA):$u_p = u_{p,\max}$、$u_b = 0$。
2) 最优驱动(A):$u_p = u_p^+$、$u_b = 0$。
3) 巡航(C):$u_p = 0$、$u_b = 0$。
4) 最优动力系统制动(D):$u_p = u_p^-$、$u_b = 0$。
5) 最大动力系统制动(MD):$u_p = u_{p,\min}$、$u_b = 0$。
6) 最大制动(B):$u_p = u_{p,\min}$、$u_b = u_{b,\max}$。

显然，该解反映了6.5.2节所得结果的结构。

通过两点边界值问题的解得到这些模式的特定序列，该问题的解简化为求解两个量 λ_0、μ

$$\begin{cases} \dot{s} = v(t), s(0) = 0, s(t_f) = s_f \\ \dot{v} = u_p(t) - \beta v^2(t) - h - u_b(t), v(0) = v_i, v(t_f) = v_f \\ \dot{\lambda} = -mu_p(t)\eta^{-\text{sign}(u_p)} + 2\beta\lambda(t)v(t) - \mu, \lambda(0) = \lambda_0 \\ u_p(t) = (6.58), u_b(t) = (6.47) \end{cases} \quad (6.71)$$

在速度、控制输入和协态值方面，图6.12所示为包含所有六个阶段的完整解决方案的定性概述。不同的边界条件可能导致不同阶段或不同顺序。例如，对于较短的距离，就像图6.10中场景A那样，最大驱动和最大制动阶段可能会消失。

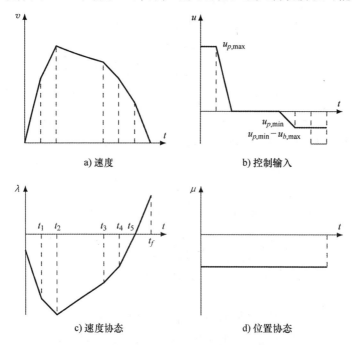

图6.12 从不同角度定性分析协同式自动驾驶方案

6.5.3.2 TPBVP 的解

假设一个完整的六模式序列如图6.12所示，最优速度和位置轨迹的计算可以按顺序进行[20]。从未知的 λ_0、μ 开始，对每阶段序列按式（6.71）进行积分。通过切换条件 $u_p^+(t_1) = u_{p,\max}$、$u_p^+(t_2) = 0$、$u_p^-(t_3) = 0$、$u_p^-(t_4) = u_{p,\min}$、$\lambda(t_5) = 0$ 来定义阶段之间的切换时间 $t_i (i = 1, \cdots, 5)$。然后在两个未知初始条件下施加两个终止条件 $v(t_f) = v_f$ 和 $s(t_f) = s_f$，获得两个方程 $f_1(\lambda_0, \mu) = 0$ 和 $f_2(\lambda_0, \mu) = 0$。结果表明，在变量 λ_0 中，前一个方程是仿射，可以以封闭形式求解。在后一个方程中替

代结果 $\lambda_0(\mu)$，得到十阶多项式方程 $f_3(\mu)=0$。这个方程只有一个有物理意义的解，尽管它通常不可能以封闭的形式求解，必须要经过一个数值程序才可以得到。

另外，6.4.3 节中提到的神经网络方法仍然是实现在线应用的有效选择。虽然输入向量 $I=\{t_f,s_f,v_i,v_f,\alpha\}$ 与 ICEV 一样，包括了所有边界条件，但输出向量不仅必须包括切换时间，还必须包括 MA 或 MD 阶段不存在时，A（最优驱动）或 D（最优制动）阶段的最大或最小控制输入值（电机转矩 $\hat{u}_{p,\max}$ 或 $\hat{u}_{p,\min}$）。为了避免歧义，对于所有情况，输出向量都可定义为 $O=\{t_1,t_2,t_3,t_4,t_5,\hat{u}_{p,\max},\hat{u}_{p,\min}\}$。在完整六模式序列情况下，$\hat{u}_{p,\max}=u_{p,\max}$ 且 $\hat{u}_{p,\min}=u_{p,\min}$。否则（$t_1=0$ 或 $t_4=t_5$），$\hat{u}_{p,\max}$ 和 $\hat{u}_{p,\min}$ 必须与切换时间同时确定。在文献 [19] 中，输出被分成四个较小的前馈网络，每个网络有一个隐藏层。

6.5.3.3 抛物线速度曲线

进一步简化模型，即：①$C_2=\beta=0$[⊖]；②$\eta_t=\eta_b=1$；③$u_{b,\max}=0$；④$u_{p,\max}=-u_{p,\min}\rightarrow\infty$。最优解决方案将包含单一阶段，通过合并上述定义（$u_p^+\equiv u_p^-$）的最优驱动和最优制动阶段产生。对于第一个假设，不存在滑行阶段，也不存在无效制动（$u_b\equiv 0$），式（6.71）简化为

$$\begin{cases} \dot{s}=v(t), s(0)=0, s(t_f)=s_f \\ \dot{v}=u_p(t)-h, v(0)=v_i, v(t_f)=v_f \\ \dot{\lambda}=-mu_p(t)-\mu, \lambda(0)=\lambda_0 \\ u_p(t)=-\frac{1}{2b}(\lambda(t)+mv(t)) \end{cases} \quad (6.72)$$

可以明确计算最优控制轨迹，它是时间的仿射函数

$$u_p(t)=\left(h-\frac{4v_i}{t_f}-\frac{2v_f}{t_f}+\frac{6s_f}{t_f^2}\right)+\left(\frac{6v_i}{t_f^2}+\frac{6v_f}{t_f^2}-\frac{12s_f}{t_f^3}\right)t \quad (6.73)$$

而最优轨迹 $v(t)$ 是时间的二次函数[20,21]

$$v(t)=v_i+\left(-\frac{4v_i}{t_f}-\frac{2v_f}{t_f}+\frac{6s_f}{t_f^2}\right)t+\left(\frac{3v_i}{t_f^2}-\frac{6s_f}{t_f^3}+\frac{3v_f}{t_f^2}\right)t^2 \quad (6.74)$$

因此，在接下来我们将这个近似解作为"抛物线"速度曲线。注意，抛物线速度曲线完全取决于边界条件 t_f、s_f、v_i 和 v_f，且与系统参数无关。

⊖ 这通常是一个强有力的假设，因为它意味着空气动力阻力为 0。然而，考虑到城市电动汽车通常以低速行驶，引入的误差可能是有限的。

然而，相关的能量消耗是车辆参数 m、b 和 h 的函数，为

$$E_b = mhs_f + m\frac{v_f^2 - v_i^2}{2} + bh^2 t_f + 2bh(v_f - v_i) +$$

$$4b\left(\frac{3s_f^2}{t_f^3} - \frac{3s_f(v_i + v_f)}{t_f^2} + \frac{v_i^2 + v_i v_f + v_f^2}{t_f}\right) \qquad (6.75)$$

注意，只有式（6.75）的最后一项与所采用的控制规律 $u_p(t)$ 有关，而其余四项只与整体边界条件相关。因此，我们将引入如下有效能量消耗的定义，供以后使用

$$E_{b,e} \triangleq 4b\left(\frac{3s_f^2}{t_f^3} - \frac{3s_f(v_i + v_f)}{t_f^2} + \frac{v_i^2 + v_i v_f + v_f^2}{t_f}\right) \qquad (6.76)$$

方程（6.74）表示仅对边界条件的某些组合可用的速度曲线。特别地，对于特定的 v_i 和 v_f，条件 $F(s_f, t_f) \geq 0$ 定义了抛物线速度曲线的有效域。这些条件施加的速度总是正的，它的最大值不超过给定的极限 $v_{\max}$，它的最大导数（加速度）或控制输入不超过极限 $a_{\max}$ 或 $u_{p,\max}$。这些条件的推导见附录 B。具体案例将在第 7 章讨论。

6.6 混合动力汽车效率最大化

在混合动力传动系统中，能源消耗的最小化本质上与能量管理策略的优化有关。下面我们将介绍一种并联混合动力构型。

6.6.1 问题公式化

我们使用式（2.46）中定义的"油箱"能量作为最小化目标函数，也通过规定最终的荷电状态额外指定了电池能量消耗的值。因此，这个位置相当于在 SoC 的终端状态约束下最小化燃料能量。控制向量包括三个输入，分别对应于来自发动机的车轮力 $u_{p,e}$、来自电机的车轮力 $u_{p,m}$ 和制动力 u_b。燃油消耗率仍由式（6.52）给出，用 $u_{p,e}$ 代替 u_p，而电池电化学功率由式（6.63）给出，用 $u_{p,m}$ 代替 u_p。状态向量包括电池荷电状态。

由于 SoC 作为状态变量存在，所以如 6.2.1.7 节中讨论的那样，将 OCP 解耦为每个单次子行程的几个子问题的做法通常是不可能的，且 SoC 仅在整个行程结束时进行规定，而不是在一个个位置和速度可以被合理规定的离散路段中规定。因此，必须明确地考虑类型（6.22）的内部约束。

因此，最优控制问题为

$$\min_{u_{p,e}(t),u_{p,m}(t),u_b(t)} J = \int_0^{t_f} \dot{m}_f(u_{p,e}(t),v(t))\mathrm{d}t$$

$$\text{s.t.} \begin{cases} \dfrac{\mathrm{d}s(t)}{\mathrm{d}t} = v(t) \\ \dfrac{\mathrm{d}v(t)}{\mathrm{d}t} = u_{p,e}(t) + u_{p,m}(t) - \dfrac{C_1}{m}v(t) - \dfrac{C_2}{m}v^2(t) - h(s(t)) - u_b(t) \\ \dfrac{\mathrm{d}\xi_b(t)}{\mathrm{d}t} = -\dfrac{P_b(u_{p,m},v(t),t)}{V_{b0}Q_b} \\ v(0) = v_i \\ v(t_f) = v_f \\ s(0) = 0 \\ s(t_f) = s_f \\ \xi_b(0) = \xi_i \\ \xi_b(t_f) = \xi_f \\ s(t_{B,j}) = s_{B,j}, v(t_{B,j}) = v_{B,j}, j = 1,\cdots,n_B \\ u_{p,e,\min}(v(t),t) \le u_{p,e}(t) \le u_{p,e,\max}(v(t),t) \\ u_{p,m,\min}(v(t),t) \le u_{p,m}(t) \le u_{p,m,\max}(v(t),t) \\ 0 \le u_b(t) \le u_{b,\max} \\ v_{\min}(t,s(t)) \le v(t) \le v_{\max}(t,s(t)) \\ s_{\min}(t) \le s(t) \le s_{\max}(t) \end{cases} \quad (6.77)$$

使用与前几节相同的定义，特别是控制输入的限制。

6.6.2 数值结果

利用 6.2.2 节中介绍的动态规划方法，可以得到最优控制问题式（6.77）的解。单状态 DP（算法 6）可以用于式（6.39）和式（6.40）重新定义的 OCP，其中 $x' = \{v, \xi_b\}$、$u = \{u_{p,e}, u_{p,m}, u_b\}$。这种方法被称为驱动和能量管理策略的耦合优化。

为了进一步减少计算时间，可以使用双层（或解耦）方法[22]。在此方法中，通过解耦两个嵌套循环，求解最优控制策略 u。在外环中，速度轨迹（$x^{(1)} \triangleq v$）是相对于控制向量 $u^{(1)} \triangleq \{u_p, u_b\}$ 进行优化的，其中 $u_p = u_{p,e} + u_{p,m}$，这与 ICE 或 EV 方法相同。该子问题的运行成本通过求解第二个子问题（内环 $x^{(2)} \triangleq \xi_b$）得到，该子问题在给定的速度状态和车轮力下对功率分配进行优化（$u^{(2)} \triangleq \{u_{p,m}\}$），而通过 $u_p - u_{p,m}$ 差值得到 $u_{p,e}$。图 6.13 所示为该算法的概述。

在该方法的简便形式中[22]，内部循环可以使用 HEV 控制文献中被称为基于 PMP 技术的等效油耗最小策略（Equivalent Consumption Minimization Strategy,

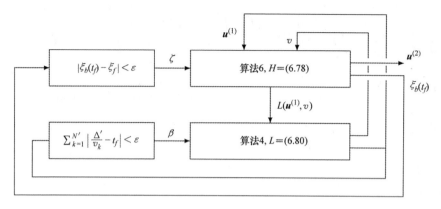

图 6.13 HEV 的 ED – OCP 双层解决方案示意图

ECMS）来执行[9]。子问题的哈密顿函数定义为

$$H(u_{p,m}, \boldsymbol{u}^{(1)}, v) = P_f(u_{p,m}, \boldsymbol{u}^{(1)}, v) + \zeta P_b(u_{p,m}, \boldsymbol{u}^{(1)}, v) \quad (6.78)$$

与 SoC 相关的伴随协态 ζ 在最终 SoC 上对式（2.52）进行强制约束。因此，电机提供的动力系统转矩只是速度和车轮力的函数

$$u_{p,m}^*(t) = \underset{u_{p,m}}{\mathrm{argmin}} H(u_{p,m}, \boldsymbol{u}^{(1)}(t), v(t)) \quad (6.79)$$

因此，燃料消耗只与这两个变量相关，并标记为 $P_f^*(\boldsymbol{u}^{(1)}, v)$。

在外部循环中，采用 DP 算法，位置为自变量，则运行成本为

$$L(\boldsymbol{u}^{(1)}, v) = \frac{P_f^*(\boldsymbol{u}^{(1)}, v) + \beta}{v} \quad (6.80)$$

如上所述，在迭代过程中调整系数 β，以便在最终时间内加强约束。总之，需要执行两个求根过程，即 ζ 和 β。在文献［23］中研究了完全耦合优化和双层优化之间的中间方法。

下面给出改变式（6.77）的主要参数后，使用双层算法得到的一些结果。车辆和动力系统参数见表 6.1 ~ 表 6.3。图 6.14a 所示为 $s_f = 2154\mathrm{m}$ 且 $v_i = v_f = 0$、$t_f = 200\mathrm{s}$ 行程的最优速度曲线和 SoC 变化。行程有 4 个断点：$s_{b,1,\cdots,4} = \{360, 988, 1555, 2080\}$、$v_{b,1,\cdots,4} = \{2.2, 2.7, 24.0, 28.3\}$、$t_{b,1,\cdots,4} = \{38, 92, 155, 193\}$。由此产生的五个子行程，每一个都有不同的速度限制 $v_{\max} = \{51.4, 48.3, 51.5, 52.5, 50.8\}$（由超速限制和当时的交通速度产生）和坡度 $\alpha = \{3.7, -7.4, 4.5, -7.8, -7.7\}$。行程结束时的 SoC 等于初始值的 65%。按照 6.2.1.7 节所述的程序，每个子行程结合 SoC 的变化分别解决了五个优化问题。

最优曲线通常随子行程的边界条件和约束条件而变化。图 6.14b 中绘制的工作点显示了强加速阶段，在此阶段，发动机转矩和电机转矩均处于或接近其最大值（图中区域为 A）。同样，当发动机关闭和电机接近其最大再生能力（区域 B）时，

会出现强减速阶段。温和的加速和减速也存在，此时发动机关闭，电机转矩则处在一个中间值。此外，从图 6.14a 中可以明显看出，由于存在速度限制（第 2 次和第 4 次行程）或加速/滑行驾驶（第 1 次和第 3 次行程），会出现恒速阶段（区域 C）。后一种模式对应于图 6.14b 中明显围绕轴 $u_{p,m}=0$ 的工作点簇。在其他行程中也可以观察到类似趋势。

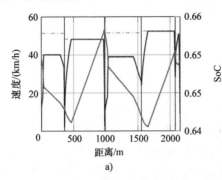
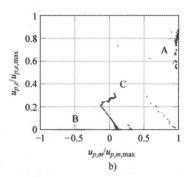

图 6.14　a）对于一个 $t_f=200\mathrm{s}$、$v_i=v_f=0$、$s_f=2154\mathrm{m}$ 以及正文中明确了各种内部约束和状态约束的行程，计算使给定最终 SoC 的油耗最小化的速度和 SoC 曲线。
　　　　b）发动机转矩与电机转矩平面的相应工作点

最优 SoC 趋势一般遵循坡度曲线，电池在下坡时充电，在上坡时放电。事实上，这次行程的例子表明，每个子行程的 SoC 变化与相应的海拔变化之间存在一定的相关性。

为了更详细地研究这方面的问题，我们通过随机选择以下参数创建了 150 个行程的训练数据集：子行程的数量、边界速度、长度、平均速度（即持续时间）、最高速度限制和每个子行程的平均道路坡度。受其所属数据集中行程总 SoC 不变的约束，采用上述 DP 算法计算每个子行程 $i \in [1,150]$ 的最优 $E_{b,i}$（相当于 $\Delta \xi_{b,i}$）。

如 4.4.3 节中所讨论的，受 DP 获得的最优结果启发，文献 [24] 中推导出了每路段 SoC 最优变化的确定性模型。图 6.15 所示为 B 的最优值作为对应子行程动能和势能差的函数所得到的结果。图中还显示了置信区间为 ±1% 的线性拟合，与数值数据吻合较好。因此，参数化类型为

$$\Delta \xi_{b,i} \approx \rho \left(\frac{\frac{1}{2}m(v_i^2 - v_{i-1}^2) + mg(z_{i+1} - z_i)}{Q_b V_{b0}} \right) \qquad (6.81)$$

式中，ρ 为拟合参数，可用于从子行程边界条件中先验估计最优 SoC 变化，进一步降低协同式自动驾驶问题的复杂性。

6.6.3　解析结果

如果我们使用 PMP 推导 ED-OCP 即式（6.77）的封闭解，就有可能更好地了

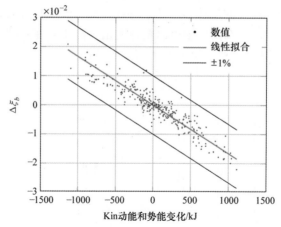

图 6.15 从 150 次行程数据库中获得 $\Delta \xi_b$，通过线性拟合（实线）将其作为每次行程（圆点）有用能量变化的函数

解 HEV 的最优速度曲线。我们额外假设：

1）阻力的 C_2 项为 0。
2）$h(s)$ 为常数（恒定坡度）。
3）传动系统效率 η_t 为常数。
4）换档规律只与速度有关，$\gamma_e(t) = \gamma_e(v(t))$，即速度的分段常数函数，类似于式（2.18）。
5）发动机指示效率为常数，$k_{e,3} = k_{e,4} = 0$。
6）发动机摩擦转矩为常数，$k_{e,1} = 0$。
7）使用燃油截止策略，因此 $u_{p,e,\min} = 0$。
8）在电机模型中，$k_{m,0} = k_{m,1} = k_{m,2} = 0$。
9）电池效率 η_b 为常数。
10）在优化范围内，状态没有边界。

在这些假设下，式（6.54）给出运行成本，用 $u_{p,e}$ 代替 u_p；式（6.65）给出电池电量，用 $u_{p,m}$ 代替 u_p。

利用式（6.42）中的状态动力学和上述成本函数，得到哈密顿函数为

$$H = (p_0(v(t)) + p_1 u_{p,e}(t) v(t)) \mathcal{H}(u_{p,e}) + \\ \lambda(t)(u_{p,e}(t) + u_{p,m}(t) - \beta v^2(t) - h - u_b(t)) + \mu(t) v(t) + \\ \zeta(t) \frac{1}{V_{b0} Q_b}(m u_{p,m}(t) v(t) \eta^{-\text{sign}(u_{p,m})} + b u_{p,m}^2(t)(\eta \eta_t)^{-\text{sign}(u_{p,m})})$$

(6.82)

式中，$\mathcal{H}$ 为亥维赛函数。

协态动力学为

$$\dot{\mu}(t) = -\frac{\partial H}{\partial s} = 0 \Rightarrow \mu \text{ 为常数}$$

$$\dot{\lambda}(t) = -\frac{\partial H}{\partial v} = -\left(\frac{\partial p_0}{\partial v}(t) + p_1 u_{p,e}(t)\right)\mathcal{H}(u_{p,e}) - \frac{\zeta(t)}{V_{b0}Q_b}(mu_{p,m}(t)\eta^{-\text{sign}(u_{p,m})}) + 2\beta\lambda(t)v(t) - \mu$$

$$\dot{\zeta}(t) = -\frac{\partial H}{\partial \xi_b} = 0 \Rightarrow \zeta \text{ 为常数} \quad (6.83)$$

因为所有状态 s、v 和 ξ_b 在初始和终止位置是固定的，所以 λ、μ 和 ζ 的边界条件是自由的。注意，由于我们考虑的是一个与 SoC 无关的恒定电池效率，因此第三个协态值 ζ 是常数。显然，这个协态值与 2.4.2 节中引入的等价因子重合，并用相同的符号表示。

通过对三个控制输入的哈密顿函数进行微分可以得到

$$\frac{\partial H}{\partial u_{p,e}} = p_1 v(t)\mathcal{H}(u_{p,e}) + \lambda(t), \frac{\partial H}{\partial u_b} = -\lambda(t)$$

$$\frac{\partial H}{\partial u_{p,m}} = \frac{\zeta}{V_{b0}Q_b}(mv(t)\eta^{-\text{sign}(u_{p,m})} + 2bu_{p,m}(t)(\eta\eta_t)^{-\text{sign}(u_{p,m})}) + \lambda(t) \quad (6.84)$$

注意，每个偏导数不是与 $u_{p,e}$ 相关就是与 $u_{p,m}$ 相关，但不是同时与两者相关。因此，三个输入是协态 λ 的独立函数。式（6.58）给出了发动机输入 $u_{p,e}$，式（6.70）给出了电机输入且用 $\lambda V_{b0}Q_b/\zeta$ 代替 λ，式（6.47）给出了制动输入。

6.6.3.1 控制模式

总之，最优解包括的可能模式为：

1）充电模式（A-D）：$u_b = 0$、$u_{p,e} = u_{p,e,\max}$、$u_{p,m} = u_{p,m,\min}$ 或 $u_{p,m} = u_{p,m}^-$。
2）推进模式（A-A）：$u_b = 0$、$u_{p,e} = u_{p,e,\max}$、$u_{p,m} = u_{p,m,\max}$ 或 $u_{p,m} = u_{p,m}^+$。
3）纯电动模式（C-A）：$u_b = 0$、$u_{p,e} = 0$、$u_{p,m} = u_{p,m,\max}$ 或 $u_{p,m} = u_{p,m}^+$。
4）纯发动机模式（A-C）：$u_b = 0$、$u_{p,e} = u_{p,e,\max}$、$u_{p,m} = 0$。
5）再生制动模式（C-D）：$u_{p,e} = 0$，以及①$u_{p,m} = u_{p,m}^-$、$u_b = 0$；②$u_{p,m} = u_{p,m,\min}$、$u_b = 0$ 或③$u_{p,m} = u_{p,m,\min}$、$u_b = u_{b,\max}$。
6）巡航模式（C-C）：$u_{p,e} = 0$、$u_{p,m} = 0$、$u_b = 0$。
7）加速和滑行或奇异模式（S）：$u_b = 0$、v 约为常数。

图 6.16 显示了在图 6.14 的数值结果中这些模式是如何出现的。此外，图中所示的场景展示了将在下一章中讨论的速度约束模式。

6.6.3.2 TPBVP 的解

由于可能的最优模式很多，因此对于 HEV 而言，针对 ICEV 和 EV 提出的顺序方法和参数优化方法在线评估最优速度曲线通常都是可行的。即使是基于神经网络的方法也需要特别注意，需要两个步骤：第一步是确定最优模式序列，第二步是找出最优控制序列中每个模式之间的切换时间。

模式序列识别过程中需要一个分类神经网络。输入向量包括边界条件和子行程 SoC 变化，$I = \{t_f, s_f, v_i, v_f, \alpha, \Delta\xi_b\}$，而输出则描述模式序列。尽管 6.6.3.1 节中每个

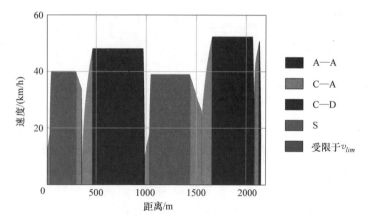

图 6.16　图 6.14 中数值最优曲线识别的最优模式（见彩插）

组合模式在理论上都可行，但对于实际的训练集，输出中实际出现的序列数量很少。切换时间识别过程中通常使用回归神经网络，输入向量 I 与上述相同，输出取决于模式序列。在文献 [25] 中，两种类型的神经网络都使用了一个包含 5 个神经元的隐含层。

参 考 文 献

1. Saerens B (2012) Optimal control based eco-driving. PhD thesis, Katholieke Universiteit Leuven
2. Hof T, Conde L, Garcia E, Iviglia A, Jamson S, Jopson A, Lai F, Merat N, Nyberg J, Rios S et al (2012) D 11.1: a state of the art review and users' expectations. EcoDriver project
3. Chachuat B (2007) Nonlinear and dynamic optimization: from theory to practice lecture ic-32: Spring term 2009. Technical report, EPFL
4. Sethi SP, Thompson GL(2000) Optimal control theory: applications to management science and economics. Springer, Berlin
5. Bryson AE, Ho Y-C (1975) Applied optimal control: optimization, estimation, and control. Routledge
6. Bellman R (2013) Dynamic programming. Courier corporation
7. Sniedovich M (2006) Dijkstra's algorithm revisited: the dynamic programming connexion. Control Cybern 35(3):599–620
8. Bertsekas DP (2005) Dynamic programming and optimal control. Athena Scientific, Belmont, MA
9. Guzzella L, Sciarretta A (2013) Vehicle propulsion system. Springer, Berlin
10. Hellström E, Ivarsson M, Åslund J, Nielsen L (2009) Look-ahead control for heavy trucks to minimize trip time and fuel consumption. Control Eng Pract 17(2):245–254
11. Dib W, Serrao L, Sciarretta A (2011) Optimal control to minimize trip time and energy consumption in electric vehicles. In: Proceedings of vehicle power and propulsion conference (VPPC), pp 1–8. IEEE
12. Mensing F, Bideaux E, Trigui R, Ribet J, Jeanneret B (2014) Eco-driving: an economic or ecologic driving style? Transp Res Part C: Emerg Technol 38:110–121
13. Han J, Vahidi A, Sciarretta A (2019). Fundamentals of energy efficient driving for combustion engine and electric vehicles: an optimal control perspective. Automatica 103:558–572
14. Kirk DE (2012) Optimal control theory: an introduction. Courier corporation
15. Gilbert EG (1976) Vehicle cruise: improved fuel economy by periodic control. Automatica 12(2):159–166

16. Li SE, Peng H (2011) Strategies to minimize fuel consumption of passenger cars during car-following scenarios. In: Proceedings of American control conference (ACC), pp 2107–2112. https://doi.org/10.1109/ACC.2011.5990786
17. Lee J (2009) Vehicle inertia impact on fuel consumption of conventional and hybrid electric vehicles using acceleration and coast driving strategy. PhD thesis, VirginiaTech
18. Marchal C (1973) Chattering arcs and chattering controls. J Optim Theory Appl 11(5):441–468
19. Thibault L, De Nunzio G, Sciarretta A (2018) A unified approach for electric vehicles range maximization via eco-routing, eco-driving, and energy consumption prediction. IEEE Trans Intell Veh 3(4):463–475
20. Dib W, Chasse A, Moulin P, Sciarretta A, Corde G (2014) Optimal energy management for an electric vehicle in eco-driving applications. Control Eng Pract 29:299–307
21. Petit N, Sciarretta A et al (2011) Optimal drive of electric vehicles using an inversion-based trajectory generation approach. In: Proceedings of IFAC world congress, vol 18, pp 14519–14526. IFAC
22. Ngo DV, Hofman T, Steinbuch M, Serrarens AFA (2010) An optimal control-based algorithm for hybrid electric vehicle using preview route information. In: Proceedings of American control conference (ACC), pp 5818–5823. IEEE
23. Maamria D, Gillet K, Colin G, Chamaillard Y, Nouillant C (2018) Computation of eco-driving cycles for hybrid electric vehicles: comparative analysis. Control Eng Pract 71:44–52
24. De Nunzio G, Sciarretta A, Gharbia IB, Ojeda LL (2018) A constrained eco-routing strategy for hybrid electric vehicles based on semi-analytical energy management. In: Proceedings of international conference on intelligent transportation systems (ITSC), pp 355–361. IEEE
25. Zhu J, Ngo C, Sciarretta A (2019) Real-time optimal eco-driving for hybrid-electric vehicles. In: Proceedings of international symposium on advances in automotive control, IFAC

第 7 章
特殊场景与应用

在本章中,第 6 章中介绍的计算协同式自动驾驶策略的一般方法被应用于几种驾驶场景。这些场景大致反映了第 6.1.1 节所述的情况,其中包括:加速至巡航速度(第 7.1 节)、减速至停车(第 7.2 节)、带有坡度的巡航(第 7.3 节)、限速内行驶(第 7.5 节)、接近十字路口(第 7.6 节)、接近交通灯(第 7.7 节)和跟车情景(第 7.8 节)。

从驾驶优化的角度来看,前两种情况不存在外部约束,我们将研究优化范围的影响,并将最优速度曲线与 4.2.1 节模型所描述的典型驾驶行为进行比较。对于其他以外部约束条件为特征的方案,我们将研究预测信息的作用,评估相关的能量效益,这在第 6.1.2 节中已经讨论过。对于所有的方案,我们将利用第 6 章的数值方法来求解相应的 ED–OCP。为了更好地说明各种参数的影响,我们还使用 6.5.3.3 节中的简化电动汽车模型,以解析的方式解决几个子问题。

7.1 加速场景

在这种情况下,目标速度 v_f 要在给定的距离 s_f 和自由时间 t_f 内从静止状态到达目的地,距离和时间都是自由参数。在第 7.1.1 节中将介绍加速场景下的数值分析。然后在第 7.1.2 节,我们使用 ED–OCP 即式(6.64)的闭式解验证得到的数值结果的有效性。

7.1.1 数值分析

图 7.1 为表 6.2 中的 ICEV 和表 6.3 中的 EV 在改变结束时间并且给定结束位置的情况下,采用 DP 算法得到的数值结果。

对于 ICEV 而言,速度曲线由两个加速阶段、一个加速和滑行阶段组成,其持续时间随所需的结束时间增加而增加。对于 EV 而言,得到的速度曲线更加平滑。对于这两种传动系统,当所需的结束时间变短时,计算出的速度曲线可能会超过目标最终速度,此时用一个减速阶段将其回归到目标最终速度。能量消耗一般会随着最终时间的增加而减少。

作为比较的基础,Gipps 模型式(4.6)的结果也显示在图中。后者的参数为

$a_{\max} = 1.5 \text{m/s}^2$, $a_{\min} = -1 \text{m/s}^2$,得出的加速时间,即速度达到目标速度 ±0.5m/s 范围内的所需的时间,约为 21s。通过计算这两种动力系统的能耗(由于比例关系,ICEV 的数据没有显示),发现 Gipps 的驾驶情况显然远未达到最佳能耗。

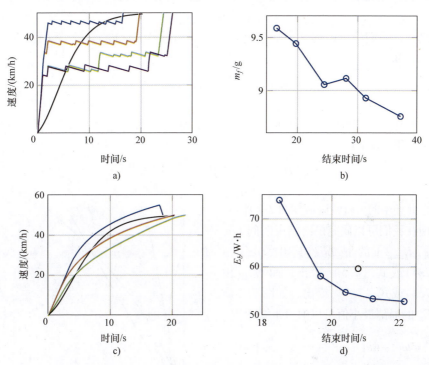

图 7.1 对于 ICEV a)和 EV c)来说,在 $s_f = 200\text{m}$ 内从静止加速到 50km/h,通过改变最终时间 t_f 得到的最佳速度曲线和 Gipps 速度曲线。在 b)和 d)中,以能量消耗作为最终时间的函数,黑色曲线和圆点代表 Gipps 的模型

7.1.2 解析方法

为了重新得到和解释上一节数值分析所显示的结果,我们使用 6.5.3.3 节的简化 EV 模型计算 ED – OCP 的显式解。

7.1.2.1 最优策略

所考虑的 EV 模型的 ED – OCP 的解由式(6.74)和式(6.75)给出,我们在这里重复 $v_i = 0$ 的情况。

$$v(t) = -\frac{2v_f t}{t_f} - \frac{6s_f t^2}{t_f^3} + \frac{6s_f t}{t_f^2} + \frac{3v_f t^2}{t_f^2} \tag{7.1}$$

$$E_b = mhs_f + m\frac{v_f^2}{2} + bh^2 t_f + 2bhv_f + 4b\left(\frac{3s_f^2}{t_f^3} - \frac{3s_f v_f}{t_f^2} + \frac{v_f^2}{t_f}\right) \tag{7.2}$$

其中,只有最后一项表示 6.5.3.3 节所定义,有效能耗 $E_{b,e}$。

首先，我们以 t_f 和 s_f 研究式（7.1）的有效域，寻找 $F(s_f, t_f) \geq 0$ 的类型条件。使用附录 B 中得出的一般结果，并将其具体化为 $v_i = 0$。通过限制速度曲线永远不会为负值，得到第一个条件（见（B.14）），这相当于施加 $\dot{v} \geq 0$，即

$$F_{UB1} \triangleq 3s_f - v_f t_f \geq 0 \tag{7.3}$$

此外，我们还可以规定在加速过程中不能超过最大速度 $v_{\max}$，从而得到以下条件（见（B.16））

$$F_{LB1} \triangleq \frac{v_f + v_{\max} + \sqrt{v_{\max}^2 - v_f v_{\max}}}{3} - \frac{s_f}{t_f} \geq 0 \tag{7.4}$$

我们还可以规定所允许的最大初始加速度，用 $a_{\max}$ 表示，从而得到（见（B.24）和（B.23））。

$$F_{LB2} \triangleq -6s_f + 2v_f t_f + t_f^2 a_{\max} \geq 0 \tag{7.5}$$

$$F_{UB2} \triangleq 6s_f - 4v_f t_f + t_f^2 a_{\max} \geq 0 \tag{7.6}$$

由此产生的可行性区域如图 7.2 所示。

现在我们可以研究最终结束时间 $t_f \in [t_{f,\min}, t_{f,\max}]$ 的情况，其中 $t_{f,\min}$ 由式（7.4）或式（7.5）给出，而 $t_{f,\max}$ 由式（7.3）或式（7.6）给出，如图 7.2 所示。E_b 的局部最小值可以通过下式求得

$$\frac{\partial E_b}{\partial t_f} = bh^2 + 4b\left(\frac{-9s_f^2}{t_f^4} + \frac{6s_f v_f}{t_f^3} - \frac{v_f^2}{t_f^2}\right) = 0 \tag{7.7}$$

在 t_f 中有四个解。对于实际的参数选择，有一个解是负的，必须舍弃，其余三个解中，有一个解对应于局部最大值，两个解对应于局部最小值，随着结束时间足够大，其能量也变得无穷大。第一个局部最小值位于

$$t_f^* = \frac{-v_f + \sqrt{v_f^2 + 6hs_f}}{h} \tag{7.8}$$

对于很小的 h，这个值可能大于

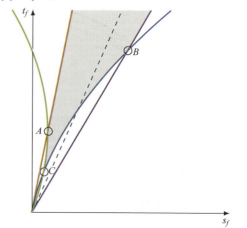

图 7.2 加速情形的可行域。橙色曲线为 F_{UB1}，紫色曲线为 F_{LB1}，绿色曲线为 F_{UB2}，蓝色曲线为 F_{LB2}；交点坐标 $A(2\sigma/3, 2\tau)$，$B((2\sigma/3)/\beta^2(1+\sqrt{1-\beta})(\beta+1+\sqrt{1-\beta})$, $2\tau/\beta(1+\sqrt{1-\beta}))$，$C(\sigma/2, \tau)$，其中 $\tau \triangleq v_f/a_{\max}$，$\beta \triangleq v_f/v_{\max}$，$\sigma \triangleq v_f^2/a_{\max}$；虚线是简化 Gipps 模型可行域的上界

$t_{f,\max}$。因此，能量消耗是时间的递减函数，最佳时间是 $t_{f,\max}$。然而，对于大的 h 值（通常是正斜率），式（7.8）得到的值可以低于上界，因此代表全局最小值。这种影响在图 7.3 中以两种不同路面坡度的归一化能耗 E_b/E_W（见式（2.5）中关于车轮能量 E_W 的定义）为例进行了说明。$\alpha = 10\%$ 的曲线有一个最小值，而 $\alpha = 0$ 的曲线则是持续下降的。

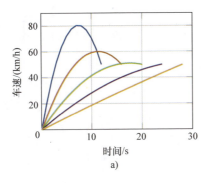
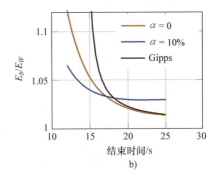

图 7.3　a) $s_f = 200\text{m}$ 时，0—50km/h 不同加速过程对应的最佳速度曲线。b) 归一化能量消耗作为最终时间的函数。使用的简化 EV 模型参数为：$m = 1100\text{kg}$，$h = 0.1472(\alpha = 0)$，$h = 1.1282(\alpha = 10\%)$，$b = 147.5$

7.1.2.2　Gipps 行驶过程

加速过程中的完整 Gipps 模型不容易与简化的纯电动汽车能耗模型一起使用。然而，观察其数值模拟的结果就会发现，一个足够简单的速度曲线近似为

$$v(t) = \begin{cases} a_1 t, & t \in [0, t_1] \\ v_f, & t \in [t_1, t_f] \end{cases} \tag{7.9}$$

其中 $a_1 t_1 = v_f$，最终距离满足条件 $v_f t_f - 1/2 v_f^2 / a_1 = s_f$，由此可以得到

$$a_1 = \frac{v_f^2}{2(v_f t_f - s_f)}, t_1 = \frac{2(v_f t_f - s_f)}{v_f} \tag{7.10}$$

后一个方程表示最后时间的限值，即 $s_f \leq v_f t_f \leq 2s_f$，如图 7.2 所示。有效能源消耗为

$$E_{b,e} = \frac{b v_f^3}{2 t_f (v_f t_f - s_f)} \tag{7.11}$$

可以看出它总是正值，而且总是大于最优策略，如图 7.3b 所示。

7.2　减速场景

在这种情况下，车辆必须从给定的速度 v_i 减速到在给定的距离 s_f 和时间 t_f 内停止。第 7.2.1 节将介绍这种情况的数值分析。第 7.2.2 节将使用 ED – OCP 即式（6.64）的闭式解来证实数值仿真结果。

7.2.1　数值分析

图 7.4 所示为表 6.2 中的 ICEV 和表 6.3 中的 EV 在不同结束时间和给定的结束位置下，采用 DP 算法得到的数值结果。

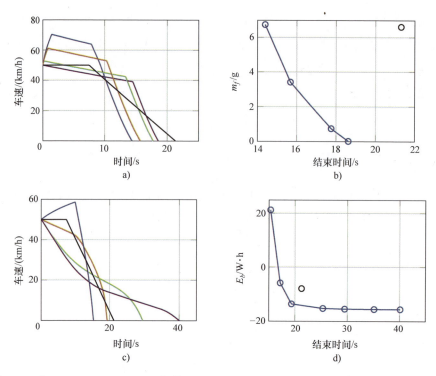

图 7.4 对于 ICEV a) 和 EV c) 来说,在 200m 内从 50km/h 减速到停止的最佳速度曲线,它们的最终结束时间是不同的。在 b) 和 d) 中,能量消耗是最终时间的函数。黑色曲线和圆点代表 Gipps 的模型

对于 ICEV 而言,速度曲线可能包括一个加速阶段,然后是滑行和制动阶段,正如第 6.4 节的分析中所预期的那样,原则上可以通过在两个制动阶段之间的时间内交替滑行来实现较低幅度的减速。最大减速时间是只有滑行和制动时才进行考虑的。对于 EV 而言,速度曲线更平滑,允许更长的结束时间。由于再生制动的比例较大,能量消耗一般会随着最终时间的增加而减少,在 EV 的工况下,能量消耗甚至会变成负值。

图中还显示了 Gipps 模型即式(4.6)的输出结果,其中 $a_{min} = -1\text{m/s}^2$。通过计算两种动力传动系统的能耗,发现 Gipps 驾驶情况远未达到能量最优。

7.2.2 解析方法

为了重新得到和解释上一节数值分析所得到的结果,我们使用 6.5.3.3 节的简化 EV 模型来计算 ED – OCP 的显式解。

7.2.2.1 最优策略

所考虑模型的 ED – OCP 的解由式(6.74)和式(6.75)给出,我们在这里重复 $v_f = 0$ 的情况。

$$v(t) = v_i - \frac{4v_i t}{t_f} - \frac{6s_f t^2}{t_f^3} + \frac{6s_f t}{t_f^2} + \frac{3v_i t^2}{t_f^2} \quad (7.12)$$

$$E_b = mhs_f - m\frac{v_i^2}{2} + bh^2 t_f - 2bhv_i + 4b\left(\frac{3s_f^2}{t_f^3} - \frac{3s_f v_i}{t_f^2} + \frac{v_i^2}{t_f}\right) \quad (7.13)$$

与上一节相似，在式（7.12）中，我们找到了 $F(t_f, s_f) \geq 0$ 的条件。我们把一般结果展示在附录 B 中，并把它们特殊化为 $v_f = 0$。由此产生的速度曲线不会为负，即

$$F_{UB1} \triangleq 3s_f - v_i t_f \geq 0 \quad (7.14)$$

最大速度 $v_{\max}$ 约束为

$$F_{LB1} \triangleq \frac{v_i + v_{\max} + \sqrt{v_{\max}^2 - v_i v_{\max}}}{3} - \frac{s_f}{t_f} \geq 0 \quad (7.15)$$

最大的减速度约束为

$$F_{LB2} \triangleq -6s_f + 2v_i t_f - t_f^2 a_{\min} \geq 0 \quad (7.16)$$

$$F_{UB2} \triangleq 6s_f - 4v_i t_f - t_f^2 a_{\min} \geq 0 \quad (7.17)$$

由此产生的可行性区域如图 7.2 所示。

现在我们研究行程结束时间 $t_f \in [t_{f,\min}, t_{f,\max}]$ 的情况，其中 $t_{f,\max}$ 是由式（7.14）给出的 s_f 的函数，而 $t_{f,\min}$ 则由式（7.15）或式（7.16）给出，如图 7.5 所示。在这两种情况下，得到的表达式与加速情况下的表达式相同，只不过是用 $|a_{\min}|$ 代替 $a_{\max}$，用 v_i 代替 v_f。因此，式（7.7）和式（7.8）在上述替换的情况下仍然有效。

7.2.2.2 Gipps 驱动过程

在减速情况下，Gipps 模型很容易被离散为不同的整数区间，至少对于小离散时间 Δt 是可行的，见式（4.6）。因此，速度曲线为

$$v(t) = \begin{cases} v_i, & t \in [0, t_1] \\ v_i + a_1 t, & t \in [t_1, t_f] \end{cases} \quad (7.18)$$

其中 $t_f - t_1 = v_1/|a_1|$，进一步得到条件 $v_f t_f - v_f^2/(2|a_1|) = s_f$，由此可以得到

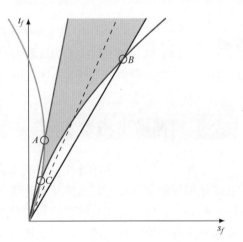

图 7.5 减速情况下 $t_f - s_f$ 平面速度曲线的可行域（灰色阴影区域）。橙色曲线为 F_{UB1}，紫色曲线为 F_{LB1}，绿色曲线为 F_{UB2}，蓝色曲线为 F_{LB2}；交点坐标 A $(2\sigma/3, 2\tau)$，B$(2\sigma/3)/\beta^2(1+\sqrt{1-\beta})(\beta+1+\sqrt{1-\beta})$，$2\tau/\beta(1+\sqrt{1-\beta}))$，C $(\sigma/2, \tau)$；其中 $\tau \triangleq v_f/|a_{\min}|$，$\beta \triangleq v_f/v_{\max}$，$\sigma \triangleq v_f^2/|a_{\min}|$，虚线是简化 Gipps 模型可行域的上界

$$a_1 = -\frac{v_i^2}{2(v_i t_f - s_f)}, \quad t_1 = \frac{2s_f}{v_i} - t_f \tag{7.19}$$

后一个方程对结束时间施加了边界约束 $s_f \leq v_f t_f \leq 2s_f$，如图 7.5 所示。
有效能量可以表示为

$$E_{b,e} = \frac{b v_i^3}{2(v_i t_f - s_f)} \tag{7.20}$$

可以看出它总是正值，而且总是大于最优策略，如图 7.6 所示。

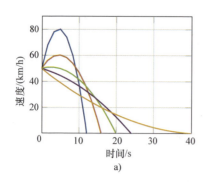 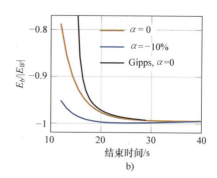

图 7.6　a) $s_f = 200\text{m}$ 时，从 50km/h 到静止的不同减速过程对应的最佳速度曲线。
b) 归一化能量消耗作为最终时间的函数。使用的简化 EV 模型参数为：
$m = 1100\text{kg}$，$h = 0.1472$（$\alpha = 0$），$h = -0.834$（$\alpha = -10\%$），$b = 147.5$

7.3　道路坡度场景

正如第 1 章所预期的那样，车辆动力需求的一个主导因素是道路坡度，特别是在陡峭的道路上，对于较重的车辆来说更是如此。因此，最佳速度曲线受道路坡度的影响很大，事先对道路坡度进行预测对协同式自动驾驶非常有利。例如，车辆可以在预见有陡坡时提前减速，或在准备爬坡时提前加速。

在本节中，我们旨在说明道路坡度和最佳速度之间的关系，考虑以恒定速度巡航的情况（例如，在高速公路上），我们以正弦曲线描述道路高度，其定义为

$$z(s) = z_0 \sin(\Omega s) + z_1 \tag{7.21}$$

其中，道路坡度的计算方式为

$$\alpha(s) = \mathrm{d}z(s)/\mathrm{d}s = \Omega z_0 \cos(\Omega s) \tag{7.22}$$

请注意，绝对高度水平 z_1 对 α 没有影响。第 7.3.1 节将对这种情况进行数值分析。在第 7.3.2 节中，我们将使用 ED – OCP 即式（6.64）的闭式解来证实数值结果。

7.3.1 数值分析

我们考虑以 36km/h 的恒定速度巡航的方案（$z_0 = 0$）。图 7.7a、b 所示分别为表 6.2 中的 ICEV 和表 6.3 中的 EV 在不同 z_0 的情况下，用 DP 得到的最优速度曲线。这些优化结果证实了车辆在下坡前应减速、爬坡前应加速的直观规律。换句话说，我们可以观察到最佳速度与道路绝对高度水平之间的反相关关系，这在未来高度（坡度）估计时，原则上有助于调整最优速度曲线。

我们可以将最佳速度曲线视为预测型（P）协同式自动驾驶策略的输出，该策略利用了 GPS 和 3D GIS 信息（见第 4.1 节），可以较为准确地预测即将到来的道路坡度信息。为了说明这种预测的效果，我们比较了 P 策略和非预测策略（NP）的能耗，尽管坡度发生变化，但在行驶过程中会保持恒定的速度。我们将性能的衡量标准定义为

$$\varepsilon = \frac{E_T^{(\text{NP})} - E_T^{(\text{P})}}{E_T^{(\text{P})}} \tag{7.23}$$

式中，E_T 为油箱能量，即 ICEV 的燃料能量和 EV 的电池能量；上标 P、NP 分别为预测策略和非预测策略。

图 7.7c、d 所示为 ε 作为 z_0 函数的结果。很明显，z_0 的绝对值越大，ε 就越

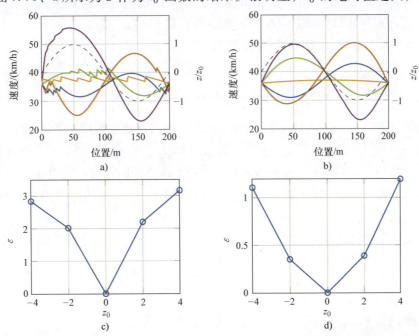

图 7.7　$\Omega = \pi/100\text{m}^{-1}$，$z_0 = \{-4, -2, 0, 2, 4\}$，$v_i = v_f = 36\text{km/h}$，$s_f = (20 \pm 1)\text{s}$，正弦坡度即式（7.21）类型道路的最佳速度曲线，以及对 ICEV(a,c) 和 EV(b,d) 的性能计算结果。标准高度以虚线表示

大。结果显示，保持恒定的速度（实际上是 $z_0 = 0$ 的最佳速度，也就是加速和滑行阶段速度曲线）比遵循最佳坡度速度曲线消耗的能量要多 2~3 倍。

7.3.2 解析方法

为了解释上一节数值分析所显示的结果，我们使用 6.5.3.3 节的简化 EV 模型来计算 ED-OCP 的显式解。

关于该部分的假设，这里我们放宽对坡度变化的限制，并使阻力项 $h(s)$ 随汽车位置变化而变化。根据式（7.21），阻力项被定义为

$$h(s) = h_0 + g\alpha(s) = h_0 + g\Omega z_0 \cos(\Omega s) \tag{7.24}$$

式中，h_0 为滚动阻力引起的恒定系数；g 为重力；选取 Ω 使净高度差为零，即 $\sin(\Omega s_f) = 0$。

为了以闭式解的形式解决这个问题，我们考虑 $v_i = v_f = s_f/t_f$，并对 $z_0 = 0$ 的解进行扰动。考虑小高度变化，即 $gz_0 \ll (s_f/t_f)$，以及小的阻力 $bh_0 \ll (s_f/t_f)$。有了这些假设，很容易证明控制输入 $u_p(t) \approx h_0$，得到的速度曲线为

$$v(t) \approx \frac{s_f}{t_f} - 2bh_0 - \frac{gz_0 t_f}{s_f}\sin(\Omega s(t)) \tag{7.25}$$

其满足最优性的必要条件，因此是我们寻求的最优解。需要注意的是，对于 $z_0 = 0$，通过式（6.73）和式（6.74）的分析，有 $h = 0$。

能源消耗可以通过整合车辆位置对电池功率的影响并利用 $ds/dt = v$ 来评估，即

$$E_b = \int_0^{s_f} mu\,ds + \int_0^{s_f} b\frac{u^2}{v}ds = mh_0 s_f + bh_0^2 \int_0^{s_f}\frac{ds}{v(s)} \tag{7.26}$$

根据上述假设，后一个积分等于 t_f。因此，最佳速度曲线的能量消耗为

$$E_b^{(\text{P})} = mh_0 s_f + bh_0^2 t_f \tag{7.27}$$

与式（6.75）在 $h \equiv h_0$ 和速度不变的情况下得到的值相同。这些结果证实了 7.3.1 节的仿真结果，即最佳速度曲线随道路高度的变化而变化，而最佳能耗与道路高度基本无关。

通过计算控制输入 $u_p = h$，然后将其代入式（7.26）中，得到尽管高度变化但仍遵循恒定速度的非预测策略的能量消耗

$$E_b^{(\text{NP})} = mh_0 s_f + bh_0^2 t_f + \frac{1}{2}bg^2\Omega^2 z_0^2 t_f \tag{7.28}$$

因此，式（7.23）中定义的性能标准被评价为

$$\varepsilon = \frac{1}{2} \times \frac{bg^2\Omega^2 z_0^2 t_f}{mh_0 s_f + bh_0^2 t_f} \tag{7.29}$$

其对 z_0 的二次相关性明显与图 7.7 的数值结果相吻合。

7.4 受约束的协同式自动驾驶

在本章的其余部分（第 7.5～7.8 节），我们将按照状态约束或内部约束的形式对速度曲线优化施加行程状态约束。

特别是，我们将考虑约束状态下的最佳速度曲线。这些解决方案应被视为预测型（P）协同式自动驾驶策略的输出，假设车辆配备了专用的传感器和/或通信技术，可以准确地预测行程过程中的约束条件。将 P 速度曲线与各自的无约束 NP 最佳速度曲线进行比较，以说明约束对能耗的影响。

正如在第 1 章中所讨论的那样，协同式自动驾驶高度依赖于预测能力，我们将研究这种预测信息的效果。因此，进一步将 P 速度曲线和能耗与非预测型（NP）协同式自动驾驶策略的速度曲线和能耗进行比较，后者没有或有限地预知行程限制（但应该知道行程持续时间）。

一般来说，对于所考虑的所有约束情况，NP 策略由四个阶段组成：①在第一阶段，它遵循无约束的最优方案，直到检测到约束；②检测到约束条件后，NP 策略调整其轨迹以匹配约束；③完美地跟踪约束；④最后，NP 策略搜索出一个次最优行为，以在所需的持续时间和距离内完成整个行程。在某些情况下，为了简单起见，我们应将调整阶段②假设为瞬间完成的。

为了理解 P 策略和 NP 策略之间的差异，我们使用 6.5.3.3 节的简化 EV 模型来计算 ED - OCP 的显式解，有

$$v^*(t) = \frac{6s_f}{t_f}\left(\frac{t}{t_f}\right)\left(1 - \frac{t}{t_f}\right) \quad (7.30)$$

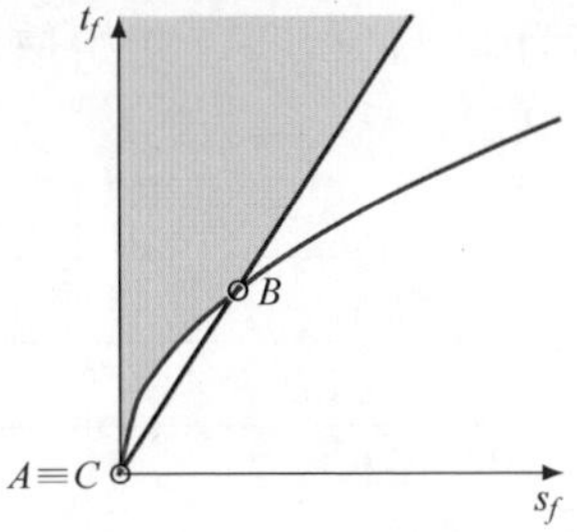

图 7.8 受限情况下 $t_f - s_f$ 平面内速度曲线（灰色阴影区域）的可行域。紫色曲线为 F_{LB1}，蓝色曲线为 F_{LB2}。交叉点的坐标为 B（$8v_{max}^2/3a_{max}$, $4v_{max}/a_{max}$）

就 t_f、s_f 而言，在 $v_i = v_f = 0$ 的情况下，条件 F_{UB1} 和 F_{UB2}（见附录 B）总是满足的，因此，给定的 t_f、s_f 并没有上界，如图 7.8 所示。条件 F_{LB2} 为 $t_f \geq \sqrt{6s_f/a_{max}}$，而条件 F_{LB1} 为 $t_f \geq 3s_f/(2v_{max})$。无约束的最小能量消耗可以表示为

$$E_b^* = mhs_f + bh^2t_f + \frac{12bs_f^2}{t_f^3} \quad (7.31)$$

7.5 车速限制场景

在本节中，我们将讨论在最高限速情况下的协同式自动驾驶情景，即

$$v(f) - v_{max}(t) \leq 0, t \in [0, t_f] \quad (7.32)$$

这是式（6.5）的一种状态约束。在这种情况下，有效的协同式自动驾驶的关键因素是对极限及其沿途变化驾驶情况的预测能力。

第7.5.1节将介绍该方案的数值分析结果。在第7.5.2节中，我们将使用ED-OCP即式（6.64）的闭式解来验证数值结果，并考虑预测信息和其他参数的影响。

7.5.1 数值分析

我们考虑具有固定距离 s_f 和持续时间 t_f 的行程，此外有一个固定的速度限制 $v_{\max}$。作为基准使用的无约束最佳速度曲线表示为 $v^*(t)$。进一步比较预测型（P）和非预测型（NP）约束性最佳速度曲线，它们已在第7.4节中定义。后者没有关于即将到来的限速信息，而预测型协同式自动驾驶则可以较为准确地预测未来的速度约束。

P 和 NP 的速度曲线可以用第6章介绍的方法得到。在动态规划中，通过使网格中所有超过极限值的点都不可行，可以很容易地实现速度约束。因此，通过对原始边界条件的约束 OCP 进行求解，可以得到预测速度曲线，见表7.1。非预测速度曲线是通过联立以下条件得到的：① t_N 的无约束解，使 $v^*(t_N) = v_{\max}$；②行驶距离为 $s_f - s^*(t_N)$、初始速度为 $v_{\max}$ 以及最终速度为零的从 t_N 到结束时间的约束 OCP 解。

表7.1　限速方案的边界条件

		是否为最优化约束	持续时间	距离	初始速度	终止速度
不受限制		否	t_f	s_f	0	0
预测型		是	t_f	s_f	0	0
非预测型	#1	否	t_N	$s^*(t_N)$	0	$v_{\max}$
	#2	是	$t_f - t_N$	$s_f - s^*(t_N)$	$v_{\max}$	0

图7.9a 所示为用 DP 算法和表6.3 的 EV 模型计算的 $s_f = 1500\text{m}$，$t_f = 120\text{s}$，$v_i = v_f = 0$，$v_{\max} = 50\text{km/h}$ 情况下的三种速度曲线。请注意，NP 速度曲线保持比 P 速度曲线更长时间的最高速度，这样做的目的是为了在规定的时间内行驶规定的距离。

作为协同式自动驾驶策略性能的衡量标准，相对于无约束情况下最优的相对能量损失被定义为

$$\varepsilon^{(\{P,NP\})} \triangleq \frac{E_b^{(\{P,NP\})} - E_b^*}{E_b^*} \tag{7.33}$$

式中，E_b^* 为无约束最优策略的能耗；$E_b^{(\{P,NP\})}$ 分别为预测型策略和非预测型策略得到的能耗。

图7.9b 所示为由上述方案获得的以 $\varepsilon^{(P)}$ 和 $\varepsilon^{(NP)}$ 作为速度限制的函数曲线。后

者只有在小于无约束情况下达到最大速度（在此情况下为53km/h）时才有影响。很明显，由于车辆没有足够的时间利用滑行的优势，当速度限制变得更加严格时，能量损失会急剧增加。

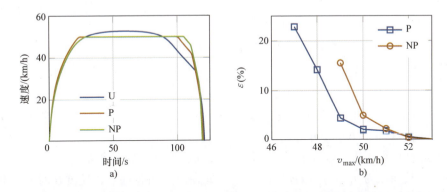

图7.9 在 $s_f=1500\text{m}$、$t_f=120\text{s}$、$v_i=v_f=0$、$v_{\max}=50\text{km/h}$ 的行程中，无约束最优（U）、预测型（P）和非预测型（NP）策略得到的速度曲线和性能指数

7.5.2 解析方法

为了解释上一节数值仿真所显示的结果，我们使用第6.5.3.3节的简化 EV 模型来计算得到 ED–OCP 的显式解。我们假设最大道路限速在子行程中保持不变。

在 $v_i=v_f=0$ 的情况下，由式（7.30）可以得到无约束最优速度曲线 v^*，由式（7.31）可以得到总能耗 E_b^*，现将预测型和非预测型策略作为 $v_{\max}$ 的函数进行比较。

为了方便后续章节的使用，我们在这里介绍一下无约束情况下的限速与最高速度的比值（限速越大越没有影响）

$$r_s \triangleq \frac{2v_{\max}t_f}{3s_f} \tag{7.34}$$

由 F_{LB1} 可知，$2/3 < r_s < 1$（见第7.4节）。

7.5.2.1 预测方法

提前预测到限速的存在，就可以得到约束条件下最优的速度曲线。最优性的必要条件由式（6.72）的拉格朗日形式给出，并增加了式（6.31）~式（6.34）的条件。使用第6.2.2.1节中介绍的方法，速度约束 $g(x(t),t) = v_t - v_{\max} \leq 0$ 是一阶的（$p=1$），这是因为 $\dot{g} = g^{(1)} = \dot{v} = u_p - h$。此外，我们有 $\partial g/\partial v = 1$ 和 $\partial g/\partial s = 0$，根据 $v_{\max}$ 恒定的假设，还有 $\partial g/\partial t = 0$。

$$\begin{cases}
\dot{s} = v(t), s(0) = 0, s(t_f) = s_f \\
\dot{v} = u_p(t) - h, v(0) = v_i, v(t_f) = v_f \\
\dot{\lambda} = -mu_p(t) - \mu, \lambda(0) = \lambda_0 \\
u_p(t) = -\dfrac{1}{2b}(\lambda(t) + mv(t) + \eta(t)) \\
\eta(t)g(v(t)) = 0, \eta(t) \geq 0, \dot{\eta} \leq 0 \\
\lambda(\tau^-) = \lambda(\tau^+) + \pi_0, \pi_0 \geq 0, \pi_0 g(v(\tau)) = 0 \\
H(\tau^-) = H(\tau^+)
\end{cases} \quad (7.35)$$

式中，τ 为约束的作用时间（进入或接触时间）；H 为哈密顿函数，定义为 $H = mu_p v + bu_p^2 + \lambda(u_p - h) + \mu v$。

当速度约束不进行改变时（内部区间），$\eta(t) \equiv 0$，最佳控制输入在时间上是线性的，其导数为 $\dot{u}_p = (\mu + mh)/(2b)$。因此在非限制条件下，速度在时域上是呈现二次形式的，见式（6.73）和式（6.74）。跳跃条件以及 u_p 和 λ 之间的代数关系表明了控制输入的连续性。由于在边界区间内（当约束有效时），必然有 $\dot{v} \equiv 0$，且由 $u_p \equiv h$ 保证，则 $u_p(\tau) = u_p(\tau^+) = h$。

一旦解离开了第一个边界区间，控制输入就会随着时间的变化而不断变化，其导数与第一个内部区间的导数相同。也就是说，轨迹 $u_p(t)$ 不能超过或者到达边界值 h。换句话说，速度约束只能在一个边界区间上活动，即在进入时间 t_1 和退出时间 t_2 之间。因此，约束条件下的最优控制由三个阶段组成，如图 7.11a 所示。

考虑到两个无约束（抛物线）相位中 $\ddot{v} = (\mu + mh)/(2b) - h$ 的恒定性和边界条件 $v_i = v_f = 0$ 的对称性，两个无约束相位也一定是对称的，因此有 $t_2 = t_f - t_1$。进一步加强控制输入在作用时间的连续性（$\dot{v}(t_1) = \dot{v}(t_2) = 0$），速度曲线完全由边界条件和未知参数 t_1 来描述

$$v(t) = \begin{cases} \dfrac{2v_{\max}}{t_1}t - \dfrac{v_{\max}}{t_1^2}t^2, & t \in [0, t_1) \\ v_{\max}, & t \in [t_1, t_2] \\ \dfrac{2v_{\max}}{t_1}(t_f - t) - \dfrac{v_{\max}}{t_1^2}(t_f - t)^2, & t \in (t_2, t_f) \end{cases} \quad (7.36)$$

施加总的距离约束，可以得到时间 t_1 为

$$t_1 = \frac{3}{2} \times \frac{v_{\max}t_f - s_f}{v_{\max}} \quad (7.37)$$

对于条件 $F(t_f, s_f) \geq 0$，式（7.36）是一个可行的速度曲线。如前所述，对于 $v_i = v_f = 0$，无约束速度曲线的一般条件 F_{UB1} 和 F_{UB2} 都是不会变化的，而 F_{LB1} 和 F_{LB2} 则规定了约束的下限。

这个下限可以被约束状态下的速度曲线所超越，详细讨论在附录 B 中，第一

个明显的约束为

$$v_{\max} - \frac{s_f}{t_f} \geq 0 \tag{7.38}$$

另一方面，将约束状态下的速度曲线的加速度/减速度限制在最大值 $a_{\max}$，即规定 $\dot{v}(0) = -\dot{v}(t_f) = a_{\max}$，则得到

$$F_{LB2'}(t_f, s_f) \triangleq v_{\max} t_f - s_f - \frac{4v_{\max}^2}{3a_{\max}} \geq 0 \tag{7.39}$$

请注意，后一个条件隐含地保证了由式（7.37）给出的 t_1 是一个正值。它本质上也比式（7.38）更有限制性，因此它永远不会超过限制条件。可行域如图 7.10 所示。

最后，对无约束状态下的有效能耗进行定义，如式（6.76）所定义，通过对三个阶段的特殊化和对式（6.76）进行计算，其中第二阶段没有贡献，我们得到

$$E_{b,e}^{(P)} = \frac{12bs_f^2}{t_f^3}\left(\frac{r_s^3}{3r_s - 2}\right) \tag{7.40}$$

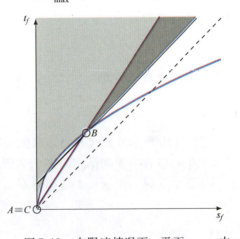

图 7.10　在限速情况下，平面 $t_f - s_f$ 内的无约束速度曲线（灰色阴影区域）和约束速度曲线（深灰色区域）可行域。紫色曲线为 F_{LB1}、蓝色曲线为 F_{LB2}、黑色曲线为 $F_{LB2'}$、虚线为无约束曲线

7.5.2.2　非预测型策略

非预测型策略最初遵循无约束的最佳速度曲线 $v^*(t)$。然后，在时间 t_N 达到速度极限，策略被迫改变为保持速度不变。正如 7.5.2.1 节的数值结果所示，时间限制为 $t_N < t_T < t_f$，当 NP 策略检索到一个次优（在模型的假设范围内）的速度曲线时，寻优结束。因此，NP 速度曲线由三个阶段组成，在保证控制输入连续性（$\dot{v}(t_T) = 0$）的前提下，它完全由边界条件和未知参数 t_N、t_T 来描述。后者是通过规定 $v^*(t_N) = v_{\max}$ 和整体距离来得到的。

第一个条件，利用式（7.30）和式（7.34）可得

$$t_N = \frac{t_f}{2}\left(1 - \sqrt{1 - r_s}\right) \tag{7.41}$$

而第二个条件则是

$$t_T = t_f\left(-\frac{1}{2} + \frac{1}{r_s} - \left(1 - \frac{1}{r_s}\right)\sqrt{1 - r_s}\right) \tag{7.42}$$

最终得出有效能耗为

$$E_{b,e}^{(NP)} = \frac{6bs_f^2}{t_f^3}\left(\frac{3r_s^2 + 2r_s - 3 + (2r_s^2 - 5r_s + 3)\sqrt{1 - r_s}}{4r_s - 3}\right) \tag{7.43}$$

其中，$s_N \triangleq s^*(t_N)$ 很容易从式（7.30）中计算出来。

7.5.2.3 分析

我们使用相对于无约束状态下最优值的相对有效能量损失作为协同式自动驾驶策略性能的衡量标准，其定义为

$$\varepsilon_e^{(\{P,NP\})} \triangleq \frac{E_{b,e}^{(\{P,NP\})} - E_{b,e}^*}{E_{b,e}^*} \tag{7.44}$$

在此定义下，车辆参数的影响消失，式（7.44）仅是参数 r_s 的函数。

对于预测型策略

$$\varepsilon_e^{(P)} = \frac{r_s^3 - 3r_s + 2}{3r_s - 2} \tag{7.45}$$

而对于非预测型策略

$$\varepsilon_e^{(NP)} = \frac{3r_s^2 - 6r_s + 3 + (2r_s^2 - 5r_s + 3)\sqrt{1-r_s}}{2(4r_s - 3)} \tag{7.46}$$

图 7.11b 所示为式（7.45）和式（7.46）的曲线图。虽然它们不能进行定量比较，但可以看出预测结果与图 7.9 所示的数值结果趋势相同。请注意，当 r_s 接近其下限 2/3 时，能量损失变得特别高（当 $s_f = v_{\max} t_f$ 时，加速和减速阶段变得无限快）。

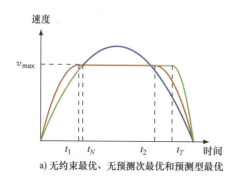

a) 无约束最优、无预测次最优和预测型最优

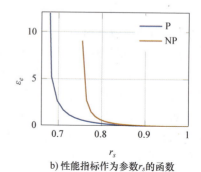

b) 性能指标作为参数 r_s 的函数

图 7.11 限速情景下的策略示意图

7.6 交叉路口场景

本节讨论的是在一条本来没有约束的路线中间有一个交叉口或一个停止标志的影响。这种情况下，就会产生内部约束

$$s(t_t) = s_t, v(t_t) = v_t \tag{7.47}$$

式中，s_t 为交叉口的位置；v_t 为规定的通过速度；t 为通过时间，是自由的。

第 7.6.1 节将介绍该方案的数值分析。在第 7.6.2 节中，我们将使用 ED - OCP 即式（6.64）的闭式解来验证数值结果，并强调模型的预测信息和其他参数

的影响。

7.6.1 数值分析

在前面的章节中,我们考虑一个固定距离 s_f 和持续时间 t_f 的行程。作为基准的无约束最佳速度曲线被称为 $v^*(t)$。进一步比较预测型(P)和非预测型(NP)约束性最佳速度曲线,它们已在第 7.4 节中定义。后者只有在一些有限的场景中能够预测到交汇点约束,将其量化为预览距离($0 \leq r_t \leq 1$);而预测型协同式自动驾驶能准确地预测交汇点约束,预览距离不受限制($r_t = 1$)。

用第 6 章介绍的方法可以得到速度曲线 P 和 NP。特别是,如果交叉口的通过时间 t_t 是固定的,那么交叉口前的行程优化就与交叉口后的行程优化无关。因此,预测速度曲线是通过求解从初始时间到第一个无约束 OCP 得到的,然后再从 t_t 到终点时间进行第二轮的速度曲线求解。至于 NP 速度曲线,它的结果来自于以下三点:①无限制最优速度曲线,直到检测到岔路口的时间 t_N,使得 $s^*(t_N) = s_t(1 - r_t)$;②从时间 t_N 到交叉口时间 t_t 的无约束 OCP 的解;③在交叉口下游,从 t_t 到结束时间的无约束 OCP 的解。在这两种情况下,交叉口时间 t_t 都要进行进一步优化,使其能耗最小。各个边界条件的详细列表见表 7.2。

表 7.2 交叉口受限情景的边界条件

		持续时间	距离	初始速度	终止速度
不受限制		t_f	s_f	0	0
预测型	#1	t_t	s_t	0	v_t
	#2	$t_f - t_t$	$s_f - s_t$	v_t	0
非预测型	#1	t_N	$s_t(1 - r_t)$	0	$v^*(t_N)$
	#2	$t_t - t_N$	$r_t s_t$	$v^*(t_N)$	v_t
	#3	$t_f - t_t$	$s_f - s_t$	v_t	0

图 7.12a 所示为用 DP 算法和表 6.3 的 EV 模型计算出的三种速度曲线,$s_f = 1500$m,$t_f = 120$s,$v_i = v_f = 0$,$s_t = s_f/2 = 750$m,$v_t = 0$,$r_t = 0.2$(预览距离为 150m)。预测型策略的最佳通过时间为 $t_t = t_f/2 = 60$s,得出路口前后两个速度相等的曲线,而 NP 策略的最佳通过时间约为 64s。

图 7.12b 所示为性能的观测值(7.45)与预览距离的函数关系。虽然 $\varepsilon(P)$ 不依赖于预览距离,但 $\varepsilon(NP)$ 一般会随着预览距离的减小而减小。请注意,最佳通过时间在 NP 策略中会随着预览距离的变化而变化,在小的预览距离情况下,随着 r_t 的增加,最佳通过时间从 65s 减少到 60s。

7.6.2 解析方法

为了解释上一节数值仿真所显示的结果,我们使用 6.5.3.3 节的简化 EV 模型

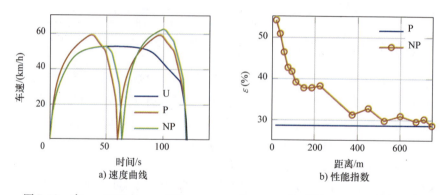

图7.12 在 $s_f=1500\mathrm{m}$、$t_f=120\mathrm{s}$、$v_i=v_f=0$、$s_t=s_f/2=750\mathrm{m}$、$v_t=0$ 的行程中，无约束最优（U）、预测型（P）和非预测型（NP）策略得到的速度曲线和性能指数

来计算 ED-OCP 的显式解。

特别是，在设定路口位置为 $s_t=s_f/2$ 的情况下，将预览和预测信息的作用作为两个参数进行分析，即预览距离和通过速度。定义交叉口速度 v_t 和沿线平均速度之间的比值为

$$r_v \triangleq \frac{v_t t_f}{s_f} \tag{7.48}$$

由于 v_t 不能超过无约束情况下的最高速度 $2/3(s_f/t_f)$，$0 \leqslant r_v \leqslant 3/2$。至于预览距离，我们采用无约束条件下的平均速度，将其转换为更容易处理的预览时间。在这样的方式下，比值 r_t 采用新的公式来表示

$$r_t = \frac{t_t - t_N}{t_t} \tag{7.49}$$

7.6.2.1 预测型策略

预测型速度曲线由两个独立的抛物线组成，分别在交叉口之前和交叉口之后。强制规定交叉口速度和两个阶段的距离，P 曲线完全由交叉口时间 t_t 定义，如图 7.13 所示。该参数的最佳值是通过最小化消耗来实现的。利用式（7.30），有效能量消耗可作为 t_t 的函数

$$E_{b,e}^{(\mathrm{P})}(t_t) = b s_f^2 \left\{ 3\left(\frac{1}{t_t^3} + \frac{1}{(t_f-t_t)^3}\right) - 6\frac{r_v}{t_t}\left(\frac{1}{t_t^2} + \frac{1}{(t_f-t_t)^2}\right) + 4\frac{r_v^2}{t_t^2}\left(\frac{1}{t_t} + \frac{1}{(t_f-t_t)^2}\right) \right\} \tag{7.50}$$

该函数的最小值

$$\frac{\partial E_{b,e}^{(\mathrm{P})}}{\partial t_t} = 0 \rightarrow t_t = \frac{t_f}{2} \tag{7.51}$$

意味着预测速度曲线是由两个相等的时间段组成的，其结果在第 7.6.1 节中体现。在这个最佳的通过时间下，有效能量消耗的计算结果为

$$E_{b,e}^{(\mathrm{P})} = \frac{16bs_f^2}{t_f^3}(3 - 3r_v + r_v^2) \tag{7.52}$$

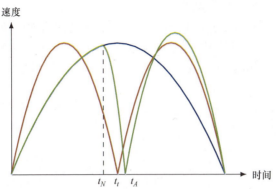

图 7.13 交叉口场景下的策略示意图：无约束最优、非预测次最优和预测型最优，$r_v = 0$

7.6.2.2 非预测型策略

非预测型策略最初遵循无约束的最佳速度曲线 v^*。当检测到交叉口的存在时，这个阶段在时间 $t_N = t_t(1 - r_t)$ 结束，相应的距离和速度为

$$s^*(t_N) = \frac{s_f}{4}(2 - 3r_t + r_t^3) \tag{7.53}$$

$$v^*(t_N) = \frac{3s_f}{2t_f}(1 - r_t^2) \tag{7.54}$$

然后用在时间 t_t 到达的第二个抛物线速度曲线接近路口。之后按第三个抛物线速度曲线行驶，直到停止在最终距离处。在满足后两个阶段的交叉口速度和距离的前提下，NP 速度曲线完全由边界条件和未知参数 t_t 来描述。类似于预测型策略，后者原则上应该通过最小化能量消耗来得到。但是由于这种尝试会导致公式难以管理，为简单起见，我们考虑与预测方案中的值相同，即 $t_t = t_f/2$，对其总消耗量的推导为

$$E_{b,e}^{(\mathrm{NP})} = \frac{4bs_f^2}{t_f^3} \times \frac{(9 - 12r_v + 4r_v^2) + r_t(15 - 12r_v + 4r_v^2)}{2r_t} \tag{7.55}$$

请注意，对于 $r_t = 1$，得到的是完全预测型结果即式（7.52）。

7.6.2.3 分析

由式（7.52）和式（7.55）可得预测型策略和两种非预测型策略的性能指数为

$$\varepsilon_e^{(\mathrm{P})} = \frac{(3 - 2r_v)^2}{3} \tag{7.56}$$

$$\varepsilon_e^{(\mathrm{NP})} = \frac{(1 + r_t)(3 - 2r_v)^2}{6r_t} \tag{7.57}$$

式（7.56）和式（7.57）的结果如图 7.14a 所示。如前所述，这些结果在定量上与图 7.12 所示的结果没有可比性。但定性趋势表明，随着预测范围的增大，非预测型策略的能量损失单调减小。

另一方面，在交叉口处，能量损失随着所需速度的增加而减小，如图 7.14b 所示，对应 $r_t = 0.25$ 的预测范围。当车辆必须在交通信号（$r_v = 0$）处停车时，NP 策略的能量损失比 P 策略高出数倍，这是由于在再生制动过程中电力损失较大造成的。

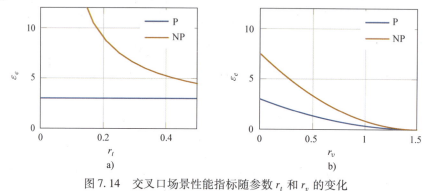

图 7.14 交叉口场景性能指标随参数 r_t 和 r_v 的变化

这些结果基本上不受边界条件选择的影响。对于稍有不同的情况，即如果不存在交叉路口，车辆将以恒定的速度巡航（$v_i = v_f = s_f/t_f$），有效能耗为

$$E_{b,e}^* = 0, E_{b,e}^{(\mathrm{P})} = \frac{16bs_f^2}{t_f^3}(1-r_v)^2, E_{b,e}^{(\mathrm{NP})} = \frac{8bs_f^2}{t_f^3}(1-r_v)^2\left(1+\frac{1}{r_t}\right) \quad (7.58)$$

与式（7.52）~式（7.55）相比，这三种策略的有效能耗显示出对 r_v、r_t 的相似依赖性。

7.7 交通信号灯场景

本节研究的情景是在路线中间（在 $s_t = s_f/2$ 处）有一个信号灯路口（交通灯），只允许在与绿灯时间段相对应的固定时间通过马路。特别是，在时间 $t_f/2$ 处设置为红灯。用 t_t 表示通过时间（使 $s(t_t) = s_t$），约束条件为

$$t_t \leq \frac{t_f}{2}(1-r_x) \lor t_t \geq \frac{t_f}{2}(1+r_x) \quad (7.59)$$

式中，r_x 为定义交通灯占空比的参数（见第 4.1.3 节），如图 7.15 所示。

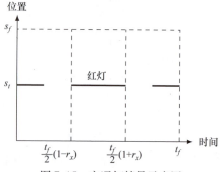

图 7.15 交通灯情景示意图

数值分析的结果将展示在 7.7.1 节中。在 7.7.2 节中，我们将利用 ED – OCP 即式（6.64）的闭式解来验证数值结果，并强调预测信息和其他参数的影响。

7.7.1 数值分析

在前面的章节中，我们考虑一个固定距离 s_f 和持续时间 t_f 的行程，作为基准使用的无约束的最佳速度曲线表示为 $v^*(t)$，进一步比较预测型（P）和非预测型（NP）协同式自动驾驶，它们已在第 7.4 节中定义。后者仅有信号灯相位和颜色的视觉信息，而预测型协同式自动驾驶则准确地预测了交通灯的约束。

速度曲线 P 和 NP 的优化采用以速度和时间为状态变量的 DP 算法。为了加快计算速度，仍然可以使用单状态 DP 算法，但必须将时间 t_t 视为一个自由参数，以便进一步优化。

对于预测型策略，从物理学的角度考虑，我们可以合理地假设 t_t 的最优选择等于最后的有效绿灯时间，即 $t_t = t_f/2(1-r_x)$。因此，原来的 OCP 可以拆分为两个局部的 OCP，分别是在交通灯交叉路口前和交叉路口后。然而，这两个 OCP 并不是像 7.6 节的交叉口情况那样独立，而是由交叉口速度 v_t 耦合的，v_t 在前一个 OCP 中起最终速度的作用，在后一个 OCP 中起初始速度的作用。因此，必须进一步优化参数 v_t，使其具有最小的能量消耗。

至于 NP 速度曲线，它首先遵循无约束状态下的方案，直到检测到交通灯的时间为止，我们也设置 $t_N = t_f/2(1-r_x) = t_t$。然后，由于没有预测到红灯阶段的持续时间，NP 策略可能会在任意时间内减速并停止，等待下一个绿灯阶段，而且减速越快，能耗越大。我们考虑最好的情况（从 NP 的角度），策略正好选择在红灯状态下的最后一次停止，$t_A = t_f/2(1+r_x)$，只是在不久之后又开始。因此，NP 曲线的其余部分是通过联立以下条件求得的：①从时间 t_t 到时间 t_A 的无约束 OCP 解；②过了交通灯后，从 t_A 到结束时间的无约束 OCP 解。三种策略各自的边界条件详见表 7.3。

表 7.3 受交通灯限制情景下的边界条件

		持续时间	距离	初始速度	终止速度
不受限制		t_f	s_f	0	0
预测型	#1	t_t	s_t	0	v_t
	#2	$t_f - t_t$	$s_f - s_t$	v_t	0
非预测型	#1	t_N	$s^*(1-r_t)$	0	$v^*(t_N)$
	#2	$t_A - t_N$	$s_t - s^*(t_N)$	$v^*(t_N)$	0
	#3	$t_f - t_A$	$s_f - s_t$	0	0

图 7.16a 所示为用 DP 算法和表 6.3 的 EV 模型计算的三种速度曲线，s_f = 800m，t_f = 120s，$v_i = v_f = 0$，$s_t = s_f/2$ = 400m，r_x = 0.3。图 7.16b 所示为各自的位

置轨迹,以及交通灯为红色的禁行窗口。在这种情况下,预测型节能性行驶策略的最佳通过速度约为30km/h。

图 7.16c 所示为式(7.33)性能测量值与占空比 r_x 的函数关系图。虽然 $\varepsilon^{(P)}$ 随着 r_x 的增加而增加,并随着 r_x 趋于零而趋于零,但 $\varepsilon^{(NP)}$ 的结果是两种相反的趋势。一方面,r_x 中的小值表示预测范围小,为赶上新的绿灯阶段,车辆会出现明显的减速/加速。另一方面,r_x 值大,意味着红灯区间较长,从而在第二个绿灯期间会有较明显的加速过程来完成整个行程。

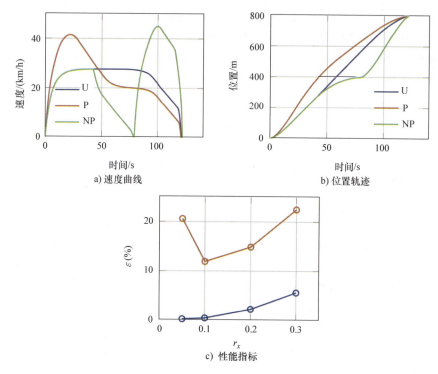

a) 速度曲线　　b) 位置轨迹　　c) 性能指标

图 7.16　$s_f = 800\text{m}$、$t_f = 120\text{s}$、$v_i = v_f = 0$、$s_t = s_f/2 = 400\text{m}$、$r_x = 0.3$ 交通灯情景下的无约束最优(U)、预测型(P)和非预测型(NP)策略对应的速度曲线、位置轨迹和性能指标

7.7.2　解析方法

为了解释上一节数值分析所显示的结果,我们使用 6.5.3.3 节的简化 EV 模型来计算 ED-OCP 的显式解。

7.7.2.1　预测型策略

预测型策略完美地预测了交通灯的存在,并选择满足其时间约束的最佳通过时间和速度。如上所述,我们假设通过时间选择为 $t_t = t_f/2(1 - r_x)$。通过速度 v_t 是自由的,因此可以进行优化。类似于式(7.50),总体消耗可作为 v_t 的函数

$$E_{b,e}^{(P)}(v_t) = 4b\left(\frac{12s_f^2}{t_f^3}\frac{1+3r_x^2}{(1-r_x^2)^3} - \frac{12s_fv_t}{t_f^2}\frac{1+r_x^2}{(1-r_x^2)^2} + \frac{4v_t^2}{t_f}\frac{1}{(1-r_x^2)}\right) \quad (7.60)$$

式（7.60）的最小值为

$$\frac{\partial E_{b,e}^{(P)}}{\partial v_t} = 0 \rightarrow v_t = \frac{3s_f}{2t_f}\frac{1+r_x^2}{1-r_x^2} \quad (7.61)$$

需要注意的是，当 $r_x = 0$ 时，得到的是无约束状态下最优曲线的最高速度。在选择这种交叉口速度的情况下，可以得出有效能量消耗量为

$$E_{b,e}^{(P)} = \frac{12bs_f^2}{t_f^3}\frac{1+6r_x^2-3r_x^4}{(1-r_x^2)^3} \quad (7.62)$$

其也等于 $r_x = 0$ 时的无约束的最优值。

7.7.2.2 非预测型策略

对于非预测型策略，我们假设 $t_N = t_f/2(1-r_x)$，在时间 $t_A = t_f/2(1+r_x)$ 时在交通灯处停车（$v_t(t) = 0$）。因此，有效消耗量的计算公式为

$$E_{b,e}^{(NP)} = \frac{12bs_f^2}{t_f^3} \times \frac{(1+r_x^2)(3+r_x(31+(-3+r_x)r_x(8+r_x^2)))}{16(1-r_x)^3r_x} \quad (7.63)$$

7.7.2.3 分析

性能指数的计算方法如下

$$\varepsilon_e^{(P)} = \frac{r_x^2(3-r_x^2)^2}{(1-r_x^2)^3} \quad (7.64)$$

$$\varepsilon_e^{(NP)} = \frac{3+15r_x+27r_x^2-9r_x^3-11r_x^4+9r_x^5-3r_x^6+r_x^7}{16(1-r_x)^3r_x} \quad (7.65)$$

图 7.17 所示为式（7.64）和式（7.65）随参数 r_x 变化的结果。很明显，从数值上得到的趋势和图 7.16c 所示的趋势一致，$\varepsilon^{(P)}$ 随着 r_x 的增加而增加，$\varepsilon^{(NP)}$ 有极小值。

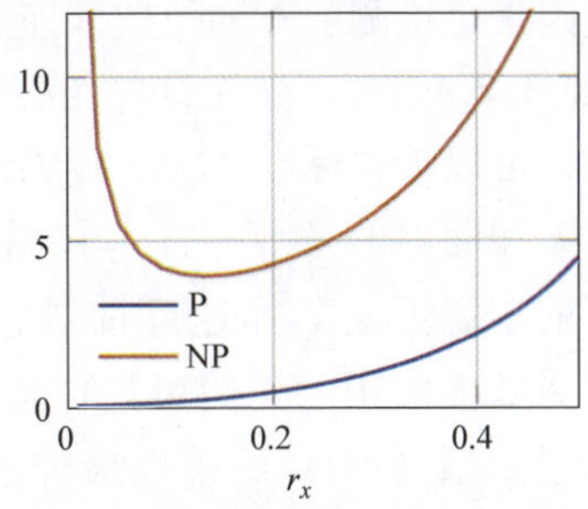

图 7.17 交通灯情景下的性能指数与参数 r_x 的函数关系图

这些结果在很大程度上与所选择的特定边界条件无关。对于稍有不同的情况，即车辆以恒定的速度巡航（$v_i = v_f = s_f/t_f$），三种策略的有效能耗分别为

$$E_{b,e}^* = 0, E_{b,e}^{(P)} = \frac{48bs_f^2}{t_f^3} \times \frac{r_x^2}{(1-r_x)^3}, E_{b,e}^{(NP)} = \frac{8bs_f^2}{t_f^3} \times \frac{1+r_x+r_x^2}{(1-r_x)^3} \quad (7.66)$$

这三种策略的有效能耗显示出与式（7.62）和式（7.63）类似的对 r_x 的依赖性。

7.8 跟车场景

在本节的场景中，车辆要避免与前车发生追尾碰撞，其运动规律由 $s_p(t)$ 描述，即施加了以下约束

$$s(t) - (s_p(t) - s_{\min}(v(t), v_p(t))) \leq 0, t \in [0, t_f] \tag{7.67}$$

式中，$s_{\min}$ 为最小的车间安全距离。

式（7.67）中的第二项实际上可以描述车头间距或由道路法或其他考虑因素强制执行的车头时距。最小安全车头间距通常是一个常数，而最小安全车头时距则取决于两车的相对速度。在本节中，我们将假定安全距离最多只取决于前车的速度 v_p（不取决于主车的速度），因此它将被视为时间的函数，即 $s_{\min}(t)$。

第 7.8.1 节将介绍该场景下的数值分析。在 7.8.2 节中，我们将使用 ED-OCP 即式（6.64）的闭式解来验证数值结果，并强调预测信息和其他参数的影响。

7.8.1 数值分析

位置约束即式（7.67）在 ED-OCP 中起着状态约束的作用。此外，还可能存在速度约束，如第 7.5 节研究的那些约束。在这种情况下进行协同式自动驾驶的关键因素是检测前车的位置和速度的能力。这在当前的 ADAS 传感器中通常是可行的（见 3.2.1 节），然而这些传感器的范围是有限的。通过使用专用的 V2V 或 V2I 通信，可以扩大标准 ADAS 传感器提供的预测距离（见第 3.1 节）。

和前面的章节一样，我们考虑一个具有固定距离 s_f 和持续时间 t_f 的行程。假设前车以恒定的加速度前进，也就是说，我们假设 $s_p(t) = s_{p,0} + v_{p,0} t + a_p t^2 / 2$。作为基准使用的无约束最佳速度曲线表示为 $v^*(t)$。进一步比较预测型（P）和非预测型（NP）约束性最佳速度曲线，它们已经在第 7.4 节中定义。后者只是对前车有一个有限的预测，它由预测范围 $r_d s_f$ 定义，其中 $0 \leq r_d \leq 1$。这里我们只考虑 $r_d = 0$ 的情况，预测型协同式自动驾驶能完美地预测前车约束，预测范围无限（$r_d = 1$）。

用第 6 章介绍的方法得到预测型速度曲线 P。特别地，可以使用一个完整的双状态 DP 算法，以时间为独立变量，以速度和位置为状态变量。通过这种方式，可以直接执行位置约束，即超过最大允许位置 $s_p(t) - s_{\min}(t)$ 时，位置网格中的所有点都不可行。因此，预测型速度曲线是通过求解原始边界条件下的约束 OCP 得到的，见表 7.4。非预测型速度曲线是通过联立以下条件求得：①开始到时间 t_N 的无约束解，使 $s^*(t_N) = s_p(t_N) - s_{\min}(t_N)$；②从 t_N 到结束时间的约束 OCP 的解，其行驶距离为 $s_f - s^*(t_N)$，初始速度等于 $v^*(t_N)$，最终速度为零。请注意，如果 $v_p(t_N) < v^*(t_N)$，则可能意味着在 t_N 处存在不现实的速度不连续。

第 7 章 特殊场景与应用

表 7.4 位置受限情景下的边界条件

		是否为最优化约束?	持续时间	距离	初始速度	终止速度
不受限制		否	t_f	s_f	0	0
预测型		是	t_f	s_f	0	0
非预测型	#1	否	t_N	$s_p^*(t_N)$	0	$v^*(t_N)$
	#2	是	$t_f - t_N$	$s_f - s^*(t_N)$	$v_p(t_N)$	0

图 7.18a、b 所示为 $s_f = 500\text{m}$、$t_f = 60\text{s}$、$v_i = v_f = 0$ 时,用表 6.3 的双状态 DP 和 EV 模型计算得到的速度和位置的 U 曲线和 P 曲线。其中,P1 工况为 $s_{p,0} = 20\text{m}$、$v_{p,0} = 15\text{km/h}$、$a_p = 0.14\text{m/s}^2$;P2 工况为 $s_{p,0} = 50\text{m}$、$v_{p,0} = 15\text{km/h}$、$a_p = 0.17\text{m/s}^2$。显然,P 曲线呈现出较温和的初始加速度,以便在两车速度相同时与头车会合。为了便于阅读,图 7.18 没有显示 NP 速度曲线。

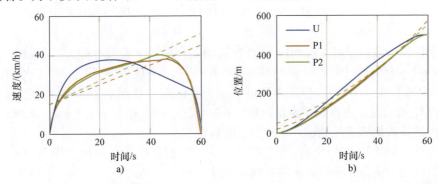

图 7.18 在 $s_f = 500\text{m}$、$t_f = 60\text{s}$、$v_i = v_f = 0$、$s_{p,0} = \{20, 50\}\text{m}$、$v_{p,0} = 15\text{km/h}$ 及 $a_p = \{0.14, 0.17\}\text{m/s}^2$ 的情况下,整车行程的无约束最优(U)和预测型(P)策略

7.8.2 解析方法

为了解释上一节数值分析所显示的结果,我们使用 6.5.3.3 节的简化 EV 模型来计算 ED‑OCP 的显式解。

进一步假设前车与主车从同一位置出发($s_{\min} = 0$),并以恒定的速度行驶,用 v_p 表示。附录 B 中给出了一种更普遍的情况,包括两车之间的分离点和相对速度,以及恒定的头车加速度。速度方面的无约束解仍由式(7.30)给出。

7.8.2.1 预测型策略

预测型速度曲线是约束状态下优化的结果。优化的必要条件来自于拉格朗日形式的式(6.72),并增加了式(6.31)~式(6.34)的条件。使用第 6.2.2.1 节介绍的命名法,因为 $\ddot{g} = g^{(2)} = \dot{v} = u_p - h$,所以位置约束 $g(\boldsymbol{x}(t), t) = s(t) - v_p t \leq 0$ 为二阶($p = 2$)。此外,$\partial g / \partial s = 1$、$\partial g^{(1)} / \partial v = 1$、$\partial g / \partial t = -v_p$、$\partial g^{(1)} / \partial t = \partial g^{(1)} / \partial s = \partial g / \partial v = 0$。待解方程组为

$$\begin{cases} \dot{s}=v(t),s(0)=0,s(t_f)=s_f \\ \dot{v}=u_p(t)-h,v(0)=v_i,v(t_f)=v_f \\ \dot{\lambda}=-mu_p(t)-\mu,\lambda(0)=\lambda_0 \\ \dot{\mu}=0,\mu(0)=\mu_0 \\ u_p(t)=-\dfrac{1}{2b}(\lambda(t)+mv(t)+\eta(t)) \\ \eta(t)g(s(t),t)=0,\eta(t)\geqslant 0,\dot{\eta}\leqslant 0,\ddot{\eta}\geqslant 0 \\ \lambda(\tau^-)=\lambda(\tau^+)+\pi_1 \\ \mu(\tau^-)=\mu(\tau^+)+\pi_0 \\ \pi_0\geqslant 0,\pi_1\geqslant 0,\pi_0 g(s(t),t)=0,\pi_1 g(s(t),t)=0 \\ H(\tau^-)=H(\tau^+)+\pi_0 v_p \end{cases} \quad (7.68)$$

式中，τ 为约束的节点时间（进入或接触时间）；H 为哈密顿函数，$H = mu_p v + bu_p^2 + \lambda(u_p - h) + \mu v$。

当位置约束固定时，$\eta_t \equiv 0$，最佳控制输入在时间上是线性的，其导数为 $\dot{u}_p = (\mu_0 + mh)/(2b)$。因此与无约束情况下一样，速度在时间上是二次的，见式（6.73）和式（6.74）。位置约束可以在边界区间或接触点上活动。这里只考虑接触点 t_1 的情况。边界条件满足要求 $s(t_1) = s_p(t_1) = v_p t_1$ 和 $v(t_1) = v_p$。u_p 和 λ 之间的代数关系保证了控制输入在接触点的连续性。

因此，最优约束轨迹由两个抛物线组成，它们在接触点分开（图7.20a、b），速度曲线完全由边界条件和未知参数 t_1 表征。

$$v(t)=\begin{cases} \dfrac{4v_p}{t_1}t-\dfrac{3v_p}{t_1^2}t^2, & t\in[0,t_1) \\ 3v_p-\dfrac{2v_p}{t_1}t+\dfrac{v_p}{t_1}\dfrac{2t_f-3t_1}{(t_f-t_1)^2}(t-t_1)^2, & t\in[t_1,t_f] \end{cases} \quad (7.69)$$

请注意，式（7.69）中的第一项意味着第一阶段在 $2/3t_1$ 时有一个最大值。达到的最大速度是 $4/3v_p$。这里我们将假定这个速度低于任何最高道路速度限制。

得出接触时间为

$$t_1 = \frac{t_f^2 v_p}{4t_f v_p - 3s_f} \quad (7.70)$$

现在我们找到了式（7.69）为可接受的速度曲线的条件 $F(t_f, s_f) \geqslant 0$。如前所述，当 $v_i = v_f = 0$ 且 $v_{max} \to \infty$ 时，无约束速度曲线 F_{UB1}、F_{UB2} 和 F_{LB1} 的一般条件总是满足的。因此，唯一需要满足的条件，即定义了无约束速度曲线的可行性极限，是 F_{LB2}（最大加速度/减速度）和由位置约束施加的 F_{LB3}。后一个条件可以用 $s^*(t) = v_p t$ 最多有一个实根的要求来表示。如附录B所示，其公式为

$$F_{LB3}(t_f, s_f) \triangleq 8v_p t_f - 9s_f \geqslant 0 \quad (7.71)$$

无约束速度曲线的可行域可以被约束速度曲线所覆盖。但是，我们显然必须要

求最后的位置不超过终点位置,即

$$F_{LB3''}(t_f,s_f) \triangleq v_p t_f - s_f \geq 0 \tag{7.72}$$

请注意,这个条件隐含地保证了由式(7.70)给出的 t_1 是一个正值。

在位置受限的可行域中,用位置受限情景下的最大加速度和最大减速度分别小于 $a_{\max}$ 和 $|a_{\min}| = a_{\max}$ 的条件来代替下界 F_{LB2}。由此可得

$$F_{LB2''a} \triangleq a_{\max} - \frac{4}{t_f^2}(4t_f v_p - 3s_f) \geq 0 \tag{7.73}$$

这个条件在有效区域内总是满足的,并且

$$F_{LB2''d} \triangleq a_{\max} - \frac{2}{3t_f^2} \frac{(4t_f v_p - 3s_f)(2t_f v_p - 3s_f)}{t_f v_p - s_f} \geq 0 \tag{7.74}$$

这同样限制了位置约束的可行域。

图 7.19 所示为以 s_f 和 t_f 为参照的可行域。为了便于以后说明,我们在此引入一个速度比

$$r_p \triangleq \frac{v_p}{s_f/t_f} - 1 \tag{7.75}$$

最后,得出有效能耗为

$$E_{b,e}^{(P)} = \frac{4bs_f^2}{9t_f^3} \times \frac{(4r_p+1)^3}{r_p} \tag{7.76}$$

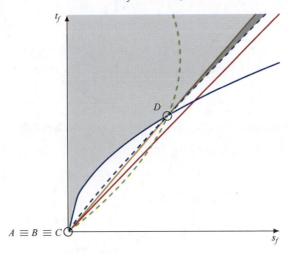

图 7.19 跟车情景下平面 t_f-s_f 无约束速度曲线(灰色阴影区域)和约束速度曲线(深灰色区域)的可行域。蓝色曲线为 F_{LB2}、黄色曲线为 F_{LB3}、绿色虚线为 $F_{LB2''a}$、蓝色虚线为 $F_{LB2''d}$、红色曲线为 F_{LB3}。交叉点的坐标为 D($128/27\sigma$, $16/3\tau$),其中 $\sigma \triangleq v_p^2/a_{\max}$,$\tau \triangleq v_p/a_{\max}$

7.8.2.2 非预测型策略

非预测型速度曲线最初遵循无约束的最佳速度曲线 v^*，如图 7.20 所示。当前车到达时（假设 $s_{\min}=0$），这个阶段在时间 t_N 时结束。然后跟随前车，为简化起见，假设 NP 速度瞬时（即无限快地减速）变为 v_p。这个阶段一直持续到时间 t_t，此时非预测型速度曲线得到一个抛物线次优速度曲线，直到停止（图 7.20）。

因此，速度曲线由三个阶段组成，并且在控制输入 $t_T(\dot{v}(t_T)=0)$ 的条件下，速度曲线完全由边界条件和未知参数 t_N、t_T 决定。施加约束 $s^*(t_N)=s_p(t_N)=v_p t_N$，接触时间计算为

$$t_N = \frac{3t_f}{4}\left(1-\sqrt{1-\frac{8t_f v_p}{9s_f}}\right) \tag{7.77}$$

另一方面，t_T 是通过施加总距离约束得到的

$$t_A = \frac{3s_f}{v_p} - 2t_f \tag{7.78}$$

最后，有效能耗为

$$E_{b,e}^{(\mathrm{NP})} = \frac{4bs_f^2}{t_f^3} \times \frac{(1+r_p)^2((1+r_p)\sqrt{1-8r_p}-3(1+13r_p))}{9r_p(\sqrt{1-8r_p}-3)} \tag{7.79}$$

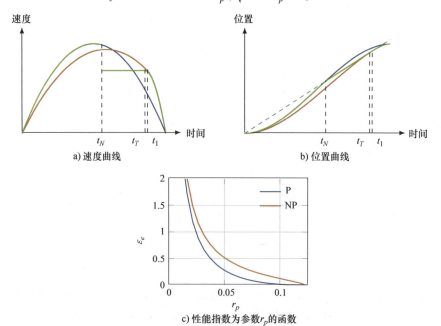

图 7.20 跟车情景下的策略示意图：无约束的最优（蓝色）、预测型（橙色）和非预测型（绿色）速度曲线、位置曲线和性能指数为参数 r_p 的函数

7.8.2.3 分析

性能指标分别为

$$\varepsilon_e^{(\text{P})} = \frac{(1-8r_p)^2(1+r_p)}{27r_p} \tag{7.80}$$

$$\varepsilon_e^{(\text{NP})} = \frac{9r_p(1+r_p)\sqrt{1-8r_p}+(1-2r_p)(2-17r_p-r_p^2)}{54r_p} \tag{7.81}$$

请注意，当 $r_p = 1/8$ 时，$\varepsilon^{(\text{P})}$ 归零，此时 $\varepsilon^{(\text{NP})}$ 将为负值。因此很明显，NP 速度的可行域在 r_p 方面比 P 小。这些趋势如图 7.20c 所示，图中两个性能指标都是速度比 r_p 的函数。

本章所介绍的情景显然过于简单，只是以理想化的方式表示现实生活中的情景。然而，通过对它们的分析，我们可以确定其中每一种情况下诱发能源效率低下的关键参数，以及如何通过预测型优化驾驶控制来解决这些问题。虽然现有的文献往往是用临时的策略分别解决这些情况，但第 8 章将以第 6 章的理论为基础，讨论它们在统一的协同式自动驾驶环境中的实现。在第 9 章的详细案例研究中，通过对其中几种情况进行处理，可以得出更为现实的结论。

第8章 协同式自动驾驶的实际应用

本章主要介绍几个经济驾驶技术实际应用问题,第8.1节将讨论部分或全部实现前几章所述概念的各种经济驾驶系统,所有的系统都包含了本书中讨论过的定位、感知和规划/控制功能。一些附加且具体的算法和实现问题将在第8.2节中进一步详细说明。然后,我们将在第8.3节中讨论如何向驾驶员建议最佳车速以及通过自动驾驶系统直接实施与经济驾驶相关的问题。

8.1 协同式自动驾驶概念的实现

在本节中,我们将按照复杂性和全面性的顺序依次介绍节能性辅助驾驶(第8.1.1节)、预测巡航控制(第8.1.2节)、节能性自适应巡航控制(第8.1.3节)以及最普遍的经济驾驶预测技术(第8.1.4节)。

8.1.1 节能性评估

节能性辅助驾驶技术是通过将人类驾驶员的实际速度轨迹与能量最优速度曲线进行比较,对其驾驶风格进行在线评估。Geco[1,2]是关于电动汽车和内燃机节能性辅助驾驶系统的一个案例,其实际内容遵循图8.1所示的若干步骤。

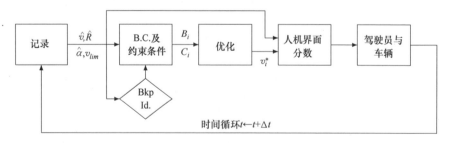

图8.1 节能性辅助驾驶系统概念简图

该系统是基于对车速 $\hat{v}$ 的实时记录。此测量值可从多个来源获得,包括GPS坐标和车辆通信总线上可用的车载测量值(里程表)。仅依靠基于GPS的测量使该系统不需要车内连接,也能够在移动设备上运行或作为网络服务运行,但由于卫星信号质量的原因,该系统会出现误差。然而,全球导航卫星系统(GNSS)目前的精度被认为足以用于这类应用,预计随着定位精度的预期趋势,精度将进一步提高。除速度外,还需要从 GPS 和地图数据等中提取曲率 $\hat{R}$、坡度 $\hat{\alpha}$ 和法定限速 v_{lim},第 8.2.1 节将介绍相应的算法。

连续分析速度轨迹以确定何时出现断点。如第 8.2.2 节所述,此类识别基于断点的定义,即由道路特性发生变化的位置,或周围交通引起强烈减速或停车的点。

当检测到断点时,定义包含最后两个断点的子行程,如图 8.2 所示。对于该子行程,行驶距离、行驶时间和平均速度计算如下

$$t_f^{(i)} = \tau_{i+1} - \tau_i; s_f^{(i)} = \int_{\tau_i}^{\tau_{i+1}} \hat{v}(\tau) d\tau; v_i^{(i)} = \hat{v}(\tau_i); v_f^{(i)} = \hat{v}(\tau_{i+1}) \qquad (8.1)$$

式中,τ 为采样时间;τ_{i+1} 为当前时间;τ_i 为上一个断点处的时间。

这些量构成边界条件 $B_i \triangleq \{t_f^{(i)}, s_f^{(i)}, v_i^{(i)}, v_f^{(i)}\}$,而道路参数 $C_i \triangleq \{\alpha^{(i)}, R^{(i)}, v_{lim}^{(i)}\}$ 由子行程的坡度、曲率和限制速度组成。

然后以 B_i 和 C_i 为优化参数进行速度优化。第 6 章所述的方法通常可用于优化速度曲线和计算最小能量 E_T^*。对于电动汽车,更简单的方法是使用抛物线速度曲线即式(6.74),或者,可以通过训练神经网络来评估控制模式的最佳序列及其切换时间来获得最佳速度分布,如第 6 章所述,提供 $O_i = \{t_1, \cdots\}$ 作为输入 I_i 的函数。

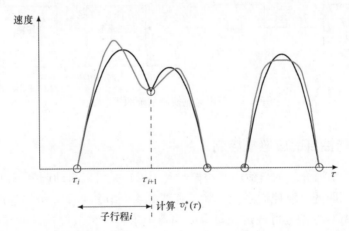

图 8.2 经济辅助驾驶说明:包括记录的速度(黑色)、断点(圆圈)、
子行程、执行优化的时刻和优化的速度曲线(灰色)

整个过程的最终输出是驾驶员在最后一次子行程中应遵循的最佳速度分布 $v_i^*(\tau) \in [\tau_i, \tau_{i+1}]$,在持续时间、距离、初始和最终速度、最大速度等方面的约束条件与实际执行的曲线相同。

最优速度曲线一般通过 HMI(见 8.3.1 节)显示给驾驶员,以使他们了解最佳驾驶操作。此外,该系统还可以提供"经济驾驶"评分,将基于模型的子行程中实际(油箱)能量消耗的估算值与计算出的最优值进行比较。驾驶员可以从这

些评分中学习,并使他们的驾驶风格朝着最优的方向发展。

8.1.2 预测巡航控制

在本书中,我们采用预测巡航控制(PCC)来表示那些除了跟踪参考速度的标准特性外,主要集中在路面坡度预测上的巡航控制系统。在本书撰写之时,市场上已有一些系统,特别是针对重型货车的应用[一]。如第 7.3 节所示,以某种方式(在山顶达到最小速度,在坡底部达到最大速度)考虑了道路坡度的速度概况预测实际上可能与最小能量速度分布一致。

在 PCC 的典型实例中(图 8.3),GPS 信号是一个输入,通过使用存储或检索的 3D 数字道路地图,PCC 估计前方道路的高度分布 $\hat{z}(\sigma)$,其中 $\sigma\in[s,s_f]$,直到选定的区域 s_f。为了限制计算资源,这个区域可能比整个行程要短。然后,使用算法计算最优速度分布[一] $v^*(\tau)$,其中 $\tau\in[t,t_f]$,通过期望平均速度 v_d 求得与 s_f 相关的(暂时界域)时间 t_f。最优速度基准的第一个值被发送到速度控制器(实际上是传统的巡航控制器),它最终引导车辆的执行器跟踪参考速度,作为测量实际速度的函数。

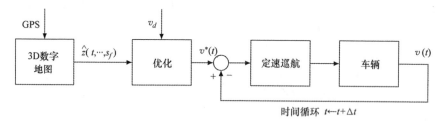

图 8.3 预测巡航控制系统的概念简图

8.1.3 节能性自适应巡航控制

第 4.2.2 节所介绍的自适应巡航控制(ACC)是可以自动调整车速,与前方车辆保持安全间距的巡航控制系统。除了在 3.3.4.1 节和 4.2.2 节描述的简单 PI 控制方案外,ACC 原则上可通过在每个时间点上求解一个最优控制问题来使与安全相关的实现成本最小化。这些被称为节能性自适应巡航控制(Eco – ACC)的系统使用与能源效率相关的成本,其名称也由此而来。

Eco – ACC 系统的概念简图如图 8.4 所示。与 PCC 在整个行程或长路段开始时执行单一优化不同,Eco – ACC 系统在预测或前瞻视野的每个时间步长执行新的优

[一] 戴姆勒货车公司于 2009 年推出 PCC 系统,现在达夫(DAF)、肯沃斯(Kenworth)、沃尔沃(Volvo)以及梅赛德斯和大众汽车公司的一些货车上都装有 PCC 系统。

[一] 对于 ICEV,通常还需计算出最优齿型。

化。这种方法通常被称为模型预测控制（MPC），第8.2.5节将对其进行更详细的描述。

通常，在Eco-ACC系统包含滚动时域的示例中，预测范围t_f是固定的。在这个范围内，必须预测作用于车辆的扰动和约束。为了简单起见，只考虑道路等级和曲率、最高限速和前车，道路参数为$C(t) \triangleq \{\alpha(s(\tau)), R(s(\tau)), v_{lim}(s(\tau)), s_p(\tau)\}, \tau \in [t, t+t_f]$。

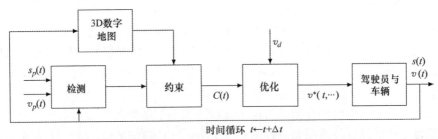

图8.4 Eco-ACC系统的概念简图

预测范围内的道路特征是从存储在系统中或远程访问的详细3D地图中检索出来的。前方车辆（移动或静止的障碍物）的存在及其相对于主车的相对位置和速度，假定是可以通过第3章中介绍的ADAS传感器检测到的。基于当前的相对速度和车头时距，通过专用算法估计即将到来范围的领先位置s_p，这种估计是非常关键的，因为它对优化结果的有效性具有很大的影响，在第8.2.3节中会有详细描述。此外，V2I通信或摄像头传感器可以提供有关即将到来的红绿灯状态的信息，这也会通过引入附加约束来影响优化过程。第8.2.4节将介绍几种简单的交通灯检测算法。

一旦设置了约束条件，就可以在整个预测范围内对主车的速度分布进行优化。成本函数考虑了几个因素：包括与油箱能量相关的基于能量的成本、与前车车头时距相关的安全成本，也可能包括惩罚控制输入变化的调节成本和惩罚偏离期望平均速度的速度平滑成本。优化控制问题（OCP）由状态方程和控制、速度约束来完成的，可以概括为

$$\min_{u(t)} J = \int_{t}^{t+t_f} [w_1 P_T(v(\tau), u(\tau), \alpha(s(\tau))) + w_2(s(\tau) - s_p(\tau))^2 +$$
$$w_3(v(\tau) - v_d)^2 + w_4(u(\tau) - u_d)^2] d\tau$$

$$\text{s.t.} \begin{cases} \dot{s}(\tau) = v(\tau) \\ \dot{v}(\tau) = f(v(\tau), u(\tau), \alpha(s(\tau))) \\ u_{\min}(v(\tau), \tau) \leq u \leq u_{\max}(v(\tau), \tau) \\ 0 \leq v(\tau) \leq \min(v_{lim}(s(\tau)), v_{turn}(R(s(\tau)))) \end{cases} \quad (8.2)$$

式中，u为控制向量；u_d为对应于恒定速度v_d巡航下的稳态控制；f为速度动力学

方程即式（6.15）；w 为适时选择的权重因子。

该优化块的输出是整个范围 $v^*(\tau), \tau \in [t, t+t_f]$ 的最佳速度分布。

最后，该速度曲线可以通过人机界面（HMI）告知驾驶员（见8.3.1节），或在自动速度控制器的作用下通过车辆控制器直接实现。主车的实际位置和速度作为边界条件的更新输入，在每个时间步长执行新的迭代。

8.1.4 预测型节能驾驶

第8.1.3节介绍的 Eco - ACC 概念并不是节能驾驶技术的最普遍体现，特别是在城市驾驶中，必须用基于预测断点检测的"收缩"范围区域代替滚动固定区域。此外，用于跟踪的参考速度可能不一定可用，在大多数情况下，速度必须充分优化。

在前面的章节中已经介绍并讨论了这种预测型节能驾驶的基本原理。图8.5所示为预测型节能驾驶技术概念流程图。与 Eco - ACC 系统类似，该方法本质上是迭代的，在整个预测范围内的每一个时间步长都执行一个新的优化。

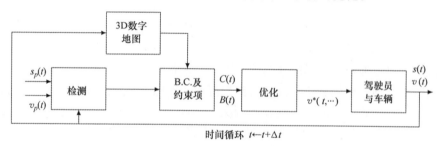

图 8.5 预测型节能驾驶技术概念流程图

通常情况下，该区域被设置为到达下一个基础设施断点（如信号交叉口）的剩余行程，并且由需要经过的距离 $s_f(t)$ 和行程时间 $t_f(t)$ 的估计值来定义。这些信息可以从节能路线系统或直接从实时交通和基础设施数据中获得，它们与初始速度和期望最终速度一起形成边界条件 $B(t) \triangleq \{t_f(t), s_f(t), v_i(t), v_f(t)\}$ 进行优化，8.2.6节将更详细地描述边界条件的设置过程。

其他必须预测的因素是定义区域内作用在车辆上的干扰和约束。道路参数 $C(t) \triangleq \{\alpha(s(\tau)), R(s(\tau)), v_{\max}(\tau), s_p(\tau)\}, \tau \in [t, t+t_f(t)]$ 可获得与 Eco - ACC 方法类似的结果。

一旦设定了边界条件、前车和基础设施约束，就可以在整个区域上对主车的速度分布进行优化。第6章所述的要解决的 OCP 可以改写为适用于 ICEV 和 EV 的形式

$$\min_{u(t)} J = \int_{\tau=t}^{t+t_f(t)} P_T(v(\tau), u(\tau), \alpha(s(\tau))) d\tau$$

$$\text{s. t.} \begin{cases} \dot{s}(\tau) = v(\tau) \\ \dot{v}(\tau) = f(v(\tau), \boldsymbol{u}(\tau), \alpha(s(\tau))) \\ v(t) \triangleq v_i(t) \\ v(t + t_f(t)) = v_f(t) \\ s(t) = 0 \\ s(t + t_f(t)) = s_f(t) \\ \boldsymbol{u}_{\min}(v(\tau), \tau) \leq \boldsymbol{u} \leq \boldsymbol{u}_{\max}(v(\tau), \tau) \\ 0 \leq v(\tau) \leq \min(v_{lim}(s(\tau)), v_{turn}(R(s(\tau)))) \\ 0 \leq s(\tau) \leq s_p(\tau) \end{cases} \quad (8.3)$$

式中，$\boldsymbol{u}$ 为控制向量；f 为速度动力学方程即式（6.15）。

对于混合动力汽车而言，必须另外考虑荷电状态 ξ_b 的动力学以及附加边界条件 $\xi_b(t+f_f(t)) = \xi_f$。变量 ξ_f 并不是先验的，它是整个行程中 SoC 轨迹优化的结果，而不只是一个子行程的结果（见第 6.6 节），然而，它可以用启发式方程来近似表示，如式（4.47）所述。总体来说，优化块的输出是整个区域 $v^*(\tau), \tau \in [t, t+t_f]$ 的最优速度分布。

与 Eco‑ACC 系统类似，最优速度曲线可通过 HMI（见 8.3.1 节）告知驾驶员，或在自动速度控制器的情况下通过车辆控制器直接实现。主车的实际位置和速度作为反馈输入，在每个时间步长对边界条件进行更新迭代。

8.2 实用性问题

在前面几节的流程图中出现的许多模块都在本书中得到了广泛的讨论。例如，第 4.1 节中主要介绍使用 3D 数字地图。此外，流程图中未明确显示的各种传感器的特性可在第 3.2.1 节中找到。然而，许多重要的功能和子系统没有得到足够详细的处理，因此本节将详细讨论。具体包括节能性辅助驾驶的速度与路径记录和断点检测（第 8.2.1 节和第 8.2.2 节），Eco‑ACC 和预测型经济驾驶的前车位置预测和 MPC 算法（第 8.2.3~8.2.5 节），以及预测边界条件设置（第 8.2.6 节）。

8.2.1 速度与路径记录

如第 3.2 节所述，车辆速度的精确测量往往需要多个传感器（GPS、IMU、轮里程表），并通过扩展卡尔曼滤波对其输出进行融合。图 8.1 所示为简单而快速运行的经济辅助系统，然而，除了 3D 地图数据外，还依赖相对噪声较大的 GPS 数据，需要从中提取纵向速度、道路坡度和道路曲率。首先，根据墨卡托方位法（UTM）系统将子行程上的原始数据（纬度、经度、高程）转换为局部笛卡尔坐标 (x_c, y_c, z_c)，相关记录时间为 $t_c(c=1,2,\cdots,C)$。如果 s 为曲线位置，θ 为航向角，

则可从数据集的数值微分原则上反应速度

$$v(s) = \frac{\mathrm{d}s}{\mathrm{d}t} \qquad (8.4)$$

曲率

$$\frac{1}{R(s)} = \frac{\mathrm{d}\theta(s)}{\mathrm{d}s} \qquad (8.5)$$

道路坡度

$$\alpha(s) = \arctan\left(\frac{\mathrm{d}z(s)}{\mathrm{d}s}\right) \qquad (8.6)$$

以及

$$\mathrm{d}x = \cos\theta \mathrm{d}s \qquad (8.7)$$
$$\mathrm{d}y = \sin\theta \mathrm{d}s \qquad (8.8)$$

为了从数值上区分可用数据，可以使用平滑滤波器，如 Savitzky – Golay 滤波器[3]，因为它能在不严重扭曲信号的情况下提高信噪比[4]。利用这种方法，可以直接从一阶和二阶导数中获得曲率，而不需要对航向进行中间评估。

另一种方法是设置一个特殊的最优控制问题，以寻找速度、曲率和坡度的时间曲线，使 GPS 数据(x_c, y_c, z_c)和更新重塑的位置在时间t_c时评估的误差最小化[5]。为此，选择时间作为自变量㊀，而"控制"向量由所求函数$\widetilde{u}(t) \triangleq [\mathrm{d}v/\mathrm{d}t, \mathrm{d}(1/R)/\mathrm{d}t, \mathrm{d}\alpha/\mathrm{d}t]$的导数组成。对于第$i$个子行程，最小化的性能指数可以定义为

$$\int_0^{t_f} r\widetilde{u}^2 \mathrm{d}t + \sum_{c=1}^{C}((x_c - x(t_c))^2 + (y_c - y(t_c))^2 + (z_c - z(t_c))^2) \qquad (8.9)$$

式（8.4）~式（8.8）为动态要求，t_f由式（8.1）中的第一项给出。加权系数r用来权衡重构曲率曲线的变化与重构精度的比重。适当的边界条件和约束条件完成了 OCP 的构建。

对于车内数据总线集成的车载系统，单独使用或结合 IMU 数据与传感器融合可以获得更精确的估计。

8.2.2 断点检测

在分析记录的速度和路径曲线时，可以根据两种考虑因素来定义断点。一方面，固定或静止的断点可以定义在以下地点：①坡度α；②道路曲率；③最高限速v_{lim}相对于前一个子行程中的数值变化超过预定的阈值；④行程出现不连续性，如存在信号灯交叉口、停车或其他类型的交叉口。

另一方面，对实际车速曲线$\hat{v}$的分析可能发现由周围交通引起的一些额外断点，这是无法仅用静态路径信息预测得到。原则上，这种断点的检测可以通过识别减速后的速度最小值（包括停车）来完成，而这些最小值还没有被静态断点计算

㊀ 在文献[5]的原始表述中，曲线位置是自变量，不过这种选择会产生一些困难。

在内。

最小值检测并不总是一项简单的任务，因为记录的速度曲线可能非常嘈杂，而且可能出现虚假的最小值。这可以通过保留的方法处理，例如，通过只保留具有足够显著性的最小值⊖或与其他最小值有一定时间间隔的最小值来消除。这些特性可以在使用商业软件中的函数时实现，如 Matlab 的 *findpeak*。

然而，通常仅隔离具有代表性的断点是不够的。当只保留可归于断点的主要最小值时，可使用数字滤波器如前述的 Savitzki - Golay 滤波器[3]来平滑数据并降低噪声。Ramer - Douglas - Peucker 算法[6]可以用来减少记录速度轨迹中的点数，这也可以减少噪声。同时，数学形态学也可以直接在速度轨迹上或者在滤波信号上使用，将谷值从原始信号中分离出来。但是，当这些波谷的形状强烈不对称时，其位置可能会发生偏移。

8.2.3 前车位置预测

图 8.4 和图 8.5 所示的迭代方法的最优性受前车状态预测质量的强烈影响。预测领先车辆未来速度的最简单方法是假设车辆继续以相同的加速度运动，直到它停止或超过最大速度[7]。但是这种方法可能是不现实的，因为它可能导致在一个很长的区域终点处的预测速度非常高或为零。因此，通常考虑与速度相关的加速度值来改进该模型[8]。

为此，4.2.1 节所述的跟车模型原则上可以应用于前车，并在预测范围内集成通用方程 $v_p(\tau), \tau \in [t, t+t_f(t)]$。通常情况下，无法获得前车与跟车的速度及其与前车的路距等信息，因此，式（4.2）是在假设自由流动的情况下进行整合的

$$\dot{v}_p(\tau) = F(v_p(\tau), \delta \to \infty) \tag{8.10}$$

当接近一个固定的障碍物时，如红灯或十字路口，其位置是已知的

$$\dot{v}_p(\tau) = F(v_p(\tau), \delta(\tau)) \tag{8.11}$$

$$\dot{\delta}(\tau) = -v_p(\tau) \tag{8.12}$$

这些微分方程的闭合式积分只适用于非常简单的车辆跟随模型，对于更真实的模型，如 Gipps 模型或 IDM，需要进行数值积分，这在车载系统中并不总是实用的。

因此，文献中常采用较多的启发式方法。例如，给当前加速度引入一个权重因子

$$a_p(\tau) = a_p(t)\zeta(v_p(\tau)) \tag{8.13}$$

其中 $\zeta(v_p)$ 定义为

$$\zeta(v_p) \triangleq \frac{1}{(1+e^{-\beta_1(v_p-w_1)})(1+e^{\beta_2(v_p-w_2)})} \tag{8.14}$$

⊖ 与山峰的凸度类似，山谷的突出程度衡量的是山谷因其固有的深度和相对于其他山谷的位置而突出的程度。孤立的浅谷可能比深谷更突出，但它是深谷序列中不起眼的成员。

式 (8.14) 中的参数 w_1 和 w_2 定义了一个大致的速度范围,如图 8.6 所示。式 (8.14) 表示如果 $v_p(\tau)$ 在该范围内,则 $a_p(\tau) \approx a_p(t)$,否则 $a_p(\tau) \approx 0$;$\beta_1 > 0$ 和 $\beta_2 > 0$ 表示 sigmoid 函数的锐度。这意味着当前车达到最大速度或完全停止时,其加速度接近零。

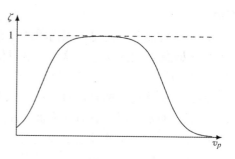

图 8.6 式 (8.14) 的曲线

在前车接近红色信号灯的情况下,用式 (8.14) 进行预测是不合适的,因为在经过已知距离 $\delta(t) = s_f - s_p(t)$ 后,车辆肯定会停在该路段的终点。对于这种特殊情况,文献 [7] 中提出了一种基于试验驾驶数据的前车预测模型,具体为

$$v_p(\delta(\tau)) = \sum_{i=0}^{5} c_i \delta^i(\tau) = -\dot{\delta}(\tau) \tag{8.15}$$

其中,系数 c_i 由试验确定。相应的停车率为 $a_p(\tau) = -v_p(\delta(\tau))\mathrm{d}v_p(\delta)/\mathrm{d}\delta$。

通过 V2V 的连接,可以将前车的未来意图传达给跟随车辆,从而降低不确定性。车辆无法确切地知道它未来的动作,但如果采用 MPC 方法进行纵向控制,它就会产生一个以其当前状态为条件的最佳控制动作的未来序列。这个"预定"的未来运动序列可以作为它要做的事情的最佳估计传达给跟随车辆。在其成本函数和约束条件下,跟踪车辆可以取代前车在区域内的预定位置。如文献 [9] 所述,MPC 问题可以由每个参与的 CAV 从字符串的前端到尾部依次求解,从而得到分布式 MPC 求解的跟车问题。

即使在没有 V2V 连接的情况下,最新的传感器观测结果也可以用来估计前车在未来规划区域内的可能位置。文献 [10-12] 提出了不同类型的马尔可夫链方法,以预测前车在自车规划区域内的可能位置。通过统计历史发生次数,对连续时间步长的两种状态(即车辆速度)之间的转换进行概率分配。在马尔可夫链模型中,假设在任何一个时间点上的状态只依赖于前一个步骤的状态,而不是先前所有的步骤。文献 [11] 只对前车的速度变化进行了建模,但如果有足够的数据将加速状态也包括在内,则可以做出更精确的预测。为了减少过渡概率矩阵⊖的大小和对训练数据的需求,可以只使用一个分类变量来描述前车是加速、减速还是巡航。例如,速度可以在 0 和最大允许速度之间以 1m/s 的步长进行量化,而加速度状态可以从加速、减速、巡航中选择,如文献 [12] 所示。在文献 [13, 14] 中,使用了更高分辨率的加速度量化。

一旦估计出前车的速度,并给定前车的位置 $s_p(0)$,就可以利用运动学确定未来的位置。因为使用模型来生成最终的输出,所以这种方法总是能得到物理上真实

⊖ 矩阵 $\boldsymbol{P}_{\alpha\beta} \triangleq P(v_p(\tau + \Delta\tau) = \beta \mid v_p(\tau) = \alpha)$ 表示从速度状态 α 到状态 β 的概率。

的轨迹。对每一个速度序列和所产生的位置,可以分配一个从所构建的马尔可夫转换矩阵计算出来的概率。有了足够多的样本,就可以对生成的位置直方图进行分布拟合,以用于预测型跟车,如第9.3节的案例研究中所述。

8.2.4 交通信号灯概率预测

交通信号的相位和时序可能有很多不确定性,这使得预测其未来的状态相当困难。对于固定时序的交通信号灯,它不对交通状况做出反应(见4.1.3节),只在一个时序表上运行,交通信号灯的时间可能在24h内发生偏移(这可能是由于电网频率的变化造成的,详见文献[15]),因此,即使是固定时间的信号灯,也不可能确切地知道绿灯和红灯的开始时间。对于对交通状况做出反应的驱动和自适应交通信号灯来说,不确定性程度更高。虽然它们有一个基本的时序表,但驱动和自适应灯的时间可能会根据交通状况而改变,因此不仅红灯和绿灯的开始时间不确定,序列长度也不确定。

由于上述的不确定性,总是很难确定绿灯的开始和持续时间。我们可以采用概率预测框架来处理部分信息或不确定信息的情况。在这里,我们描述了首次出现在文献[16]中的方法。

假设当前的相位(颜色)和信号的平均红绿灯长度是已知的。此信息可用于预测规划期内出现绿灯的概率。交通灯的状态用 $\ell(t)$ 表示,它可以假设两个值: g 和 r 分别代表绿灯和红灯。目标是确定交通灯在时间 $t+t_p$ 时是绿灯的概率,这取决于它在时间 t 的颜色。为了构成条件概率函数,绿灯和红灯的平均持续时间分别给定位为 t_g 和 t_r。假设交通信号灯是周期性运行的,很多交通信号灯都是如此,因此总的周期时间固定为 t_g+t_r,其中红灯时间里包含了黄灯时间。

利用比较简单明了的概率推理,在当前时间 t 给定绿灯的情况下,可以发现在 t_p 内绿灯亮起的概率为

$$P[\ell(t+t_p)=g \mid \ell(t)=g] = \begin{cases} \dfrac{t_g-t_m}{t_g}, & t_m \leqslant t_r \text{ 且 } t_m \leqslant t_g \\ \dfrac{t_g-t_r}{t_g}, & t_r \leqslant t_m \leqslant t_g \\ 0, & t_g \leqslant t_m \leqslant t_r \\ \dfrac{t_m-t_r}{t_g}, & t_g \leqslant t_m \text{ 且 } t_r \leqslant t_m \end{cases} \quad (8.16)$$

式中, $t_m \triangleq \mathrm{mod}(t_p, t_g+t_r)$ 为 t_p 除以 t_g+t_r 的余数,它的作用是去除 t_p 内完整的周期时间,换言之,因为假设信号时间是周期性的,产生的条件概率也将是一个周期性的时间函数,所以绿灯(或红灯)的概率可以用 t_m 代替 t_p 来描述。

假设 $t_m \leqslant \min(t_g,t_r)$,当 $0 \leqslant t \leqslant t_g-t_m$ 时, $\ell(t+t_m)=g$;当 $t_g-t_m \leqslant t \leqslant t_g$ 时, $\ell(t+t_m)=r$。因此,式(8.16)的第一行可以解释为当前时刻和 t_m 后绿灯的概率

为 $\dfrac{t_g - t_m}{t_g}$；但如果 $t_g \leq t_m \leq t_m$，且此刻为绿灯状态，则在 t_m 后不会如式（8.16）的第三行一样表示为绿灯，细节可以用图形来理解，因此这里不进行详细解释。

同理，在时间 t 为红灯的情况下，t_p 内绿灯的概率为

$$P[\ell(t+t_p)=g \mid \ell(t)=r] = \begin{cases} \dfrac{t_m}{t_r}, & t_m \leq t_r \text{ 且 } t_m \leq t_g \\ 1, & t_r \leq t_m \leq t_g \\ \dfrac{t_g}{t_r}, & t_g \leq t_m \leq t_r \\ \dfrac{t_g + t_r - t_m}{t_r}, & t_g \leq t_m \text{ 且 } t_r \leq t_m \end{cases} \quad (8.17)$$

几个概率预测的例子如图 8.7 和图 8.8 所示。红灯和绿灯时间分布有不同的分割比例，但周期长度相同。这些都是概率的可视化，在第 9.1 节描述的概率模拟案例中将会被使用。

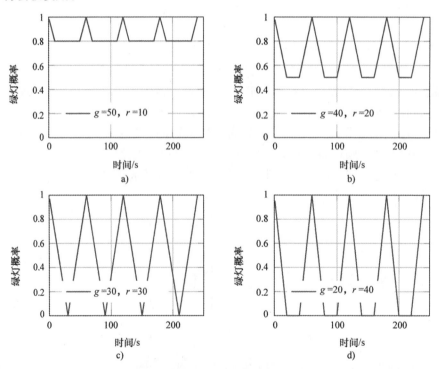

图 8.7 对于四种不同的交通灯时序模式，给定当前交通灯为绿灯，计算未来绿灯的概率。在所有模式中，总周期为 60s，绿灯和红灯的时间长度在图例中表示。时间轴 t_p 由式（8.16）和式（8.17）定义

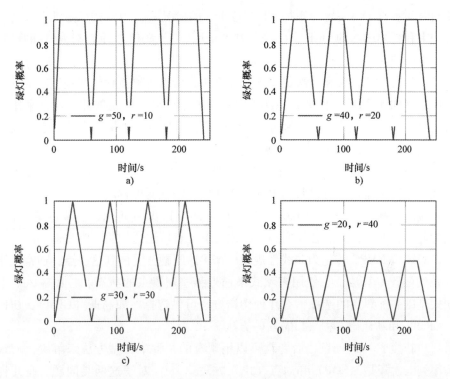

图8.8 对于四种不同的交通灯时序模式,给定当前交通灯为红灯,计算未来绿灯的概率。
在所有模式中,总周期为60s,绿灯和红灯的时间长度在图例中表示。
时间轴t_p由式(8.16)和式(8.17)定义

8.2.5 模型预测控制(MPC)方案

与之前描述的离线最优控制框架不同,MPC需要在每个控制时间步长在线求解一个优化问题以计算最优控制输入。但一些事实阻碍了MPC在一些情况下的应用,例如,在采样时间内求解OCP所需的处理器技术太过昂贵,或者对于车载汽车级控制器来说根本不可行,或者是数值求解器的实现引起了软件认证或可解释性问题,特别是在安全关键型应用中。同时,这种局限性也促使了显式MPC方法的发展,其中最优控制输入作为状态的函数进行离线预计算[17],甚至是本书中介绍的分析和半分析方法。然而,在非关键性和研究性应用中,数值MPC仍然是最常见的选择。

在线求解式(8.3)的实用方法一般需要对其进行离散化处理,即用集合代替积分J

$$\sum_{\tau=t}^{t+t_f(t)} P_T(\cdot)\Delta\tau \tag{8.18}$$

动力学代数方程:$v(\tau+\Delta\tau)=v(\tau)+f(\cdot)\Delta\tau$, $s(\tau+\Delta\tau)=s(\tau)+v(\tau)\Delta\tau$。

在预测时间步长 τ 不一定等于控制时间步长 t 的情况下，MPC 的稳定性在没有终端状态约束和终端成本的 OCP 中已经得到了证明[18]。文献 [19] 对 MPC 的稳定性进行了很好的综述。

对于具有线性约束和二次成本的线性系统，可以将离散化的问题重写成标准的二次规划（QP）形式，例如，二次 EV 模型式（6.74）就是如此。通常采用多种方法（梯度法、内点法等）精确求解 QP 问题，并且有许多快速高效的求解器，包括多种编程语言的工具箱[20]。

一般来说，非线性 MPC（NMPC）问题必须迭代求解，并涉及问题方程的近似。就最优控制而言，可以归纳出间接法和直接法这两种解法。

间接法，基于 PMP（见 6.2.2 节）产生两点边界值问题，但普遍缺乏高效、稳定的通用软件包，无法在线实施。相比之下，直接法的使用更为普遍。采用这种方法，必须将 NMPC 转化为非线性规划（NLP）问题。要做到这一点，通常采用伪谱（正交配置）算法，它使用多项式来逼近某些配置点的状态和控制输入。根据多项式基础和配置点的选择，有几种伪谱方法可供选择，如高斯（GPM）、切比雪夫（CPM）和勒让德方程（LPM）等方法。

一旦转换成 NLP 问题，后者就可以用现有的几种牛顿型方法来解决，大致可分为序列二次规划（SQP）和内点（IP）方法[21,22]。对于这两类问题，有几种求解器和软件包可供选择[22]。实际上可以用 SQP 求解器如 NPSOL[23] 和 SNOPT[24]，以及用 IP 型求解器如 C/GMRES[25] 和 IPOPT 实现节能驱动系统。

但是，使用这些方法需要对原 OCP 进行特殊处理，例如，对约束弧或奇异弧进行正则化，平滑不连续函数等。在有条件的情况下，使用本质上稳定的分析或半分析解程序（如本书中所述）可以克服这些困难。

8.2.6 边界条件设置

如第 8.1.4 节所述，图 8.5 所示的预测经济驾驶方案中的优化块需要适当的边界条件

$$B(t) = \{t_f(t), s_f(t), v_i(t), v_f(t)\} \tag{8.19}$$

其中，参数 t 明确表示这种设置是在每次新的优化运行时进行的。新的优化区域的初始速度设置为当前速度 $v_i(t) = v(t)$。至于其他边界条件，它们的定义来自于对前方路网的了解和估计的前车位置。假定这些要素具有良好的预测能力，它们构成道路参数 $C(t) = \{\alpha(s(\tau)), v_{max}(\tau), s_p(\tau)\}, \tau \in [t, t+t_f(t)]$。

空间区域可以是恒定的，也可以是可变的，前一种方案 $s_f(t) \equiv s_f$ 也被称为滑动区域，在没有任何合理断点的情况下同样适用于高速公路行程。如第 8.1.2 节和第 8.1.3 节所述，这是 PCC 和 Eco – ACC 实施的首选方案。

然而，在大多数驾驶情况下，道路拓扑结构会自然地固定下一个断点。参照第7章的情景，至少有四种情况可能发生，其中下一个断点可能发生在：①道路坡度和/或曲率相对于当前值发生合理变化的位置；②与当前限速不同的位置；③信号灯路口的位置；④停车点的位置。

将下一个断点的位置表示为 $\hat{s}_{NB}(t)$，其中上标"∧"表示估计值，变量 t 由于这些估计值会随着行程中的时间变化而变化，空间区域设定为

$$s_f(t) = \hat{s}_{NB}(t) - s(t) \tag{8.20}$$

至于时间区域，它很少是固定或者滑动的。更多的时候，它是根据 $\hat{s}_{NB}(t)$ 和达到它所需要的一些期望的或平均的速度（例如，交通诱导）$V(t)$ 来估计的。

$$t_f(t) = \frac{s_f(t)}{V(t)} \tag{8.21}$$

第三种情况即信号交叉口下，在绿灯阶段设置断点时间 $\hat{t}_{NB}(t)$，类似于式 (8.20)，将时间区域作为为赶上绿灯的剩余时间，即

$$t_f(t) = \hat{t}_{NB}(t) - t \tag{8.22}$$

终端速度 $v_f(t)$ 也需要估计。上述情况①中为典型的高速公路环境，通常 $v_f(t) = v_i$（巡航）。在情况②中，为了避免在新路段开始时不得不突然减速或制动，明显的选择是设置 $v_f = \hat{v}_{\max,NB}(t) - \Delta v$，其中 $\hat{v}_{\max,NB}$ 是下一个子行程的速度限制，Δv 是下一个子行程进一步加速的安全系数。在情况③中，$v_f(t)$ 应等于红绿灯处的通过速度 v_t，并且原则上可以是第 7.7 节⊖中进一步优化的结果。在情况④中，$v_f \equiv 0$。

必须检查以上述方法定义的子行程区域的可行性，为此，必须利用道路参数向量 $C(t)$ 中的可用信息，如第 7 章所示构造出满足所有约束条件的可行持续时间和距离范围 $F(t_f(t), s_f(t)) \geq 0$。此外，还可以利用车辆和动力系统的特性来设置最大加速度或减速度。

如果 $(s_f(t), t_f(t))$ 不可行，则必须进行修正。有两种情况可以确定。例如，如果前车的速度比想象的慢（在式 (8.21) 中高估了 $V(t)$），那么很可能增加 $t_f(t)$ 就足以使边界条件回到可行范围内。但是，如果出现了一个未估计的障碍物，例如，前车将在估计位置 $\hat{s}_{NB}$ 之前停止，那么最好的选择是根据式 (8.21) 减少 $s_f(t)$ 和 $t_f(t)$。这两种情况如图 8.9 所示，在这两种情况下，都可以方便地对可行域的邻近边界应用安全系数。

⊖ 在这个 OCP 中，$v_f(t)$ 是开放的，因此相应的协态是固定的。

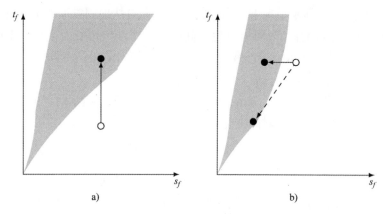

图 8.9 修正低估 t_f a) 和高估 s_f b) 的不可行的边界条件

8.3 车载应用

前面几节介绍的概念的有效实施需要一些技术安排。本节将讨论人机界面的人机工程学,其目的是向驾驶员提供有关经济驾驶实践的建议(第 8.3.1 节),以及他们对这些建议的反应(第 8.3.2 节)。最后,在第 8.3.3 节中将讨论一些与自动化有关的问题。

8.3.1 人机交互

前面各节和各章所述的节能系统必须辅以人机界面,以便与驾驶员进行交流。如上文所述,经济驾驶辅助人机界面的作用是有效地评估驾驶员在行程中或行程后的行为,而经济驾驶人机界面的作用是告知驾驶员应遵循的速度,以及可能采取的其他行动。此外,经济路径人机界面还可以为驾驶员提供路线建议。

驾驶员辅助系统的主要类型有:①视觉界面;②视觉-听觉辅助系统;③触觉辅助系统。

8.3.1.1 视觉和听觉辅助系统

视觉和视觉-听觉辅助系统是基于专用的车载多模态显示器或个人移动设备(智能手机、平板计算机)。系统架构可包括多个标签,与不同的功能或不同的驾驶阶段(例如,行程前经济路线、行程中经济驾驶、行程后经济驾驶辅助)有关。

经济路线的输出通常与当前的导航系统类似,用户通过输入实际地址或单击地图确定出发地和目的地,并可能提供出发时间(如果不是自动检测)。然后,系统会在地图上显示计算出的经济路线。与标准路线选择(通常是最快和最短的路线)相比,预测的行程能耗、持续时间和距离等信息对驾驶员也很有用。图 8.10 是一个经济路线选择界面的截图。

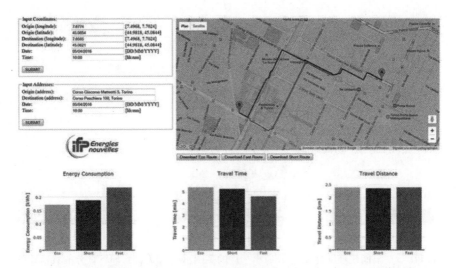

图 8.10　显示用户输入地址和坐标的经济路线界面（http：//isntsv - optem：8080/EcoRouting/）、地图上的路线，以及相应的能量、时间和距离属性的截图

节能性辅助驾驶人机界面会在行程中或行程后使用间接或直接的分数为用户提供关于其驾驶风格的有效反馈。通常，间接分数是指当车速与最佳速度不同时的时间段比值。另一方面，通过比较子行程期间实际（油箱）消耗的能量 E_T⊖ 和计算的最佳值 E_T^*，直接得分可以定义为

$$\text{EDS} \triangleq 10 \times \left(2 - \frac{E_T}{E_T^*}\right) \tag{8.23}$$

式（8.23）表明当 $E_T = E_T^*$ 时，分数等于 10，而如果实际消耗量是最小值的 2 倍，则得分为零。

如图 8.11 所示，分数可以用精确的数值、横条或各种视觉标志来表示。特别是当系统允许计算分析的时候，最近的子行程或整个行程的分数也是非常有用的，例如，所有已保存行程的平均分数。这可以让驾驶员将其当前的表现与最近的表现进行比较，并对自身的进步有一个印象。这种学习过程可以长期支持驾驶员的节能行为动机。

预测型经济驾驶人机界面因需要诱导驾驶员的期望行为而可能变得更加复杂。它们通常包括几种图标：代表驾驶过程中的不同事件，视觉建议，利用分数或游戏（内在奖励）元素[27]反馈经济驾驶行为的完成情况⊖。

通过将经济驾驶功能计算出的当前速度以数值、类似转速表的图标或横条的形式与实际速度进行比较，可以提供可视化建议。此外，除了精确的计算值之外，推

⊖ 请注意，实际测量能耗的手段是一个复杂的课题，不在本书的讨论范围之内。
⊖ 见第 9 章案例研究中的几个例子。

图 8.11　a）节能性辅助界面（GECO[26]）的截图示例，显示了 EDS 评分的数值和能耗（以 CO_2 g/km 为单位）标志。b）三个评定加速、减速和平稳性的滑块。
c）最后一个子行程中最佳速度曲线与实际速度曲线的视觉比较

荐的速度还可以方便地可视化为一个范围[28]。二阶信息在踏板行程下所需的变化已被证明比当前速度误差的一阶信息更有效[29]。

除了视觉提示外，经济驾驶辅助界面中还经常呈现即将到来事件的前馈信息（交通灯的距离和可能的状态、交通标志、弯道、环形交叉口等）[27]。

游戏元素在驾驶辅助环境中的应用也越来越流行[30]。这类游戏化界面的目的是促进内在动机的节能行为，这些行为与简单的方法相比更不易改变。根据心理学上关于人的个性和动机的理论——自我决定理论，在开发这类界面时需要考虑的因素包括：①外部奖励（如奖品、现金奖励）；②向驾驶员提供有关其经济驾驶行为的积极反馈；③促进社会互动（如通过合作系统）[30]。可以通过不同难度的挑战向驾驶员提供游戏元素，以使他们在通过关卡时有增强能力的感觉。该领域的研究强调了平衡难度和用户技能的必要性，以避免无聊（当挑战太容易）或沮丧（当挑战太困难）。

设计社交互动功能，让用户与朋友或其他驾驶者分享他们的分数，以实现经济驾驶的共同目标。经济驾驶系统的提供者和地方当局也可以组织用户或团队（朋友、同事）进行竞争性挑战，以促进节能驾驶方式的采用[31]。

8.3.1.2　触觉辅助系统

在典型的车辆中，施加在加速踏板上的力和产生的踏板凹陷之间有一个比例关系。在触觉系统中，这种关系可以通过增加或减少加速踏板的阻力来改变。变化的力-凹陷曲线以某种方式反映出建议给驾驶员的加速度，并由此得到驾驶员的期望值。近年来有两种方法被证明[29]，如图 8.12 所示。

触觉力法要求驾驶员产生一个显著的额外力来增加踏板行程，使其超过由经济

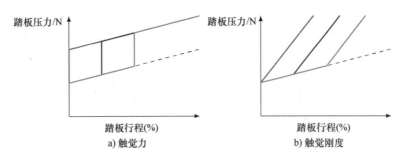

图 8.12 踏板行程下 3 个设定点的触觉力和触觉刚度系统曲线。
虚线为标准踏板；彩色线为增加加速度的设定点（见彩插）

驾驶功能计算出的当前瞬间能量效率的最佳值。相反，为了抑制加速不足，对于低于建议的踏板行程，强制将踏板阻力减弱到标准加速踏板的阻力以下，因此比未配备触觉辅助系统的车辆更容易推动。

触觉刚度法通过改变踏板刚度而不是通过力的阶跃变化来阻止过度加速。同样，这种方法能够在提高踏板力能效的情况下，通过降低相对于非触觉标准踏板的阻力来促进更苛刻的加速。

这两种方法的有效性以及与视觉辅助系统的比较仍是一个争论不休的问题，为数不多的试验结果在某种程度上是矛盾的[29]。

8.3.2 驾驶员反馈

节能驾驶辅助系统的有效性不仅取决于算法和所使用的人机界面，而且在很大程度上取决于人类驾驶员对建议的反应和采纳情况。

整个系统的有效性可以通过现场试验、驾驶模拟器或交通模拟来评估。通常情况下，这类测试会选择多名参与者，在几个不同场合完成相同的驾驶场景。这种重复测试的目的是为了执行或再现，以此来限制外界因素的影响，例如，一周中同一天的条件和当天的出发时间。虽然出于实际原因，往往是专业驾驶员参与此类测试，但应提倡使用未经指导的参与者。

这些测试的结果可以是不同性质的。特别地，人们对人机界面的反应可以通过几种措施来评估。试验活动的参与者填写的调查问卷可以了解用户对界面设计的看法（界面设计的吸引力如何、是否容易理解、感知的可用性），使用系统时的自我感觉（例如，自我评估焦虑、烦恼、好奇的程度）或关于使用界面对驾驶的影响。

人机工程学中也使用定量指标，如正确反应的成功率和对反馈的反应时间。为了评估使用人机界面所引起的分心程度，经常使用驾驶员眼睛瞟向（注视）界面的持续时间，以及相对于看向前方道路场景的时间[32]等指标。

当然，实际消耗的能量是衡量整个系统效果的最终标准[33]。使用经济驾驶系统的节能效益应该从短期和长期两个方面进行评估，与传统的经济驾驶培训相比，经济驾驶系统的优越性应该更加明显。

8.3.3 自动驾驶

通过减轻驾驶员的负担，自动驾驶系统有望大大简化经济驾驶功能的实现。简单规划为将运动规划层确定的经济行驶速度或经济车道（见 3.3.3 节）发送至较低层前馈和反馈运动控制器（见 3.3.4 节），由其控制驱动油门、制动器和转向控制电机。

例如，在预期跟车行驶中，MPC 规划器向低层控制器发出加速指令。在一个可能的实施方案中，预先规划的前馈控制器可以将加速度指令传递到节气门或制动踏板的位置处，而反馈回路则负责速度跟踪。一个潜在的挑战是规划层使用的简化模型与车辆的实际动态之间的不匹配，这可能导致跟踪性能的下降。在 MPC 框架中，一个可能的解决方案是在简化模型中增加一个（步进）干扰观测器[34]，从而引入改善跟踪性能的集成模式。需要考虑和解决计算和通信延迟，否则可能会导致跟踪性能不佳或抖动。

在低级控制层也存在挑战。低层控制器的设计不当会降低上层计划的能源收益，甚至可能导致能源使用量增加。例如，过度激进的低级控制器可能会在加速和制动之间引起颤动，以精确地跟踪经济行驶速度。在带有内燃机的车辆中没有适当地考虑到发动机的响应时间，这种情况更易发生。如果车辆采用涡轮增压器或带变矩器的自动变速器，那么情况可能会更糟，这两种装置都会增加车辆响应的额外延迟。在诸如交通信号的经济通行场景中，控制器去调谐是一种选择，但在密集排队的情况下可能不可行。电动汽车由于其电机和传动系统结构更灵敏，在类似情况下可能更容易控制。

控制和感知模块可以按照自己的速度运行，并通过机器人操作系统（ROS）等环境使用发布和订阅功能进行通信[35]。融合了宏观交通规划的高精尖运动规划器可以运行在末梢云端上。在这种情况下，运动规划器和车辆模块之间的通信可以通过专用短程通信（DSRC）和蜂窝通信等通信网络来实现。在所有这些情况下，数据的全局时间标记对于同步来说是比较可取的。此外，在系统设计和实施中还应考虑到潜在的风险，如死锁、时间延迟和数据损失。

参 考 文 献

1. Dib Wissam, Chasse Alexandre, Moulin Philippe, Sciarretta Antonio, Corde Gilles (2014) Optimal energy management for an electric vehicle in eco-driving applications. Control Eng Pract 29:299–307
2. Thibault L, De Nunzio G, Sciarretta A (2018) A unified approach for electric vehicles range maximization via eco-routing, eco-driving, and energy consumption prediction. IEEE Trans Intell Veh 3(4):463–475
3. Savitzky A, Golay MJE (1964) Smoothing and differentiation of data by simplified least squares procedures. Anal Chem 36(8):1627–1639

4. Ojeda LL, Chasse A, Goussault R (2017) Fuel consumption prediction for heavy-duty vehicles using digital maps. In: Proceedings of international conference on intelligent transportation systems (ITSC), pp 1–7. IEEE
5. Perantoni G, Limebeer DJN (2014) Optimal control for a formula one car with variable parameters. Veh Syst Dyn 52(5):653–678
6. Douglas DH, Peucker TK (1973) Algorithms for the reduction of the number of points required to represent a digitized line or its caricature. Cartogr: Int J Geogr Inf Geovisualization 10(2):112–122
7. Kamal MAS, Mukai M, Murata J, Kawabe T (2011) Ecological driving based on preceding vehicle prediction using MPC. IFAC Proc Vol 44(1):3843–3848
8. Kamal MAS, Mukai M, Kawabe T (2013) Model predictive control for ecological vehicle synchronized driving considering varying aerodynamic drag and road shape information. SICE J Control Meas Syst Integr 6(5):299–308
9. Zheng Y, Li SE, Li K, Borrelli F, Hedrick JK (2017) Distributed model predictive control for heterogeneous vehicle platoons under unidirectional topologies. IEEE Trans Control Syst Technol 25(3):899–910 May
10. McDonough K, Kolmanovsky I, Filev D, Szwabowski S, Yanakiev D, Michelini J (204) Stochastic fuel efficient optimal control of vehicle speed. In: Optimization and optimal control in automotive systems, pp 147–162. Springer
11. Zhang C, Vahidi A (2011) Predictive cruise control with probabilistic constraints for eco driving. In: Proceedings of dynamic systems and control conference and symposium on fluid power and motion control, pp 233–238. American Society of Mechanical Engineers
12. Wan N, Zhang C, Vahidi A (2019) Probabilistic anticipation and control in autonomous car following. IEEE Trans Control Syst Technol 27:30–38
13. Dollar RA, Vahidi A (2017) Quantifying the impact of limited information and control robustness on connected automated platoons. In: Proceedings of international conference on intelligent transportation systems (ITSC), pp 1–7. IEEE
14. Dollar RA, Vahidi A (2018) Efficient and collision-free anticipative cruise control in randomly mixed strings. IEEE Trans Intell Veh 3:439–452
15. Lin P-S, Fabregas A, Chen H, Rai S (2010) Impact of detection and communication degradations on traffic signal operations. In: Proceedings of annual meeting and exhibit, ITE
16. Mahler G, Vahidi A (2014) An optimal velocity-planning scheme for vehicle energy efficiency through probabilistic prediction of traffic-signal timing. IEEE Trans Intell Transp Syst 15(6):2516–2523
17. Alessio A, Bemporad A (2009) A survey on explicit model predictive control. In: Nonlinear model predictive control, pp 345–369. Springer
18. Zanon M, Frasch JV, Vukov M, Sager S, Diehl M (2014) Model predictive control of autonomous vehicles. In: Optimization and optimal control in automotive systems, pp 41–57. Springer
19. Mayne DQ, Rawlings JB, Rao CV, Scokaert POM (2000) Constrained model predictive control: stability and optimality. Automatica 36(6):789–814
20. Gould NIM, Toint PL (2000) A quadratic programming bibliography. Numer Anal Group Intern Rep 1:32
21. Betts JT (2010) Practical methods for optimal control and estimation using nonlinear programming, vol 19. Siam
22. Diehl M, Ferreau HJ, Haverbeke N (2000) Efficient numerical methods for nonlinear MPC and moving horizon estimation. In: Nonlinear model predictive control, pp 391–417. Springer
23. Bae S, Kim Y, Guanetti J, Borrelli F, Moura S (2018) Design and implementation of ecological adaptive cruise control for autonomous driving with communication to traffic lights (2018). arXiv:1810.12442
24. Shaobing X, Peng H (2018) Design and comparison of fuel-saving speed planning algorithms for automated vehicles. IEEE Access 6:9070–9080
25. Kaijiang Y, Yang J, Yamaguchi D (2015) Model predictive control for hybrid vehicle ecological driving using traffic signal and road slope information. Control Theory Technol 13(1):17–28

26. Guillemin F, grondin O, Moulin P, Dib W (2015) An innovative eco-driving coaching solution: Geco. In: Proceedings of ITS world congress
27. Toffetti A, Iviglia A, Arduino C, Soldati M (2014) "ecodriver" HMI feedback solutions. In: Proceedings of the human factors and ergonomics society Europe chapter 2013 annual conference
28. Seewald P, Kroon L, Brouwer S et al (2015) Ecodriver. d13. 2: results of HMI and feedback solutions evaluations. Technical report, European Union
29. Hibberd DL, Jamson AH, Jamson SL (2015) The design of an in-vehicle assistance system to support eco-driving. Transp Res Part C: Emerg Technol 58:732–748
30. Vaezipour A, Rakotonirainy A, Haworth N (2016) Design of a gamified interface to improve fuel efficiency and safe driving. In: Proceedings of international conference of design, user experience, and usability, pp 322–332. Springer
31. IFP Energies Nouvelles (2018) Premier challenge national écoconduite interentreprises 2018: essai transformé! https://www.ifpenergiesnouvelles.com/node/616
32. Birrell SA, Fowkes M (2014) Glance behaviours when using an in-vehicle smart driving aid: a real-world, on-road driving study. Transp Res Part F: Traffic Psychol Behav 22:113–125
33. Birrell SA, Fowkes M, Jennings PA (2014) Effect of using an in-vehicle smart driving aid on real-world driver performance. IEEE Trans Intell Transp Syst 15(4):1801–1810
34. Borrelli F, Morari M (2007) Offset free model predictive control. In: Proceedings of conference on decision and control, pp 1245–1250. IEEE
35. Thrun S, Montemerlo M, Dahlkamp H, Stavens D, Aron A, Diebel J, Fong P, Gale J, Halpenny M, Hoffmann G et al (2006) Stanley: the robot that won the darpa grand challenge. J Field Robot 23(9):661–692

第 9 章

详细案例研究

本章将介绍一些研究案例,这些案例证明并扩展了本书前面所述概念的实际应用。每个案例研究往往是由作者主导的几篇研究论文的汇编,旨在突出系统集成和实际考虑。

9.1 信号灯交叉路口的节能方法

第 1.3.2 节介绍了已发表的关于信号灯交叉路口节能驾驶方法的结果。第 4.1.3 节提供了信号灯交叉路口的基本概述,第 7.7 节则通过基本的数值和分析处理,对潜在的节能问题进行了更深入的探讨。本节提供的案例分析,总结了克莱姆森大学十年来在该主题上的工作结果。更具体地说,我们讨论了与信号灯相关的节能驾驶的确定性和概率性规划[1,2],通过交通微观模拟分析[3]对混合交通的影响,以及现实世界的试验性实施[4]。

9.1.1 数值方法

其目标是根据全部或部分 SPAT 信息找到一个速度曲线,以减少行程中的能量消耗。这个问题可以表述为一个能量(燃料)最小化问题,在第 7.7.1 节中进行了数值处理,第 7.7.2 节进行了分析处理。能量最小化要求包含特定车辆及其推进系统(ICEV、EV、HEV)的动态模型,以将能耗与速度曲线相关联。为了避免随之而来的计算复杂性,并使最佳速度的选择与车辆的品牌和型号分离,可以使用一个更简单的成本函数,惩罚项包含总行程时间和加减速的加权总和,而不是对总能耗进行惩罚。这种选择的基本假设是,在交通灯前空转和导致制动的过度加速都会消耗能量,而对驾驶员几乎没有好处。其他因素如红绿灯间隔、道路限速所带来的运动约束,以及消费者无法接受的极低速度,都可以通过约束解空间来解决。在本案例研究中,通过将最佳速度曲线输入车辆的高保真动态模型,对特定车辆模型的燃油经济性进行了后验评估。

第 9.1.1.1 节将描述在整个预测范围内可以获得准确 SPAT 信息的场景。第 9.1.1.2 节将介绍若即将到来信号的相位和时间不确定时,可以在成本函数中增加一个概率项。

9.1.1.1 利用确定的 SPAT 信息进行规划

当行驶范围内只有一个红绿灯时,可以利用绿灯和红灯间隔的确定性信息,在允许的速度范围内规划车速以及时到达绿灯,如图 9.1 所示。

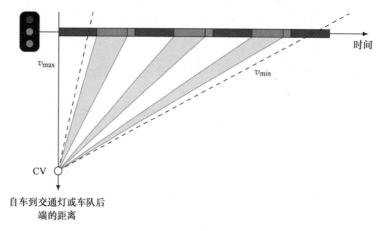

图 9.1 可行速度区间,以避免在红灯时停车(见彩插)

为了获得最佳可实现的能效基线,首先假设在规划范围内对信号的相位和时序有完全的确定性信息,然后对最优控制问题进行求解。采用一个更简单的、启发式的成本函数代替式(8.2)中的成本函数,以后可将其转化为二次规划,进行高效的数值求解。选用以下成本函数

$$J = \sum_{i=k}^{k+N-1} \left[w_1 \frac{\Delta t_i}{\Delta t_{\min}} + w_2 \left| \frac{a_i}{a_{\max}} \right| + c(s_i, t_i) \frac{1}{\varepsilon} \right] \quad (9.1)$$

式中,J 为总成本,以索引 i 对位置 s 进行索引,从当前位置步骤 k 开始,在步骤 $k+N-1$ 后结束 N 个步骤,N 为预测范围的长度;$\Delta t_i = t_{i+1} - t_i$ 为在给定 s_i 处速度与加速度 a_i 的情况下,车辆在步骤 s_i 和 s_i+1 之间覆盖固定距离 $\Delta s = s_{i+1} - s_i$ 所需的时间;$\Delta t_{\min}$ 为全程以最大速度完成该步骤所需的最短时间,并作为缩放系数;a_i 为步骤 i 期间假设的恒定加速度;$a_{\max}$ 为允许的最大加速度;w_1 和 w_2 为权重项,均为常数。

红灯区间施加的运动约束是通过在成本函数中包含 $c(s_i, t_i) \frac{1}{\varepsilon}$ 作为软约束施加的。$c(s_i, t_i)$ 的值一般为零,但红灯时除外,在这种情况下,它的值被设置为 1,而 ε 是一个非常小的常数(如 10^{-6}),这样就不会在红灯时息速行驶。

将以下两个状态方程表示的车辆运动学作为等式约束

$$\frac{\mathrm{d}v(s)}{\mathrm{d}s} = \frac{a(s)}{v(s)} \quad (9.2)$$

$$\frac{\mathrm{d}t(s)}{\mathrm{d}s} = \frac{1}{v(s)} \quad (9.3)$$

式中，s 为自变量；速度 v 和时间 t 为两个状态；加速度 a 为输入。

采样间隔 Δs 不变，将上述方程分解，在加速度保持零阶时可得

$$v_{i+1} = \sqrt{v_i^2 + 2a_i \Delta s} \tag{9.4}$$

$$t_{i+1} = t_i + \frac{2\Delta s}{v_i + \sqrt{v_i^2 + 2a_i \Delta s}} \tag{9.5}$$

不等式硬约束为 $v_{\min} \leq v_i \leq v_{\max}$ 和 $a_{\min} \leq a_i \leq a_{\max}$。其中，$v_{\min}$ 和 $v_{\max}$ 为道路速度限制，也可以包括驾驶员可接受的最低速度；$a_{\min}$ 和 $a_{\max}$ 为减速和加速的可行界限。

如图 9.2 所示，上述最优控制问题可以采用动态编程（DP）进行数值求解，基于位置、时间、速度进行离散化。利用 Bellman 的最优性原理，沿位置轴向后计算。DP 算法的概要在第 6.2.2.2 节的算法 1 中描述。

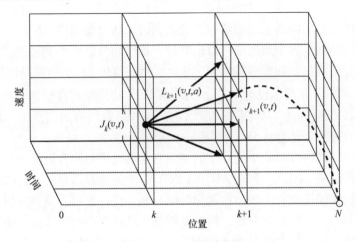

图 9.2 DP 网格示意图

9.1.1.2 利用 SPAT 的概率信息进行规划

如第 8.2.4 节所述，详细的全范围 SPAT 信息并不总是可用的，这里我们仅考虑 SPAT 以概率方式获取的情况，如基于历史数据。考虑 SPAT 信息的概率性质，将式（9.1）中的成本函数修改为

$$J = \sum_{i=k}^{k+N-1} \left\{ w_1 \frac{\Delta t_i}{\Delta t_{\min}} + w_2 \left| \frac{a_i}{a_{\max}} \right| + c(s_i, t_i) \left| \ln[p(s_i, t_i)] \right| \right\} \tag{9.6}$$

式（9.6）中的所有参数和变量与式（9.1）中描述的参数和变量相同；唯一的新变量是 $p(s_i, t_i)$，它表示位于 s_i 处的交通信号灯在时间 t_i 为绿灯的概率。因此，对于通过绿灯概率较低的时间间隔解决方案会分配较高的成本。位于 s_i 和 t_i 处的绿灯极限概率为 0 时，$\ln[p(s_i, t_i)] = \infty$ 以及闯红灯的情况将不会被考虑。在 $p(s_i, t_i) - 1$ 的情况下，成本函数的这一项降为零，并增加相应速度被选中的可能性。如第 8.2.4 节所述，根据实时或历史信息生成每个绿灯的概率，在第 9.1.1.1

节所述的等式和不等式约束条件下,成本函数式(9.6)的最小化仍然是一个确定性的最优控制问题,可以由 DP 通过滚动区间的方式解决,当新的信息可用时,DP 会考虑到剩余行程范围内的最新信息。需要注意的是,另一种方法是随机动态规划(SDP),其对式(9.1)中的成本预期值进行了惩罚。

9.1.2 仿真结果

9.1.2.1 单车仿真

在三种情况下模拟了一辆汽车行驶在有着三个交通信号灯的 800m 长的街道上。第一种情况下,假设车辆没有关于交通信号灯未来状态的信息;第二种情况下,假设有第 8.2.4 节所述的实时概率 SPAT 信息;第三种情况下,假设有 SPAT 信息的完全先验信息。每个场景在蒙特卡洛类型的试验中运行 1000 次,其中红灯阶段的开始被随机分配在一个足够长的窗口内,以便车辆完成路线。总的周期长度,以及每个红灯的时间长度都保持不变。同时,所有模拟中红绿灯时间的比例也被约束为相同的值。每个交通信号灯的红灯开始时间与下一个交通信号灯的红灯开始时间是独立选择的。在所有模拟中,成本函数式(9.1)中的惩罚权重设置为 $w_1 = 1/8$ 和 $w_2 = 1/8$,ε 的值设为 10^{-6}。为求解 DP,将解空间离散为距离 20m,时间增量 1s,速度步长 1m/s,如图 9.2 所示。在这种离散网格的选择中,计算时间和内存要求是合理的,适合在 PC 上实现。

在计算燃油经济性时,采用完整的高保真车辆模型对所有情况进行模拟循环在计算上是不可行的。因此,利用 AUTONOMIE[5]中的效率图和简化的换档逻辑开发了一个简化的车辆模型。例如,在简化的燃油经济性计算中,没有模拟发动机起动和停止瞬态对燃油经济性的影响。模拟车辆是一辆带有自动变速器与传统发动机的两轮驱动车辆。该车的总质量为 1580kg,发动机的峰值功率为 115kW,恒定的电力负荷为 200W。当计算大量模拟案例的燃油经济性时,这种大大简化的模型明显缩短了计算时间。

蒙特卡洛模拟结果(表 9.1)表明,对于所述路况,在仅有实时信息和概率模型的情况下,预计燃油经济性将平均提高 16%,代表了充分准确的交通信号配时信息带来的约 62% 的收益。

表 9.1 蒙特卡洛仿真反映的信息对燃油经济性均值的积极影响

	平均值(MPG)	标准偏差(MPG)
无信息	25.9	5.0
实时信息	29.9	3.7
完整信息	32.5	3.0

通过蒙特卡洛仿真对固定时间交通信号灯的结果进行了验证,接下来介绍一个自适应配时交通信号灯的例子。采用某个北加利福尼亚州城市所记录的 24h 交通信

号灯配时数据。图 9.3 所示为其中一个交通信号灯四种不同运动的绿灯相位长度。

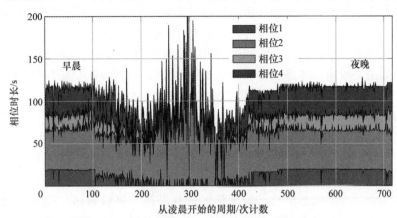

图 9.3　所选实际路线 24h 内四种不同运动的绿灯阶段

模拟车辆在 24h 内每 10min 通过三个交通信号灯，每级信息共模拟驾驶 144 次。在模拟中保留了现实世界信号灯之间的真实距离，因此模拟车辆必须使用与真实驾驶员遇到的相同交通信号时间偏移来行驶相同的距离。仿真总距离为 1320m，交通信号灯分别处于距起点 520m、800m、1200m 处。DP 求解与之前设定的相同，道路上不考虑其他车辆。在实时信息的情况下，绿灯的概率用式（8.16）计算，24h 内红绿灯时间长度平均值分别为 t_r 和 t_g。如果有更多相关的平均数（如短期平均数、一天中的时间平均数或其他统计手段），则可以继续提高这种实时信息情况的性能。

模拟结果（表 9.2）表明，能够获得实时概率信息的驾驶员比没有信息的驾驶员可以提高约 6% 的燃油经济性。这大约占到了通过获取完整的、准确的未来交通信号灯配时信息而获得的潜在收益的 70%。为了处理突发交通、行人穿越人行横道以及其他干扰，DP 可以频繁地进行模拟，必要时可以重复运行它的成本 - 决策图和最优策略。

表 9.2　记录真实的交通信号灯配时，模拟车辆在红绿灯之间行驶的燃油经济性结果

	平均值（MPG）	标准偏差（MPG）
无信息	31.7	3.1
实时信息	33.7	3.0
完整信息	34.5	3.6

9.1.2.2　多车辆的微观仿真

虽然交通信号灯的经济驾驶可以提高车辆能效利用，但其对上层交通能效的影响值得进一步研究，文献［3］中提出了一个相应的微观仿真研究。Quadstone Paramics[6] 进行了仿真并开发了自定义代码来模拟具有经济通行功能的车辆。模拟车

辆提前接收到下一个即将到来的交通信号灯的时间,并根据最优控制问题的分析求解、调整车速以及时到达绿灯。仿真是在一个城市路况网中运行的,2.4km的路程包含了四个固定时间的交通信号灯路口,每个环节的限速为80km/h。传统车辆无法事先获取交通信号灯信息,除非受到附近车辆或交通信号灯的影响,否则总是尽量达到最高道路限速。考虑三种不同的交通需求水平(每车道每小时300辆、600辆、900辆车)和七种不同的模拟车辆渗透率水平(100%、90%、70%、50%、30%、10%、0),进行21次模拟试验。燃油消耗量采用文献[7]中的简化模型进行估算,该模型将燃油消耗率与车辆的速度和加速度相关联,模型的参数为文献[7]中的参数,并通过对试验数据进行三阶多项式拟合得到。进一步假设在负加速过程中,发动机处于怠速状态,消耗恒定的怠速燃油量。

图9.4所示为模拟车辆与传统车辆的能耗结果,可以看出,模拟车辆(三条底部曲线)的耗油量比传统车辆少得多。这是因为减少了停车次数,发动机的运行更接近于最佳状态。从图9.4中看到的另一个非常有趣的趋势是随着模拟车辆比例的增加,传统车辆的耗油量更少。这意味着模拟车辆对整个车辆组合的能源效率有积极影响。随着模拟车辆的增加,其他的传统车辆更容易跟随模拟车辆而间接受益。然而,随着模拟车辆渗透率的提高,模拟车辆的能源效率普遍下降。这可能是由于一些模拟车辆的减速阻碍了后面的车辆通过绿灯。

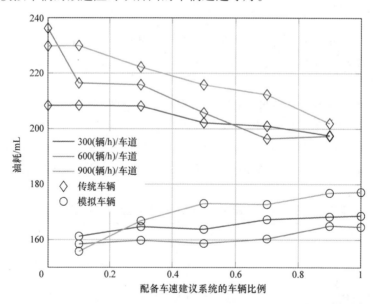

图9.4 不同交通需求水平和不同模拟车辆渗透率下,有无车速建议系统的车辆油耗

9.1.2.3 试验验证

在最近的一些出版物中,记载了交通信号灯经济通行或建议的实际运用。在文献[4]中,该概念于加州圣何塞市进行了测试,作者掌握了约800个交通信号灯

的实时信息。网联车辆识别下一个相关的交通信号灯,并利用蜂窝网络通过用户数据报协议(UDP)消息传递该交通信号灯信号,以接收有关该信号状态的更新。由于车辆只订阅下一个即将到来的交通信号灯,因此可以采用基于规则的算法来确定绿灯到达的可行速度范围,不需要使用动态规划。创建一个用户界面,并推荐适当的速度范围,以通过下一个即将到来的绿灯阶段交通信号灯。适当的速度建议在速度表上以绿色区域的形式显示给驾驶员,如图9.5所示。

图9.5 驾驶员的仪表板显示,包括速度推荐和倒计时(见彩插)

在这些街道试验中,使用了一辆宝马5系汽车。四名驾驶员被要求在不危及安全的情况下,按照仪表板上显示的建议速度行驶。然后,在速度建议系统停用的情况下进行重复测试。测试在四个不同的时期进行,并且在真实的混合交通条件下进行。记录每个驾驶员大约1h的燃油消耗量,结果见表9.3。此外,计算了平均非零速度、平均正向非零加速度和相同的标准偏差用于评估系统。表9.3中的油耗测量结果显示,如果驾驶员尽可能严格按照显示的建议进行操作,则燃油消耗量平均可减少9.5%。

表9.3 加州圣何塞实地测试,驾驶员了解速度建议系统,并被要求遵循仪表盘显示的建议

驾驶员序号	无速度建议系统				有速度建议系统			
	MPG	平均速度/(m/s)	平均加速度/(m/s^2)	标准偏差 σ	MPG	平均速度/(m/s)	平均加速度/(m/s^2)	标准偏差 σ
1号	13.8	7.3	1.4	0.6	14.44	5.9	1.2	0.5
2号	12.71	6.6	1.2	0.5	13.55	6.5	1.2	0.5
3号	13.16	7.4	1.5	0.7	15.91	6.2	1.2	0.4
4号	10.91	7.5	1.5	0.7	11.22	7.7	1.5	0.8

9.2 交叉路口协同控制

第9.1节的结果表明,当车辆为了及时到达绿灯处而调整车速时,可能会节省能源。如第1.4.3节所述,在全自动驾驶汽车环境中,交叉路口协同控制可能会获得更高的效率。

近年来，一些研究小组提出了这种合作交叉控制概念的方法。在这里，我们总结了文献［10，11］中的结果，其中车辆到达时间被表述为一个混合整数线性规划问题，并在一个车辆在环（VIL）试验中实现。

9.2.1 优化问题公式化

图9.6所示为一个有阴影的双向交叉路口，目标是定义两个相反的运动方向。这是通过定义一个以交叉点为中心的更大的正方形区域来实现的，其中交叉点由访问区域表示。当没有反向运动的车辆时，为每辆车 i 分配一个进入该区域的访问时间 t_i。进入区域的大小根据道路速度限制而定，以确保有足够的时间对在反向移动中违反其进入时间的车辆做出安全反应。

提高交叉口吞吐量的目标可以形式化为一个优化问题。如果在交叉口的每一刻都有 n 辆车朝着交叉口移动，最大限度地减少这些车辆的最大访问时间将会在给定的时间跨度内允许更多的车辆通过交叉口。优化目标也可以考虑每辆车的期望速度。目标函数可以选择为两个目标的加权和，即

$$J = w_1 \max(\{t_1,\cdots,t_n\}) + w_2 \sum_{i=1}^{n} | t_i - t_{des,i} | \tag{9.7}$$

式中，t_i 和 $t_{des,i}$ 分别为每辆车规定和预期的通过时间；w_1、w_2 分别为惩罚权重。

这种优化不仅可以改善交叉口的流量，而且可以减少停车次数，从而减少能耗。

在给定速度限制 v_{max} 和最大加速度约束 a_{max} 的情况下，计算结果如图9.7所示：车辆 i 最早可能的访问时间记为 $t_{min,i} = t_0 + \Delta t_1 + \Delta t_2$，即

$$t_{min,i} = t_0 + \min\left(\frac{v_{max} - v_i}{a_i}, \frac{\sqrt{v_i^2 + 2a_i d_i} - v_i}{a_i}\right) + \max\left(\frac{d_i}{v_{max}} - \frac{v_{max}^2 - v_i^2}{2a_i v_{max}}, 0\right) \tag{9.8}$$

式中，t_0 为当前时间；d_i 为车辆 i 到交叉路口的距离；v_i 为车辆 i 的当前速度；a_i 为

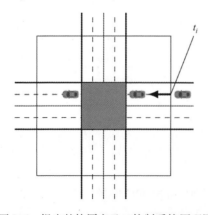

图9.6 提出的协同交叉口控制系统原理图
（灰色为交叉区域，白色为通行区域）

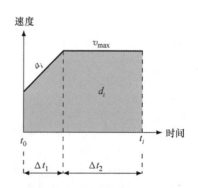

图9.7 基于速度限制和最大加速度的最早访问时间

车辆 i 的最大可行加速度。

最小访问时间 $t_{\min,i}$ 作为每个车辆给定的访问时间的下限

$$t_i \geq t_{\min,i} \tag{9.9}$$

同一运动方向的两辆连续行驶的车辆进入交叉口区域时,应以 t_{gap_1} 的车头时距为间隔。若车辆 j 是同一运动方向中车辆 k 的直接跟随者,则车头时距约束可表示为

$$t_j - t_k \geq t_{gap_1} \tag{9.10}$$

两辆行驶在不同阶段(冲突运动)的车辆需要用较大的车头时距隔开,以保证在所有冲突车辆都离开交叉口后,车辆才能进入。对于处于交叉口不同阶段的车辆 j 和 k,需要执行以下约束

$$t_j - t_k \geq t_{gap_2} \text{ 或 } t_k - t_j \geq t_{gap_2} \tag{9.11}$$

通行时间 t_{gap_2} 之间的车头时距可以根据交叉路口的大小和速度限制来确定,使处在相反运动且违反了其指定通行时间的车辆有足够的时间停下来。

9.2.2 数值方法

第 9.2.1 节中提出的优化问题可以用标准方法转化为混合整数线性规划(MILP)。更具体地说,在代价函数式(9.7)中的项 $\max(\{t_1,\cdots,t_n\})$ 可以用新的松弛变量 $t_{\max}$ 和施加新的约束 $t_i \leq t_{\max}$ 来代替。在相同成本函数中,可以用新的松弛变量 δt_i 加上 $\delta t_i \geq \pm(t_i, t_{des,i})$ 取代 $|t_i, t_{des,i}|$。因此,成本函数式(9.7)将是优化变量 t_i 和新引入的松弛变量的线性函数。式(9.9)和式(9.10)中的约束也是线性的。可以使用 BIG M 方法并通过引入新的二进制变量 $B_l \in \{0,1\}$ 和大的常数 M 来将式(9.11)中的每个约束转换为两个线性约束,即

$$t_j - t_k + MB_l \geq t_{gap_2}$$
$$t_k - t_j + M(1 - B_l) \geq t_{gap_2} \tag{9.12}$$

式中,$0 \leq l \leq m$,m 为分离约束的数量;j 和 k 为对应于交叉路口不同相位上的任意两辆车。

当 $B_l = 0$ 时,如果 M 足够大,则式(9.12)中的第一约束表示 $t_j - t_k \geq t_{gap_2}$,并且自动满足式(9.12)中的第二约束。当 $B_l = 1$ 时,$t_k - t_j \geq t_{gap_2}$,则自动满足式(9.12)中的第一个约束,第二个约束处于活动状态。

可以将上述优化问题写成典型的线性规划形式。也就是在 $Ax \leq b$ 和 $x \geq 0$ 的情况下将 $c^T x$ 最小化。这里 $x(t_1,\cdots,t_n,\delta t_1,\cdots,\delta t_n,t_{\max},B_1,\cdots,B_m)$ 是优化变量的向量,n 是所有已确定通行车辆的数量,m 是式(9.12)中二进制变量的数量。通过为优化变量中的每个"或"约束包含 B_l,我们可以确保在两个或约束中选择最有利的。

上述 MILP 问题通过 IBM 的 CPLEX 优化包与 8GBofRAM 的 IntelCore i5@

2.5GHzWindows7 笔记本计算机进行运算求解。对于 50 辆订阅车辆，交叉口控制器的平均执行时间为 120ms，变化范围为 28～2400ms。这些时间包括 MILP 求解器的执行时间，以及预处理探测车辆数据和用规范形式表示问题所需的时间。MILP 问题每 4s 解决一次，以适应未建模和车辆偏离其指定的访问时间的影响。

9.2.3 仿真结果

本节总结了文献 [10，12] 中一些详细的结果。图 9.8 所示为 9 辆接近交叉路口的车辆，其中 X 和 O 代表车辆的冲突运动。图 9.9 的纵轴显示了它们到交叉点的距离，分配的访问时间显示在水平轴上。惩罚权值 w_1 和 w_2 的两种极端选择如图 9.9 所示。可以看出，MILP 的目标是在可能的情况下，将同一运动的车辆组合在一起，以减少最大分配的访问时间和避碰约束。

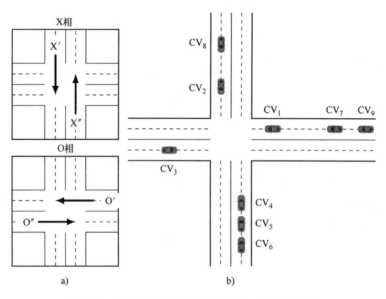

图 9.8　9 辆车在简化的两相交叉路口的四种运动

在 1h 内对多个车辆进行了模拟，并与预先设置交通灯的信号交叉口进行了比较。这个十字路口有四个 500m 长的道路。采用同步信号[13]离线优化基准交通信号的相位和配时，使周期时间为 100s，绿灯时长为 44.5s，黄灯时长为 3.5s。车辆以 750 辆/h 的流速在十字路口的所有四条道路上以文献 [14] 中的负指数分布进行采样。车辆的到达时间被记录下来，并在所有的仿真中重新进行。平均速度和最大速度设置为 v_{avg} = 15.6m/s，v_{max} = 20m/s。对预设情况进行两次模拟：①没有速度提示，车辆没有收到 SPaT 预览信息；②与第 9.1 节相似，车辆在距离十字路口 500m 范围内时接收 SPaT 信息预览。将 MILP 目标函数式（9.7）中的惩罚权重设为 w_1 = 50% 和 w_2 = 50%。

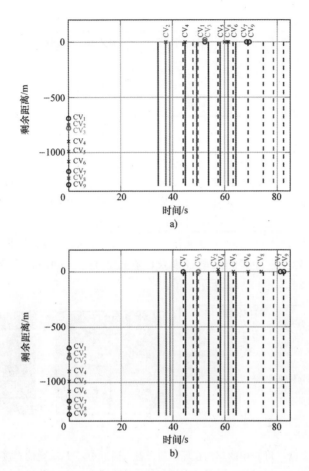

图 9.9 9 辆订阅车辆的 MILP 解决方案示例（纵轴：每个车辆到进入区域的剩余距离；横轴：分配给每个车辆的进入时间；实线：最小进入时间 $t_{min,i}$；虚线：期望的访问时间 $t_{des,i}$，$i \in [1,9]$；颜色和标记参照图 9.8 的四个方向。图 9.9a）考虑到交叉口吞吐量提高的所有权重，图 9.9b）满足所有车辆期望速度的所有权重[10]（见彩插）

表 9.4 总结了三次模拟的一些性能指标。可以看出，相对于预先设置的信号交叉口，MILP 停车数量大为减少，停车车辆的平均怠速时间减少了近 50%，平均行驶时间也显示了相当大的改善。行驶时间的减少将对能源效率产生积极影响，试验结果证实了这一假设。

表 9.4 MILP 控制的交叉口与有速度规划和没有速度规划的预先信号交叉口的微仿真结果对比

性能指标	预定时	预定时 + 速度规划	MILP
交叉点遍历	2900	2900	2900
仿真时间/min	61	61	61
交叉口停车数量	1171	872	13

（续）

性能指标	预定时	预定时+速度规划	MILP
交叉口总怠速延误/min	3640	1843	2
每辆停止车辆的平均怠速时间/s	20	15	9
每辆车的平均行驶时间/s	50	51	36

9.2.4 试验结果

为了研究所提出方法的节能潜力，文献［11］提出了一种车辆在环（VIL）测试概念，其中在测试道路上接近无信号交叉口处的真实车辆与数百辆车交互。模拟的和真实的车辆都与交叉路口控制器进行通信，并受到同等对待。真实车辆的位置被加入微型仿真中，因此很容易可视化。所提出的方法比纯模拟环境更为现实，因为在模拟环境中会发生冲突的运动（以及潜在的碰撞），同时还确保了测试车辆的安全环境。VIL概念如图9.10所示。

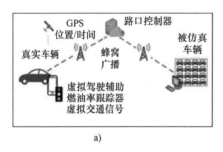  

图9.10 文献［11］中的车辆在环试验设备，通过4G、Java微仿真接口和车载设置展示了真实车辆和微仿真环境之间的交互

测试车辆是带有2.4L 4缸SI汽油发动机的本田雅阁LX。该车辆在位于南卡罗来纳州格林维尔的国际运输创新中心（ITIC）测试跑道上的一条直行道路上行驶。手机上的自定义编码用户界面允许驾驶员进行速度控制，以便及时在指定的访问时间到达。蜂窝网络被用于车载移动电话和远程路口控制器之间的通信。移动电话每5s将车辆的位置和速度发送给路口控制器，用来接收所规定的访问时间，计算出适合该访问时间的适当速度，并通过圆形速度表上的绿色弧线可视化计算出的速度。如图9.10c所示，交通微仿真器节点在测试车内运行，用于实时监控仿真。

燃油消耗率是根据车辆车载诊断（OBD-II）端口实时记录的数据估算的，详细信息见文献［11］。在校准燃油消耗率估算器时要格外小心，以使其与从汽油箱测得的实际燃油消耗量相匹配。

在上述相同的VIL框架内运行了3组测试：使用类似于第9.1节的速度基线进行预先设置，以及我们建议的MILP控制路口。每组包括围绕测试赛道12圈，在赛道的两端都有宽大的U型转弯。每圈开始时间使用随机数生成器将其随机化，以防止由于循环运行而产生意想不到的偏差。

测试车辆的一些性能指标见表 9.5。测试车辆不停车地通过基于 MILP 的假想交叉路口 12 次。与两个预先设定的基准情景相比，燃油消耗分别减少了 19.5% 和 18.0%。

表 9.5　实车试验结果

性能指标	预定时	预定时 + 速度规划	MILP
交叉点遍历	12	12	12
仿真时间/min	57.5	55	51
交叉口停车的数量	10	0	0
交叉口总怠速延误/min	4.3	0	0
每辆停止车辆的平均怠速时间/s	26	0	0
每辆车的平均行驶时间/s	108	99	79
油耗/L	1.13	1.11	0.91

9.3　预期的跟车状态

在第 1.3.3 节中，我们强调了 CAV 在主动性和预见性跟车方面的潜力，与目前被动跟车相比，可以有效降低能源消耗。该方法为第 8.1.3 节中介绍的 Eco - ACC，第 7.8 节介绍了对该方法的分析处理。

在这里，我们扩展了本书之前介绍的内容，并基于文献 [15 - 18] 的方法和结果，提出了一个详细的案例研究。首先将跟车问题表述为一个最优控制问题。其中，未知的"扰动"是前车的未来位置，促使了对其进行确定性或概率性预测的方法。通过微观仿真分析表明，采用这种预测性的跟车措施可获得前车平均位置。

9.3.1　优化问题公式化

预测性跟车的目标是通过合理地调整两车之间的跟车距离作为缓冲，减少耗能的制动或起停操作。这种需求可以利用成本函数来优化，如第 8.1.3 节所述，该函数通过惩罚相来平衡两车的跟车距离和加速指令。例如，在模型预测方法的每个滚动时域开始处执行类似于文献 [16] 中所示的二次成本最小化。

$$\min_{u(i)} J = w_s \| s_p(N) - s(N) - T\dot{s}(N) - L_{\min} \|^2 + \sum_{i=0}^{N-1} [w_s \| s_p(i) - s(i) - T\dot{s}(i) - L_{\min} \|^2 + w_u \| u(i) \|^2] \quad (9.13)$$

式中，N 为预测范围内的时间步数，沿该范围的步长由 i 索引；$u(i)$ 为加速度命令和优化变量；$\|\cdot\|$ 为范数；w_s 和 w_u 为惩罚权重；s_p 和 s 分别为前车和自车的位置；$L_{\min}$ 为自车停止时的最小期望间隔。距离车头时距 $T\dot{s}$ 为时间车头时距 T 和自车速

度 $\dot{s}$ 的乘积，意味着自车速度越高，间隙越大。

车辆纵向运动学以及加速度指令输入 u 和车辆加速度 a 之间的一阶滞后，可以作为等式约束条件强制执行，并通过对以下连续时间方程进行分解得到

$$\dot{s}(t) = v(t) \quad (9.14)$$

$$\dot{v}(t) = a(t) \quad (9.15)$$

$$\dot{a}(t) = -\frac{1}{\tau}a(t) + \frac{1}{\tau}u(t) \quad (9.16)$$

其中 τ 近似于从加速指令到实际加速度的时间常数。离散化后，连续时间 t 以 i 为自变量索引。

在每一时间步内，必须对车辆状态和跟车距离实施硬约束。一个重要的安全约束是跟车距离的下限。还可以选择强制设置上限，以避免留下不利于交通流或插队的空隙。综上所述，有

$$L_{min} \leq s_p(i) - s(i) - T\dot{s}(i) \leq L_{max} \quad i = 1, \cdots, N \quad (9.17)$$

最低和最高速度限制为

$$v_{min} \leq v(i) \leq v_{max} \quad i = 1, \cdots, N \quad (9.18)$$

如文献 [17] 所述以及图 9.11 所示，从发动机组合传动图中可以看出，动力总成的最大加速能力在很大程度上取决于速度。速度与加速度的关系可以近似为速度和加速度的分段线性组合，详见文献 [17] 及图 9.11。根据加速度 - 速度约束 - 可接受集的凸性，这些零散线性约束可以联合或单独应用。如文献 [17] 所示，通过在第 9.2.2 节描述的大 M 方法中引入新的整数优化变量，可以将"或"约束转换为"与"约束。

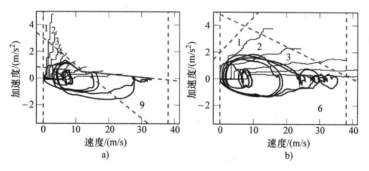

图 9.11 橙色虚线为乘用车相关加速度约束，其中共轭最大加速度约束产生了一个凸速度 - 加速度可容许集；重型车辆相关加速度约束（其中分离最大加速度约束产生非凸的速度 - 加速度容许集）。在这两种情况下，蓝色轨迹为 US06 行驶循环下 MPC 规划的样本工作点轨迹（见彩插）

在文献 [18] 中，还对自车的速度和位置施加了一个终端约束，以防止在预测视界后发生碰撞。这种对自车速度和位置的终端约束是利用运动学关系构建的，并假设前车在后预测区间内施加最大的制动（最坏情况）。尽管所得到的终端约束

是非线性的，但也可以采用线性近似的方法。

上述线性约束条件与式（9.13）中的二次成本函数一起构成了每个区间内的二次规划，目前已有高效的 QP 求解器可以实时解决这个问题。即使引入整数变量来处理图 9.11b 所示的不相干线性约束，所产生的混合整数二次规划（MIQP）仍然可以相对较快地解决，如文献［17］中所述。

主要的挑战是前车s_p在优化范围内位置的不确定性，注意s_p出现在成本函数（9.13）以及约束条件（9.17）中。假设前车在预测范围内的每一步都突然紧急停车，则可在最坏的情况下解决优化问题。这里我们采用第 8.2.3 节中描述的方法来预测前车的运动。

对于$s_p(i)$的概率分布，间隙约束可以作为所谓的机会约束以概率方式执行。例如，式（9.17）中的最小间隙约束可以写为

$$P[s(i) + T\dot{s}(i) \leq s_p(i) - L_{\min}] \leq 1-\alpha, \quad i=1,\cdots,N \tag{9.19}$$

这意味着违反约束的概率应该小于$1-\alpha$。请注意，在当前步骤$i=0$时，s、$\dot{s}$和s_p都是确定的，而不是概率性的，MPC 会找到不违反约束的解。概率约束将利用$s_p(i)$的概率分布转换为确定性约束。如果我们将$R_{1-\alpha}$表示为$s_p(i)$在$1-\alpha$位置的累积分布函数，那么等价的确定性约束为

$$s(i) + T\dot{s}(i) \leq R_{1-\alpha} - L_{\min} \tag{9.20}$$

同样，最大距离约束也可以概率方式执行。如文献［15，16］中采用的方法，将概率约束转化为确定性约束后，我们最终得到一个标准的 MPC 问题。

9.3.2 数值方法

在文献［18］中进行了参数优化，以找到惩罚权重和预测视距长度的最优值。在参数固定后，使用 Gurobi 优化包[19]来解决乘用车的 QP MPC 问题。对于重型车辆来说，最大加速度约束是不连续的，如图 9.11b 所示，这导致了 MPC 的 MIQP 问题。对于乘用车和重型车辆这两种案例，考虑了两种场景：①当一辆 CAV 跟随另一辆 CAV 时，在预测范围内，前一辆 CAV 的未来驾驶意图可供后一辆 CAV 使用；②当一辆 CAV 跟随一辆传统车辆时，使用类似于第 8.2.3 节所述的概率模型来估计前车的驾驶意图。

QP MPC 和 MIQP MPC 的计算时间见表 9.6。对 MPC 车辆跟随开环车辆进行仿真。优化是在一台配备 16.0 GB RAM 和 2.70 GHz CPU 的笔记本计算机上求解的。在表 9.6 中，优化时间是指求解数学程序（QP 或 MIQP）和计算所需的时间。时间是指运行单车控制动作确定所需的总时间，包括预览处理和优化。

表 9.6 预测车辆跟随 MPC 的计算时间。对乘用车而言，MPC 转换为 QP，对重型车辆而言，MPC 转换为 MIQP。当一辆 CAV 跟随另一辆 CAV 时，预览源是网联化，区间内的全部意图由前一辆 CAV 传达。另一方面，当前车是传统车辆时，预览源是一个概率模型

算法	预览源	边际约束的最坏情况	终端约束的最坏情况	平均计算时间/s	最大计算时间/s	平均优化时间/s	最大优化时间/s
乘用车	网联化	否	是	0.0337	0.0561	0.0108	0.0444
乘用车	概率模型	是	是	0.0757	0.1134	0.0110	0.0892
重型车辆	网联化	否	是	0.0435	0.0789	0.0148	0.0504
重型车辆	概率模型	是	是	0.0571	0.0919	0.0069	0.0425

9.3.3 仿真结果

在这里，我们给出了文献［18］中的实施结果，其中模拟了 8 辆车跟随目标车辆的混合交通流。混合交通流包含未网联化的传统汽车，这些汽车使用标准的智能驾驶员模型（IDM）进行跟车，如第 4.2.1.3 节所述。IDM 参数从经验数据中取样。更具体地说，从文献［20］的经验数据拟合的对数正态分布中采样所需的时间距离以及最大和最小加速度水平。探讨了 CAV 在交通流中的渗透率，解决了每个 CAV 在滚动优化式的跟车方法的变型。当一辆 CAV 紧随另一辆 CAV 时，它会接收前车的预定位置，但是当它在跟随 IDM 车辆时，它使用的是前车运动的概率预测。在后面的视野中，当两个 CAV 彼此跟随时，通过在每个预测范围末端考虑最坏情况的硬约束，可以有效确保发生避撞。当 CAV 跟随 IDM 车辆行驶时，最坏情况下的碰撞约束也会沿着预测范围强制执行。

乘用车和重型车辆都被添加到混合交通流中。在美国某些高速公路上，重型车辆的渗透率为 25%，因此在 8 辆车的组合中添加 0 ~ 2 辆重型车辆。如第 9.3.1 节所述，乘用车的滚动优化问题被转换为 QP，重型 CAV 的滚动优化问题成为 MIQP。采用准随机的方法来创建车辆类型在混合交通流中的不同位置，产生总共 2224 个场景和模拟，详见文献［17］。图 9.12 所示为在不同的 CAV 中穿插 0 ~ 2 辆重型车辆的累计油耗结果。燃油消耗是利用准静态发动机油耗图估算的。如预期一样，能源效率随着 CAV 渗透率的增加而

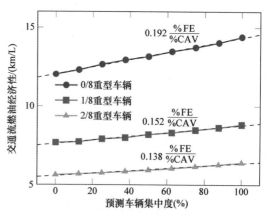

图 9.12 预测乘用车和重型车辆在不同渗透率水平下的混合交通流燃油经济性

增加。从图中每条线的端点可以看到相似的仿人型 IDM 交通流和完全由 CAV 组成的 IDM 交通流之间的比较。结果表明，在没有重型车辆的情况下，CAV 渗透率每增加 10%，燃油经济性就会提高 1.9%。

9.4 预期的路径选择

第 4 章简单介绍了人类驾驶员的自由和强制变道行为并讨论了 MOBIL 变道模型。本节我们基于文献 [21] 的结果提供一个案例研究，介绍如何预测相邻车辆的意图并将车道选择作为优化问题。

9.4.1 优化问题公式化

车道控制 u_l 和纵向加速度控制 u_a 均为上层控制变量。纵向状态空间方程式 (9.16) 将 u_a 与车辆纵向加速度、速度和位置关联。车辆横向位置以车道的单位宽度表示，参考系将 l 的整数值与车道的中心对齐。例如，在双车道上，$l=1$ 表示在右车道的中心上，$l=2$ 表示在左车道的中心上，$l=1.5$ 表示在车道之间可见的标记上。在文献 [21] 中，假设车道控制 u_l 和实际车道 l 之间存在临界阻尼二阶滞后，即

$$\ddot{l}(t) + 2\zeta\omega_n \dot{l}(t) + \omega_n^2 l(t) = \omega_n^2 u_l(t) \tag{9.21}$$

阻尼比 ζ 选择为统一值，固有频率 ω_n 为 1.1rad/s，用以得到约 4s 的稳定时间，与自然变道相匹配。二元"车道指令"变量将在后面定义，以确定每个车道是否为 l 的函数而被占用。

式 (9.16) 和式 (9.21) 中的状态动态是离散型的，将以 t 为自变量的连续时间公式转化为以 i 为自变量的离散时间问题。成本函数式 (9.13) 可以修改为包括车道选择以及多车道交通中出现的新约束条件。与第 9.3.1 节中的方法相似，可以使用滚动域成本函数

$$\min_{u_a(i), u_l(i)} J = \sum_{i=0}^{N-1} (w_v(v(i) - v_{ref}(i))^2 + w_a(u_a(i))^2 + w_l(l(i) - l_{ref}(i))^2) +$$
$$w_v(v(N) - v_{ref}(N))^2 + w_l(l(N) - l_{ref}(N))^2 \tag{9.22}$$

式中，$i=0$ 为当前时间步骤；N 为预测域；v_{ref} 为期望速度；l_{ref} 为期望车道⊖，可由导航系统决定，例如，车辆可能更愿意待在最右边的车道上，因为它预期即将进入出口。

上述成本函数在保持期望车道和跟随期望速度之间进行权衡，并且同时对加速度指令进行惩罚，以避免不必要的制动和能量损失。最小化滚动域的成本可以要求车辆变道到快车道以超过缓慢行驶的车辆，而不是在期望车道上减速。超过缓慢行

⊖ l_{ref} 可以是非整数，实际上，将其稍微偏移以打破对称性是很有用的，这是由车辆导航系统决定的。

驶的车辆后，由于剩余车道成本的关系，会要求车辆返回期望车道。这种行为与人类驾驶员的行为是一致的。

当前车辆在其车道上的位置 s 受到相同车道其他相邻车的约束。当前车辆也可以在另一辆车的后面或者前面，这是一个非凸的"或"逻辑约束条件

$$s \leq s_{rear,p} - L_{ego} \text{ 或 } s \geq s_{front,p} \qquad (9.23)$$

式中，$s_{rear,p}$ 为相邻车辆 p 后保险杠的位置；$s_{front,p}$ 为其前保险杠的位置；L_{ego} 为当前车量的长度。

与第 9.2 节中的方法相似，可以用大 M 法将分隔的"或"约束转为"与"约束

$$s \leq s_{rear,p} - L_{ego} + M\beta_p \text{ 与 } s \geq s_{front,p} - M(1 - \beta_p) \qquad (9.24)$$

式中，$\beta_p \in \{0,1\}$ 为一个新的二元变量，定义为在当前车辆的车道中每个临近的阻碍物 p；M 为足够大的常数。

当 $\beta_p = 0$ 时，式（9.24）中的第一个约束处于有效状态，且指明 $s \leq s_{rear,p} - L_{ego}$；当 M 足够大时，式（9.24）中的第二个约束条件是充分的。当 $\beta_p = 1$ 时，则 $s \geq s_{front,p}$，且式（9.24）的第一个约束条件自然得到满足。最优解得到的 β_p 会导致代价函数式（9.22）的最小值。

最后，对于每个车道可以定义一个新的"车道指令"二元变量 $\mu_{nl} \in \{0,1\}$。若当前车辆全部或部分在车道 nl 时，$\mu_{nl} = 1$，若其没有占用车道 nl，则 $\mu_{nl} = 0$。非等式约束式（9.24）只有在两辆车占用相同车道时起作用。因此对于多车道场景，约束式（9.24）应该表达为

$$s \leq s_{rear,p} - L_{ego} + M\beta_p + M(1 - \mu_{nl}) \text{ 与 } s \geq s_{front,p} - M(1 - \beta_p) - M(1 - \mu_{nl}) \qquad (9.25)$$

式（9.25）应对已占用（或待占用）车道上每一辆可到达的车辆起作用。

将车道指令二元变量 μ_{nl} 确定为当前车辆车道状态 $l(i)$ 的函数。例如，在双车道场景中只定义两个二元变量 μ_1 和 μ_2。当车辆完全保留在一个车道上时，设变量 δ 为以车道宽度为单位的最大偏移量，若 $1 + \delta \leq l(i) \leq 2 - \delta$，则车辆占用两个车道，且我们设定 $\mu_1 = \mu_2 = 1$。若 $l(i) \leq 1 + \delta$，则车辆在车道 1 上且设置 $\mu_1 = 1$ 和 $\mu_2 = 0$。若 $l(i) \geq 2 - \delta$，则车辆在车道 2 上且设定 $\mu_1 = 0$ 和 $\mu_2 = 1$。

由于混合整数二次规划（Mixed Integer Quadratic Programming，MIQP）要求一个特定的标准型，其不符合 if-then-else 规则，因此设置车道指令约束时必须要用文献 [21] 中提到的非等式约束。例如，在双车道场景中，以下四个约束可以正确设定 μ_1 和 μ_2 的值

$$-l(i) - M\mu_1 \leq -(2 - \delta) \qquad (9.26)$$

$$l(i) + M\mu_1 \leq M + 2 - \delta \qquad (9.27)$$

$$l(i) - M\mu_2 \leq 1 + \delta \qquad (9.28)$$

$$-l(i) + M\mu_2 \leq -1 - \delta + M \qquad (9.29)$$

式 (9.26)~式 (9.28) 中，M 为足够大的数；μ_1、$\mu_2 \in \{0,1\}$ 为二元优化变量，在每步骤中需要进行优化。

9.4.2 数值方法

上述滚动域优化可以用 Gurobi 优化程序包进行求解[19]。为了减少混合整数二次规划的计算负担，预测域的合理选择可以得到较高的预测精度，文献 [21] 中采用了滚动模块方法以减少整数变量的数量。在预测范围的每三个步骤中，车道控制 u_l 保持不变，而加速度控制 u_a 可在每个步骤中假设为不同的值。若采样时间为 0.4s，则 10s 的预测时域可以用在实际控制中。通过移动模块，更长的优化域可以用一个便携式 PC（4 核，2.7GHz CPU 及 16GB RAM）实现实时控制。其他细节可参考文献 [21]。

9.4.3 仿真结果

在文献 [21] 中用 MATLAB 建立了在期望第一车道遇到缓慢行驶车辆的 4MPC CAV 模型，并仿真测试了双车道场景的滚动时域方法。每个 CAV 都有不同的期望速度，并进行了包含 CAV 相互之间所有可能位置的一系列模拟。CAV 采用了 IDM 跟车模型，并比较了 MPC 算法与基于反应式规则算法。如果相邻车道有所需的满足必要条件的空间，当跟随在缓慢行驶车辆的后面且速度低于用户定义的阈值时，则 CAV 也会主动做出变道。

在整个仿真中，与基于规则的算法相比较，MPC 算法的油耗减少了 8.2%，行驶时间减少了 6.5%（表 9.7）。其结果也与自由流控制的结果进行了比较。

表 9.7 车道预选择算法仿真结果

	时间/min	油耗/L
基于规则（Rule-based）	13.8	17.1
模型预测（MPC）	12.9	15.7
自由流控制（Free Flow）	12.7	15.3

9.5 节能性路径与节能性评估

第 5 章已经详细介绍了节能性路径（Eco-Routing）。节能性评估（Eco-Coaching），协同式自动驾驶的一种应用变形，是第 8.1.1 节的主要内容。这部分内容主要基于文献 [22]，其搜集了欧洲委员会资助项目 OPTEMUS（2015—2019）的所有不同结果。其范围是讨论基于演示车辆在试验评估下的节能性路径和评估功能对能量节能性的改善情况。

9.5.1 试验设置

为了估算在真实环境条件下 Eco – Routing 和 Eco – Coaching 策略的影响效果（第 8.1.1 节），如图 9.13 所示的试验设置已搭建完成。该系统包括：

1）专用的智能手机应用程序，其作为人机界面来服务运行协同式自动驾驶算法并保证着高速的响应时间。

2）云计算服务器协同地理信息系统来检索实时交通信息并执行非常耗时的路径和驾驶区间算法。

3）车载诊断系统（OBD）加密狗用来时刻监控电池荷电状态，这个装置是可选的且可被观测器所替代。

在行程前和在行程内，驾驶员可用过人机界面来获得最节能的路径，以及在当前电池荷电状态下的有效能量驾驶区间。此外，执行行程内的协同式自动驾驶协助，智能手机应用程序需要计算每个速度断点处先前路程子集中的最优速度，如图 8.2 所示。该应用也展示了最优轨迹图以及实际速度曲线，以便给驾驶员提供驾驶类型的视觉反馈。在行程前的驾驶类型的能量消耗也进行了显示。

图 9.13 节能性路径和节能性评估算法试验验证的系统架构

9.5.2 试验结果

为了试验性地评估上述策略对能量的改善情况,进行了一系列的现场测试。这些测试都是由专业驾驶员驾驶菲亚特 500e(83kW、200N 的电机)在意大利都灵的城镇和郊区环境下展开的。

9.5.2.1 能量消耗模型

为了对能量消耗模型进行验证,一共记录了 35 次行程,其行驶里程达到了 434.6km,总驾驶时间为 16.1h(每段行程平均里程为 12.4km,驾驶时间为 27.6min)。对于模型验证的车辆参考信息由 CAN 总线数据获取系统提供。拓扑信息(如道路网络、道路标识等)和交通信息(如平均速度)由 HERE 提供[23]。

将式(4.41)和式(4.31)中提出的能量消耗和驾驶时间的模型,与标准的最先进的方法相比较。特别地,能量消耗模型与一个简单的模型比较,其由式(4.28)中的速度放缩到整段链接的平均速度("NOacc"),更简单的版本则一并忽略附加的功率消耗项("NOacc + NOaux")。类似地,将驾驶时间模型与一个简单的模型相比较,其只考虑平均速度 $\tau_i = l_i / V_i$("NOacc")。相对于 CAN 总线测量的能量消耗和驾驶时间,试验验证的结果通过对称的平均绝对百分比误差(sMAPE⊖)的形式表示[24],详见表 9.8。不同模型对一种特定案例的能量消耗估计值如图 9.14 所示。提出的模型比最新技术方法的执行效果更好。预测模型的精确度对可依赖性导航策略是至关重要的。

表 9.8 能量消耗模型的试验验证结果

指标	能耗			时间	
	建议模型	平均速度	平均速度+功率消耗	建议模型	平均速度
sMAPE	8.5%	17.4%	30.4%	7.9%	13.4%

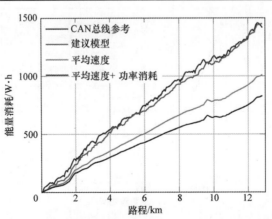

图 9.14 相比 CAN 总线参考测量值的一次行程中能量消耗估计值(见彩插)

⊖ sMAPE 是基于百分误差的精确度测量,常用来解决负误差比正误差惩罚更重的问题。

9.5.2.2 节能性路径

对节能性路径验证的执行试验的目标有三层。第一层,在仿真里完成,双目标路径在舍弃那些以耗费时间来得到最优能耗路径时是高度有效的。这个特征将增加驾驶员对路径规划协助应用的顺从度。第二层,在仿真里完成,验证最短路径有可能是不在基于能量消耗和驾驶时间的帕累托有效解内。第三层,在仿真和试验中都实现了一个选定的起点和终点(O/D)对,以表明节能性路径实际上比最短路径和最快路径更节能。

能量权重 w_k 和时间权重 τ_k 通过常规工作日 09:00 时的平均交通速度信息来计算得到的。由提供的算法得到的目标空间里的非支配点如图 9.15 所示。节能性路径和最快路径分别对应于式 (5.17) 内的 $\lambda = 1$ 和 $\lambda = 0$ 的情形。至于帕累托最优折中度里的路径,则标记为多目标路径。最短路径是远离帕累托前沿面内的非支配解集点,因此对能量消耗或驾驶时间来说都没有意义。这四种路径如图 9.16 所示。

对于试验路径的验证,专业驾驶员分别被指示在已先在仿真中验证了的节能性路径、行程最短路径和最快路径上驾驶。每条路径,驾驶员重复驾驶三次,且总是从一天中的相同时间开始操作,因此需要好几个工作日。试验结果显示对于确定了起点和终点的节能性路径,相较于其他三种路径总是拥有更好的能量节能性(表 9.9)。特别地,相比最短路径,节能性路径显示了平均 4.5% 的能量节约;相比最快路径,节约了 12.4% 的能量。从在三次重复路径上驾驶后的能量预测精确度的角度考虑,sMPAE(在测量的数据和估计数据之间)的变化范围为从节能性路径的 4.5% 到最快路径的 9.3%。从驾驶时间的角度考虑,sMPAE 的变化范围为从节能性路径的 3.5% 到最快路径的 12.7%。

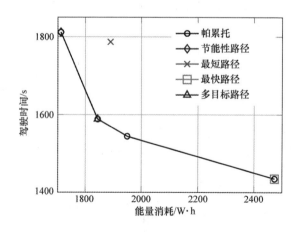

图 9.15 路径仿真结果(见彩插)

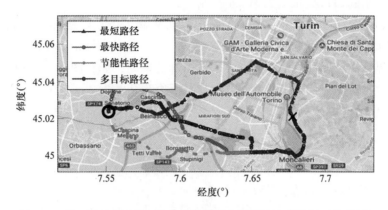

图 9.16 基于选定了起点/终点对的仿真中得到的四种路径（见彩插）

表 9.9 节能性路径试验结果

		能量			驾驶时间	
		均值	sMAPE	增益	均值	sMAPE
节能性路径	CAN	1784	4.5%	—	1637	3.5%
	预测	1759.5			1696	
最短路径	CAN	1868	5.9%	4.5%	2236	10.6%
	预测	1854			2230	
最快路径	CAN	2041	9.3%	12.4%	1457	12.7%
	预测	2305			1655	

9.5.2.3 行驶里程估计

如第 5.2 节所讨论的，估计电动汽车行驶里程的主要策略是基于每千米的平均能量消耗假设。这样的平均能耗通常对应于保守估计的最坏情况下的能耗，然后通过距离的方式来表达相应的行驶里程。

在图 9.17 中，将提出的行驶里程计算策略与基于平均能耗和相应行驶里程的典型方法进行了比较。在只能通过仿真进行的试验中，选择了保守的平均能耗 0.18kW·h/km（该值与试验过程中观测到的最坏情况下的能耗一致）。将可用能量容量值设为 1kW·h。选定的平均能耗转化为图 9.17 中蓝线所示的半径为 5.5km 的相当对称的行驶里程。然而此方法忽略了重要的因素，如道路坡度、交通条件、采用的路径类型等。本书所提供的方法可以考虑到上诉所有方面，行驶里程内的每个终点都可沿着节能性路径到达。行驶里程（图 9.17 中绿线所示）不是关于原点对称，这是因为路网中存在丘陵地带和不同的消耗模式。在这个例子里，能量驱动范围从最小的5km到最大的10km不等。

而且，还存在区域为非单连通的情况，如文献［25］中所诉，意味着在当前电池荷电状态下，即使沿着节能性路径行驶，也无法到达行驶里程内的某些终点。这样的临界点应该展示给驾驶员以寻求更精确的辅助，如在图9.17中的橘黄色点所标记。这种情况下，不可达的终点对应于行驶里程边界的临近点或能量高消耗的道路，如高速公路。

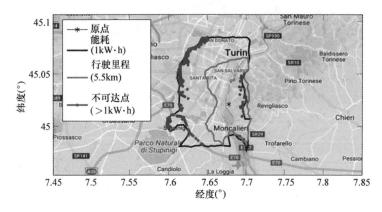

图9.17 基于能耗预测的能量行驶里程与标准行驶里程的比较（见彩插）

9.5.2.4 节能性评估

节能性评估策略在都灵市中心进行验证。测试步骤如下所示：①在没有协同式自动驾驶应用协助的情况下（如"pre‐eco"），在图9.18所示路线上行驶三次；②驾驶员熟悉协同式自动驾驶智能手机应用程序；③在协同式自动驾驶应用协助下进行三次重复驾驶操作（如"eco"）。

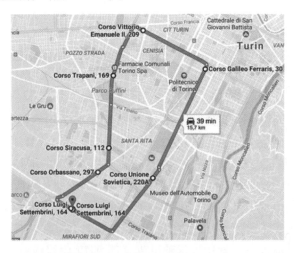

图9.18 节能性评估试验运动的行程图（行程约为16km，预计驾驶时间40min）

相关速度曲线的示例如图 9.19 所示,基于协同式自动驾驶应用和未基于其应用的情况下,从 CAN 总线测量的能量消耗详见表 9.10。结果显示,伴随节能性评估协助的能量消耗平均下降了 9%,驾驶时间减少了 3%。因此,可以在不放慢车速的情况下提高出行的能源效率,因为平均速度没有降低。另外一个事实是每一段伴随协同式自动驾驶应用协助的节能行程都有更低的能量消耗。

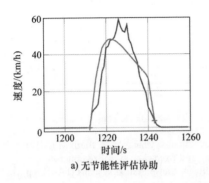 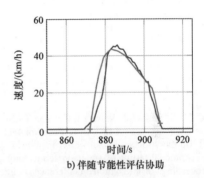

a) 无节能性评估协助　　　　　　　b) 伴随节能性评估协助

图 9.19　无节能性评估协助和伴随节能性评估协助下
的相同路段实测车辆速度(深)和最优速度(浅)

表 9.10　节能性评估的试验结果

	能耗	时间	速度
无节能性驾驶协助的行程平均值	2246W·h	2623s	19.9km/h
伴随节能性驾驶协助的行程平均值	2041W·h	2543s	21.3km/h
差异值	-9%	-3%	+3%

9.5.2.5　总增益

节能性路径和节能性行驶里程都已分别独立地基于相同城镇驾驶条件、相同车辆和驾驶员条件下得到验证。总体来说,节能性行驶里程和节能性路径通过减少能量消耗的方式允许行驶里程分别有 9% 和 12% 的增加(与最快路径相比较)。行驶里程预测策略使驾驶员对可达终点有更清晰的认知。最先进的等距离的方法拥有更高的精确度且需要通过保守的方法进行调整修改。为了克服这个限制,已提出的策略允许驾驶员利用有效行驶里程的全部潜力。

参 考 文 献

1. Asadi Behrang, Vahidi Ardalan (2011) Predictive cruise control: Utilizing upcoming traffic signal information for improving fuel economy and reducing trip time. IEEE Trans Control Syst Technol 19(3):707–714
2. Mahler G, Vahidi A (2014) An optimal velocity-planning scheme for vehicle energy efficiency through probabilistic prediction of traffic-signal timing. IEEE Trans Intell Transp Syst 15(6):2516–2523
3. Wan N, Vahidi A, Luckow A (2016) Optimal speed advisory for connected vehicles in arterial roads and the impact on mixed traffic. Transp Res Part C: Emerg Technol 69:548–563
4. Mahler G, Winckler A, Fayazi SA, Vahidi A, Filusch M (2017) Cellular communication of traffic signal state to connected vehicles for eco-driving on arterial roads: system architecture and experimental results. In: Proceedings of intelligent transportation systems conference, pp 1–6. IEEE
5. Argonne National Lab. Autonomie vehicle system simulation tool (2019). https://www.autonomie.net/
6. Paramics Q (2009) The paramics manuals, version 6.6. 1. Quastone Paramics LTD, Edinburgh, Scotland, UK
7. Kamal MAS, Mukai M, Murata J, Kawabe T (2011) Ecological driving based on preceding vehicle prediction using MPC. IFAC Proc Vol 44(1):3843–3848
8. Xia H, Boriboonsomsin K, Schweizer F, Winckler A, Zhou K, Zhang W-B, Barth M (2012) Field operational testing of eco-approach technology at a fixed-time signalized intersection. In: Proceedings of international conference on intelligent transportation systems (ITSC), pp 188–193. IEEE
9. Andreas W, Andreas W (2013) Advanced traffic signal control algorithms, appendix A: Exploratory advanced research project. Technical report, BMW final report
10. Fayazi SA, Vahidi A (2018) Mixed-integer linear programming for optimal scheduling of autonomous vehicle intersection crossing. IEEE Trans Intell Veh 3(3):287–299
11. Fayazi SA, Vahidi A (2017) Vehicle-In-the-Loop (VIL) verification of a smart city intersection control scheme for autonomous vehicles. In: Proceedings of conference on control technology and applications (CCTA), pp 1575–1580. IEEE
12. Fayazi SA, Vahidi A, Luckow A (2017) Optimal scheduling of autonomous vehicle arrivals at intelligent intersections via MILP. In: Proceedings of American control conference (ACC), pp 4920–4925. IEEE
13. Trafficware. Synchro studio (2019). https://www.trafficware.com/synchro.html
14. Mathew TV (2014) Transportation systems engineering. Cell Transmission Models, IIT Bombay
15. Zhang C, Vahidi A (2011) Predictive cruise control with probabilistic constraints for eco driving. In: Proceedings of dynamic systems and control conference and symposium on fluid power and motion control, pp 233–238. American Society of Mechanical Engineers
16. Wan N, Zhang C, Vahidi A (2019) Probabilistic anticipation and control in autonomous car following. IEEE Trans Control Syst Technol 27:30–38
17. Dollar RA, Vahidi A (2017) Quantifying the impact of limited information and control robustness on connected automated platoons. In: Proceedings of international conference on intelligent transportation systems (ITSC), pp 1–7. IEEE
18. Dollar RA, Vahidi A (2018) Efficient and collision-free anticipative cruise control in randomly mixed strings. IEEE Trans Intell Veh 3:439–452
19. Gurobi Optimization. Gurobi optimizer 5.0 (2013). http://www.gurobi.com
20. Pourabdollah M, Bjärkvik E, Fürer F, Lindenberg B, Burgdorf K (2017). Calibration and evaluation of car following models using real-world driving data. In: Proceedings of international conference on intelligent transportation systems (ITSC), pp 1–6. IEEE
21. Dollar RA, Vahidi A (2018) Predictively coordinated vehicle acceleration and lane selection using mixed integer programming. In: Proceedings of dynamic systems and control conference, pp V001T09A006–V001T09A006. American Society of Mechanical Engineers

22. De Nunzio G, Sciarretta A, Gharbia IB, Ojeda LL (2018) A constrained eco-routing strategy for hybrid electric vehicles based on semi-analytical energy management. In: Proceedings of international conference on intelligent transportation systems (ITSC), pp 355–361. IEEE
23. HERE. HERE APIs (2019). https://developer.here.com/develop/rest-apis
24. Armstrong JS (1985) Long-range forecasting. Wiley, New York ETC
25. De Nunzio G, Thibault L (2017) Energy-optimal driving range prediction for electric vehicles. In: Proceedings of intelligent vehicles symposium (IV), pp 1608–1613. IEEE

附录 A
内燃机汽车协同式自动驾驶的参数优化

在第 6.4.3 节中，内燃机汽车的协同式自动驾驶已经规划为协同式自动驾驶最优控制问题（ED – OCP），进而转换为两点边值问题（TPBVP）。解决此类问题可以转换为找到可能组成最优解的这些不同模式间的切换时间。

参数优化方法需要初步解决模式 A（$T_e = T_{e,\max}(v), F_b = 0$）、模式 C（$T_e = T_{e,\min}(v) = 0^{\ominus}, F_b = 0$）和模式 B（$T_e = T_{e,\min}(v) = 0, F_b = F_{b,\max}$）的运动定律式（2.1）和式（2.2），以及由式（2.17）定义的变量 $\gamma(t)$。相应的速度轨迹 $v_A(\tau)$、$v_C(\tau)$ 和 $v_B(\tau)$ 都被计算出来以保证 $v_k(0) = 0$，一起得到的还有位置轨迹 $s_k(\tau) = \int_0^{\tau} v_k(\tau) d\tau$ 和燃油消耗 $E_{f,k}$，其中 k 分别对应于三种模式，即 $k \in \{A, C, B\}$。

对于三阶段序列，如 $A - S - A^{\ominus}$，最优速度曲线由 6 个参数共同定义：$\tau_{\{1,\cdots,4\}}$、v_σ、Δt 通过关联 $t_1 = \tau_2 - \tau_1$ 和 $t_2 = t_1 + \Delta t$ 来调控切换时间，如图 A.1 所示。基于 4 个与序列相关的边界条件即 $v_A(\tau_1) = v_i$，$v_A(\tau_4) = v_f$，$s_A(\tau_4) - s_A(\tau_3) + s_A(\tau_2) - s_A(\tau_1) + v_\sigma \Delta t = s_f$，$\tau_4 - \tau_3 + \tau_2 - \tau_1 + \Delta t = t_f$，以及 2 个附加条件 $v_A(\tau_2) = v_A(\tau_3) = v_\sigma$，这 6 个参数被计算出来以确定最优速度曲线。

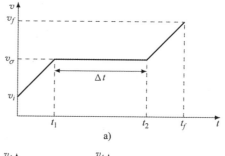

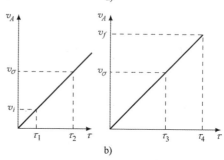

图 A.1　三阶段最优轨迹中的参数优化方法：
a）速度轨迹、切换时间（t_1、t_2）以及在 v_σ 附近的 PnG 弧段。b）特征时间 $\tau_1, \cdots, \tau_4$ 对应的轨迹 $v_A(\tau)$

⊖　在第 6.4.3 节中，假设 $u_{p,\min} = 0$。抛开此假设，这种模式是通过重载操作（发动机制动）推广的。

⊖　这里的 S 不是一个 "真正的" 恒速奇异弧，但 PnG 模式的平均速度为常量。后者在第 6.4.3 节中得到，其基于在滑行时燃油为截止状态的猜想。

对于四阶段序列，如 A – S – C – B，最优速度曲线由 8 个参数共同定义：$\{\tau_{\{1,\cdots,6\}}, v_\sigma, \Delta t\}$，它们通过关联 $t_1 = \tau_2 - \tau_1$、$t_2 = t_1 + \Delta t$ 和 $t_1 = t_2 + \tau_4 - \tau_3$ 来调控相关的切换时间，如图 A.2 所示。4 个边界条件 $v_A(\tau_1) = v_i$、$v_B(\tau_6) = v_f$、$s_B(\tau_6) - s_B(\tau_5) + s_C(\tau_4) - s_C(\tau_3) + s_A(\tau_2) - s_A(\tau_1) + v_\sigma \Delta t = s_f$、$\tau_6 - \tau_5 + \tau_4 - \tau_3 + \tau_2 - \tau_1 + \Delta t = t_f$ 与附加条件 $v_B(\tau_5) = v_C(\tau_4)$、$v_A(\tau_2) = v_\sigma = v_D(\tau_3)$ 共 7 个条件。因此，保留了一定的自由度。后者通过这种方法来简化函数：

$$E_f = E_{f,A}(\tau_2) - E_{f,A}(\tau_1) + E_{f,C}(\tau_3) - E_{f,C}(\tau_4) + E_{f,B}(\tau_5) - E_{f,B}(\tau_6) + \Delta t P_{f,\sigma}$$
(A.1)

该式服从于上述约束条件。$P_{f,\sigma}$ 的数值表示燃油功率，其内燃机工做点与在 v_σ 附近做加速滑行（PnG）策略时相一致。

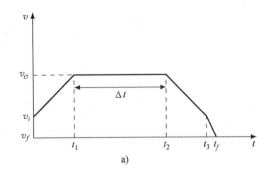
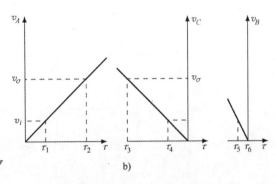

图 A.2　四阶段最优轨迹中的参数优化方法：a) 速度轨迹、切换时间 (t_1, t_2, t_3) 与 v_σ 附近的 PnG 弧段。
b) 伴随特征时间 $(\tau_1, \cdots, \tau_6)$ 的轨迹 $v_A(\tau)$、$v_C(\tau)$ 和 $v_B(\tau)$

简而言之，一旦最优控制已经决定了工作模式，节能性最优控制问题（ED - OCP）简化为对于完整的四种模式序列的一维参数优化。对于三种模式基础序列的速度曲线，不需要额外的优化。在这种情况下，速度轨迹由其任务约束来唯一确定。

正文中应用于节能性评估系统中的在线算法如图 A.3 所示。第一步，汽车参数根据三种模式 A、C、B 下的速度、位置、燃油轨迹等信息设定，这些信息都是预先计算出来的。

在线应用中，实际线段 (v_i, v_f, t_f, s_f) 的边界条件的区分允许可接受的模式序列的数量简化。当大多数序列都可行时，算法的余下部分进行重复运算，所得结果则用来比较出最优模式序列。对于三阶段模式序列，约束是强制性的，且所有切换时间都可以直接通过计算得到。对于四阶段序列，唯一自由度为选择切换时间 t_3（或 t_5），其解通过式（A.1）的最小值来找到。搜寻限制由 $t_{3,\min}$ 使得 $v_B(\tau_{5,\min}) = v_\sigma$ 和 $t_{3,\max} = t_f$。伴随这些边界约束，函数 $E_f(t_3)$ 在多数实际情况中是单调的，因此可以使用内部二分法（一种直接搜索算法）来求解其最小值。

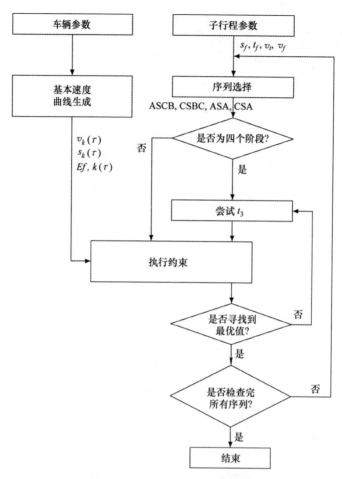

图 A.3　解决由内燃机汽车的节能性最优控制问题而引起的两点边界值问题的参数优化方法流程图

附录 B
电动汽车解析最优速度曲线的可行域

在本附录中,基于 6.5 节简化的 EV 建模假设以及边界条件 t_f、s_f,我们推导出 ED-OCP 解(抛物线速度曲线)的可行域。我们从无约束的速度曲线开始讨论,然后引入速度和位置约束。

B.1 无约束案例

在上述假设下,抛物线速度曲线

$$v(t) = v_i - \frac{4v_i t}{t_f} - \frac{2v_f t}{t_f} - \frac{6s_f t^2}{t_f^3} + \frac{6s_f t}{t_f^2} + \frac{3v_i t^2}{t_f^2} + \frac{3v_f t^2}{t_f^2} \tag{B.1}$$

是在没有约束的情况下,以 t_f 为时间单位,以 v_i 为起点,以 v_f 为终点,行驶距离 s_f 的最优速度曲线。其导数(加速度)和二次导数的值为

$$\dot{v}(t) = a(t) = -\frac{4v_i}{t_f} - \frac{2v_f}{t_f} - \frac{12s_f t}{t_f^3} + \frac{6s_f}{t_f^2} + \frac{6v_i t}{t_f^2} + \frac{6v_f t}{t_f^2} \tag{B.2}$$

$$\ddot{v}(t) = \dot{a}(t) = -\frac{12s_f}{t_f^3} + \frac{6v_i}{t_f^2} + \frac{6v_f}{t_f^2} \tag{B.3}$$

下面我们对这些曲线的条件进行逐一处理。

(1) 函数 $v(t)$ 永远是正数

通过使 $\dot{v}=0$,求出其极值为

$$\hat{\tau} \triangleq \frac{\hat{t}}{t_f} = \frac{3\bar{v} - v_f - 2v_i}{6\bar{v} - 3v_f - 3v_i} \tag{B.4}$$

式中,$\bar{v} = s_f/t_f$。

速度的极值为

$$\hat{v} = v(\hat{\tau}) = \frac{9\bar{v}^2 - 6\bar{v}(v_i + v_f) + (v_f^2 + v_i v_f + v_i^2)}{6\bar{v} - 3(v_i + v_f)} \tag{B.5}$$

式(B.4)和式(B.5)在图 B.1 中表示为函数 $\bar{v}$。函数 $\hat{\tau}$ 在 $\hat{\tau}=1/2$ 处有一条水平渐近线

$$\bar{v} = \frac{2v_i + v_f}{3} \triangleq \bar{v}_1 \quad \text{(B.6)}$$

和一条垂直渐近线：

$$\bar{v} = \frac{v_i + v_f}{2} \triangleq \bar{v}_2 \quad \text{(B.7)}$$

因此可以改写为

$$\hat{\tau} = \frac{1}{2} \times \frac{\bar{v} - \bar{v}_1}{\bar{v} - \bar{v}_2} \quad \text{(B.8)}$$

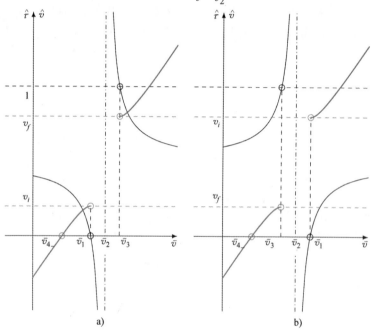

图 B.1 对于 a) $v_i \leqslant v_f$ 和 b) $v_f \leqslant v_i$，极限速度 $\hat{v}$ 和时间 $\hat{\tau}$ 是 $\bar{v} = s_f/t_f$ 的函数

此外，$\hat{\tau} = 1$ 时有

$$\bar{v} = \frac{2v_f + v_i}{3} \triangleq \bar{v}_3 \quad \text{(B.9)}$$

函数 $\hat{v}$ 可改写为

$$\hat{v} = \frac{3}{2} \times \frac{(\bar{v} - \bar{v}_{4+})(\bar{v} - \bar{v}_{4-})}{\bar{v} - \bar{v}_2} \quad \text{(B.10)}$$

且

$$\bar{v}_{4\pm} \triangleq \frac{v_i + v_f}{3} \pm \frac{\sqrt{v_i v_f}}{3} \quad \text{(B.11)}$$

函数 $\hat{v}$ 有自己的极值，这些极值可以通过使导数 $d\hat{v}/d\bar{v} = 0$ 来找到。这些极值

在 $\bar{v}_1$ 和 $\bar{v}_3$ 处。很容易验证

$$\hat{v}(\bar{v}_3) = v_f \text{ 且 } \hat{v}(\bar{v}_1) = v_i \tag{B.12}$$

$\bar{v}_2$ 也很容易验证，要么 $\bar{v}_3 \leq \bar{v}_2 \leq \bar{v}_1$（对于 $v_f \leq v_i$），要么 $\bar{v}_1 \leq \bar{v}_2 \leq \bar{v}_3$（对于 $v_i \leq v_f$）。此外，$\min(\bar{v}_1, \bar{v}_3) \leq \bar{v}_{4+} \leq \bar{v}_2$ 和 $\bar{v}_{4-} \leq \min(\bar{v}_1, \bar{v}_3)$ 总是成立。因此，$\hat{v}$ 的域被划分为 4 个区域：

1) $\bar{v} \leq \bar{v}_1$：此时 $0 \leq \tau \leq 1$ 和 $\hat{v} \leq \min(v_i, v_f)$，速度曲线有一个最小值。
2) $\bar{v}_1 \leq \bar{v} \leq \bar{v}_2$：此时 $\tau \leq 0$，速度曲线是单调的。
3) $\bar{v}_2 \leq \bar{v} \leq \bar{v}_3$：此时 $\tau \geq 1$，速度曲线是单调的。
4) $\bar{v} \geq \bar{v}_3$：此时 $0 \leq \tau \leq 1$ 且 $\hat{v} \geq v_f$，速度曲线有一个最大值。

其中，后 3 个区域都是可行的，而在第一个区域，我们必须要求 $\hat{v} \geq 0$，即

$$\bar{v} \geq \bar{v}_{4-} \tag{B.13}$$

综上所述，速度曲线可行性的约束条件为

$$F_{UB1}(t_f, s_f) = \frac{s_f}{t_f} - \frac{v_i + v_f}{3} + \frac{\sqrt{v_i v_f}}{3} \geq 0 \tag{B.14}$$

对于 $v_i = 0$ 或 $v_f = 0$，并且满足式（7.3），式（7.14）能找到有效解。

（2）速度约束于一个最大值 $v_{\max}$

在该条件下，我们只考虑 $\bar{v}$ 的第四个子域，其中要求

$$\hat{v} = \frac{3}{2} \times \frac{(\bar{v} - \bar{v}_{4+})(\bar{v} - \bar{v}_{4-})}{\bar{v} - \bar{v}_2} \leq v_{\max} \tag{B.15}$$

通过对所有的因素进行开发，我们得到在以下情况下，曲线是可行的

$$F_{LB1}(s_f, t_f) = \frac{v_i + v_f + v_{\max} + \sqrt{v_i v_f + v_{\max}^2 - v_i v_{\max} - v_f v_{\max}}}{3} - \frac{s_f}{t_f} \geq 0 \tag{B.16}$$

同样，对于 $v_i = 0$ 或 $v_f = 0$ 的情况下，当满足式（7.4）时，求解式（7.15）。

（3）加速度约束于一个最大值 $a_{\max}$

从加速度导数即式（B.3）是一个常数的事实来看，加速度显然总是在增加或减少。因此，极值要么在 $\tau = 0$，要么在 $\tau = 1$。我们将这两个值评估为

$$a(0) = -\frac{4v_i}{t_f} - \frac{2v_f}{t_f} + \frac{6\bar{v}}{t_f} \tag{B.17}$$

$$a(t_f) = \frac{2v_i}{t_f} + \frac{4v_f}{t_f} - \frac{6\bar{v}}{t_f} \tag{B.18}$$

上述两种情况是由 $\bar{v}$ 小于或大于上面定义的 $\bar{v}_2$ 来区分的。如果 $\bar{v} \leq \bar{v}_2$，则 $a(0) \leq a(t_f)$，且在以下情况下，速度曲线是可行的

$$F_{UB2a}(t_f, s_f) = 6s_f - 2v_i t_f - 4v_f t_f + t_f^2 a_{\max} \geq 0 \tag{B.19}$$

如果 $\bar{v} \geqslant \bar{v}_2$，则 $a(0) \geqslant a(t_f)$，且在以下情况下，速度曲线是可行的

$$F_{LB2a}(t_f, s_f) = -6s_f + 2v_f t_f + 4v_i t_f + t_f^2 a_{\max} \geqslant 0 \qquad (\text{B.20})$$

请注意，对于 $a_{\max} = 0$，上述两个条件变成 $\bar{v}_3 \leqslant \bar{v} \leqslant \bar{v}_1$，这只有在 $v_i \geqslant v_f$ 的情况下才有可能实现。

（4）加速度约束于一个最小值 $a_{\min} < 0$

如果 $\bar{v} \leqslant \bar{v}_2$，则在 $t = 0$ 时可以得到最大减速度；如果 $\bar{v} \geqslant \bar{v}_2$，则在 $t = t_f$ 时可以得到最大减速度。通过应用这两种情况下的极限条件，我们得到两个不等式

$$F_{UB2d}(t_f, s_f) = 6s_f - 2v_f t_f - 4v_i t_f - t_f^2 a_{\min} \geqslant 0 \qquad (\text{B.21})$$

$$F_{LB2d}(t_f, s_f) = -6s_f + 2v_i t_f + 4v_f t_f - t_f^2 a_{\min} \geqslant 0 \qquad (\text{B.22})$$

显然，由于给定抛物线速度曲线的对称性，式（B.21）和式（B.22）与式（B.19）和式（B.20）是一样的，只是 v_i 和 v_f 的作用互换，$a_{\max}$ 被 $|a_{\min}|$ 替代。

在 $a_{\min} = -a_{\max}$ 的情况下（这是一个合理的情况，回顾了基本模型是基于 EV 特性的事实），式（B.21）和式（B.22）可以与式（B.19）和式（B.20）集成为

$$F_{UB2}(t_f, s_f) = 6s_f - 2\min(v_i, v_f) t_f - 4\max(v_i, v_f) t_f + t_f^2 a_{\max} \geqslant 0 \qquad (\text{B.23})$$

$$F_{LB2}(t_f, s_f) = -6s_f + 2\max(v_i, v_f) t_f + 4\min(v_i, v_f) t_f + t_f^2 a_{\max} \geqslant 0 \qquad (\text{B.24})$$

（5）综述

通过将式（B.14）~式（B.24）组合在一起，我们可以找到抛物线速度曲线的可行域。对于给定的 s_f，式（B.24）和式（B.16）都是 t_f 的下限，而式（B.14）和式（B.23）则是上限，它们的标签由此而来。各条曲线的交点如图 B.2 所示。式（B.23）和式（B.24）的两条曲线相交于轴的原点（$t_f = 0, s_f = 0$），并且有

$$t_f = \frac{|v_f - v_i|}{a_{\max}} \triangleq t_C, \; s_f = \frac{1}{2} \times \frac{|v_f^2 - v_i^2|}{a_{\max}} \triangleq s_C \qquad (\text{B.25})$$

显然，t_f 小于 t_C 的值是不可行的。

式（B.14）和式（B.23）的曲线相交于

$$t_f = \frac{2}{a_{\max}}(\max(v_i, v_f) + \sqrt{v_i v_f}) \triangleq t_A, \; s_f = t_A \bar{v}_{4-} \triangleq s_A$$

$$(\text{B.26})$$

式（B.16）和式（B.24）的曲线相交于

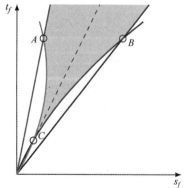

图 B.2 抛物线速度曲线在 $s_f - t_f$ 平面的可行域（灰色阴影区域）。橙色曲线为 F_{UB1}、绿色曲线为 F_{UB2}、紫色曲线为 F_{LB1}、蓝色曲线为 F_{LB2}（见彩插）

$$t_f = \frac{2(v_{\max} - \min(v_i, v_f) + \sqrt{v_i v_f + v_{\max}^2 - v_i v_{\max} - v_f v_{\max}})}{a_{\max}} \triangleq t_B \quad (B.27)$$

显然,这些量总是大于 0。

B.2 约束性案例

(1) 速度约束

在存在恒速约束的情况下,最优速度曲线的计算方法与第 7.5.2 节中的考虑类似,为

$$v(t) = \begin{cases} v_i + \dfrac{2(v_{\max} - v_i)}{t_1} t - \dfrac{(v_{\max} - v_i)}{t_1^2} t^2, & t \in [0, t_1] \\ v_{\max}, & t \in [t_1, t_2] \\ v_f + \dfrac{2(v_{\max} - v_f)}{t_f - t_2}(t_f - t) - \dfrac{(v_{\max} - v_f)}{(t_f - t_2)^2}(t_f - t)^2, & t \in (t_2, t_f] \end{cases} \quad (B.28)$$

式中,t_1 和 t_2 分别为边界区间的进入和退出时间。

通过在两个无约束阶段施加相等的控制输入时间导数(速度的二阶导数)来确定时间 t_2,从而得到

$$t_2 = t_f - t_1 \sqrt{\frac{v_{\max} - v_f}{v_{\max} - v_i}} \quad (B.29)$$

从中得到 $v_i = v_f = 0$ 时对称速度曲线的特殊情况。最后,通过施加整体距离得出时间 t_1 为

$$t_1 = \frac{3(v_{\max} t_f - s_f) \sqrt{v_{\max} - v_i}}{(v_{\max} - v_f)^{3/2} + (v_{\max} - v_i)^{3/2}} \quad (B.30)$$

从中得到 $v_i = v_f = 0$ 的特殊情况。

第一个明显的约束为

$$v_{\max} - \frac{s_f}{t_f} \geq 0 \quad (B.31)$$

另一方面,我们希望将约束速度曲线的加速度限制在一个最大值 $a_{\max}$。当速度约束有效时,加速度的最大值必然在 $t = 0$ 处,其值为

$$a(0) = 2(v_{\max} - v_i)/t_1 \quad (B.32)$$

因此,在以下情况下,受约束的速度曲线是可行的

$$F_{LB2'a}(t_f, s_f) \triangleq v_{\max} t_f - s_f + \frac{2((v_{\max} - v_i)^2 + (v_{\max} - v_f) \sqrt{(v_{\max} - v_i)(v_{\max} - v_f)})}{3 a_{\max}} \geq 0 \quad (B.33)$$

该项显然比式(B.31)更具限制性。因此,将不再考虑后者。

此外，我们希望将约束速度曲线的减速度限制在一个最大值 $|a_{\min}|$，其中 $a_{\min} \leq 0$。在 $t = t_f$ 时，必然得到最大的减速度，其值为

$$a(t_f) = -\frac{2\sqrt{(v_{\max}-v_f)(v_{\max}-t_i)}}{t_1} \quad (\text{B.34})$$

因此，在以下情况下，受约束的速度曲线是可行的

$$F_{LB2'd}(t_f,s_f) \triangleq v_{\max}t_f - s_f - \frac{2((v_{\max}-v_f)^2 + (v_{\max}-v_i)\sqrt{(v_{\max}-v_i)(v_{\max}-v_f)})}{3|a_{\min}|} \geq 0 \quad (\text{B.35})$$

通过检查、比较式（B.33）和式（B.35）很容易看出，与无约束情况相反，最大减速度条件可以比最大加速度条件更具限制性。

在常见的情况下，当 $a_{\min} = -a_{\max}$ 时，式（B.33）~式（B.35）可以合并为

$$F_{LB2'}(t_f,s_f) \triangleq v_{\max}t_f - s_f - \frac{2((v_{\max}-\min(v_i,v_f))^2 + (v_{\max}-\max(v_i,v_f))\sqrt{(v_{\max}-v_i)(v_{\max}-v_f)})}{3a_{\max}} \geq 0$$

$$(\text{B.36})$$

曲线 F_{LB1}、F_{LB2} 和 $F_{LB2'}$ 在 t_B 处相交。因此，如图 B.3 所示，对于 $t_f \geq t_B$，可行域比仅无约束解所允许的范围要宽。

（2）位置约束

头车的运动由 $s_p(t) = s_{p,0} + v_{p,0}t + \dfrac{a_p t^2}{2}$ 给出，前提是其速度 $v_p(t) = v_{p,0} + a_p t$ 保持正值。当头车加速度 a_p 为负值时，头车有可能在时间 $v_{p,0}/|a_p| < t_f$ 时停止，此时到达的位置是 $s_{p,0} + v_{p,0}^2/(2|a_p|)$。

在有位置约束的情况下，最优速度曲线计算为

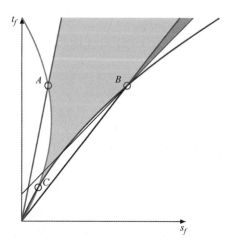

图 B.3 抛物线速度曲线（灰色阴影区域）和速度约束速度曲线（深灰色区域）在平面 s_f-t_f 的可行域。橙色曲线为 F_{UB1}、绿色曲线为 F_{UB2}、紫色曲线为 F_{LB1}、蓝色曲线为 F_{LB2}、黑色曲线为 $F_{LB2'}$（见彩插）

$$v(t) = \begin{cases} v_i + \left(a_p + \dfrac{4(v_{p,0} - v_i)}{t_1} + \dfrac{6s_{p,0}}{t_1^2}\right)t - \\ \quad \left(\dfrac{6s_{p,0}}{t_1^3} + \dfrac{3(v_{p,0} - v_i)}{t_1^2}\right)t^2, \quad t \in [0, t_1) \\ v_{p,0} + a_p t_1 + \left(a_p - \dfrac{6s_{p,0}}{t_1^2} - \dfrac{2(v_{p,0} - v_i)}{t_1}\right)(t - t_1) + \\ \quad \left(v_f - 3v_{p,0} + 2v_i - 6\dfrac{s_{p,0}}{t_1} - a_p t_f + 6s_{p,0}\dfrac{t_f}{t_1^2} + \quad t \in (t_1, t_f] \right. \\ \quad \left. 2(v_{p,0} - v_i)\dfrac{t_f}{t_1}\right)\dfrac{(t - t_1)^2}{(t_f - t_1)^2} \end{cases} \quad (B.37)$$

通过施加整体距离来求出接触时间 t_1，从而得到一个三次方程

$$(v_i - v_f + a_p t_f)t_1^3 + (4v_{p,0}t_f + v_f t_f - 2v_i t_f + a_p t_f^2/2 - 3s_f)t_1^2 + \\ (6s_{p,0}t_f + v_i t_f^2 - v_{p,0}t_f^2)t_1 - (3s_{p,0}t_f^2) = 0 \quad (B.38)$$

从中，可以得到 $v_i = v_f = s_{p,0} = a_p = 0$ 的特殊情况。

我们在本节不考虑速度约束（$v_{\max} \to \infty$）。因此，由式（B.16）给出的条件 F_{LB1} 变成不重要的条件 $t_f \geq 0$。反过来，无约束曲线的极限情况是三次方程 $s^*(t) = s_p(t)$，其中 s^* 是无约束位置曲线，只有一个负实根。这就相当于在三次方程的判别式上施加了符号，即

$$F_{LB3}(t_f, v_f) \triangleq -(18abcd - 4b^3 d + b^2 c^2 - 4ac^3 - 27a^2 d^2) \geq 0 \quad (B.39)$$

其中

$$a = \frac{v_f}{t_f^2} + \frac{v_i}{t_f^2} - \frac{2s_f}{t_f^3} \quad (B.40)$$

$$b = \frac{3s_f}{t_f^2} - \frac{v_f}{t_f} - \frac{2v_i}{t_f} - \frac{a_p}{2} \quad (B.41)$$

$$c = v_i - v_{p,0} \quad (B.42)$$

$$d = -s_{p,0} \quad (B.43)$$

在上述特殊情况下，可得式（7.71）。

这个下限可以被位置约束的速度曲线所超越。但是，我们显然必须要求最后的位置不超过最后的头车位置，也就是说

$$F_{LB3''}(t_f, s_f) \triangleq s_p(t_f) - s_f \geq 0 \quad (B.44)$$

其中

$$s_p(t_f) = \begin{cases} s_{p,0} + v_{p,0}t_f + \dfrac{a_p}{2}t_f^2, & \left(-\dfrac{v_{p,0}}{a_p} \geq t_f\right) \\ s_{p,0} - \dfrac{v_{p,0}^2}{2a_p}, & \text{其他} \end{cases} \quad (B.45)$$

在该节处理的特殊情况下，式（B.44）降为式（7.72）。

在位置约束曲线的可行域中，用位置约束曲线的最大加速度小于 $a_{\max}$ 和最大减速度小于 $|a_{\min}|$ 的条件代替下限 F_{LB2}。由这两个条件分别得到

$$F_{LB2''a}(t_f,s_f) \triangleq a_{\max} - a_p - \frac{4(v_{p,0} - v_i)}{t_1(t_f,s_f)} - \frac{6s_{p,0}}{t_1(t_f,s_f)^2} \geq 0 \quad (B.46)$$

和

$$F_{LB2''d} \triangleq a_{\max} - a_p \frac{t_f + t_1}{t_f - t_1} + \frac{6s_{p,0}}{t_1^2} + v_{p,0}\frac{2t_f - 4t_1}{t_1(t_f - t_1)} - v_i\frac{2}{t_1} + v_f\frac{2}{t_f - t_1} \geq 0 \quad (B.47)$$

在约束曲线的域内总是满足式（B.46）。曲线 F_{LB2}、F_{LB3} 和 $F_{LB2''d}$ 都交于同一点，即 (s_D, t_D)。

图 B.4 所示为加速和减速的头车的可行域示例。

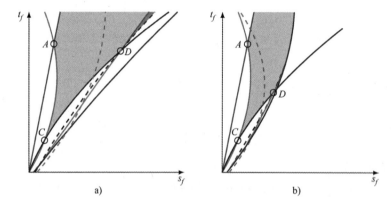

图 B.4 抛物线速度曲线（灰色阴影区域）和位置约束速度曲线（深灰色区域）在平面 $s_f - t_f$ 中的可行域。对于 a) $a_p \geq 0$ 和 b) $a_p \leq 0$，橙色曲线为 F_{UB1}、绿色曲线为 F_{UB2}、蓝色曲线为 F_{LB2}、绿色虚线为 $F_{LB2''a}$、蓝色虚线为 $F_{LB2''d}$、黄色曲线为 F_{LB3}、红色曲线为 $F_{LB3''}$（见彩插）

First published in English under the title
Energy - Efficient Driving of Road Vehicles: Toward Cooperative, Connected, and Automated Mobility by Antonio Sciarretta and Ardalan Vahidi, edition: 1
Copyright © Springer Nature Switzerland AG, 2020

This edition has been translated and published under licence from Springer Nature Switzerland AG.

北京市版权局著作权合同登记 图字：01 – 2021 – 2974 号。

图书在版编目（CIP）数据

节能汽车：协同式自动驾驶/（法）安东尼奥·夏雷塔，（美）阿达兰·瓦希迪编著；胡晓松，唐小林，刘腾译. —北京：机械工业出版社，2022.3

（智能交通先进技术译丛）

书名原文：Energy – Efficient Driving of Road Vehicles: Toward Cooperative, Connected and Automated Mobility

ISBN 978-7-111-70289-4

Ⅰ.①节… Ⅱ.①安… ②阿… ③胡… ④唐… ⑤刘… Ⅲ.①汽车驾驶 – 自动驾驶系统 – 节能 – 研究 Ⅳ.①U463.61

中国版本图书馆 CIP 数据核字（2022）第 037406 号

机械工业出版社（北京市百万庄大街22号　邮政编码100037）
策划编辑：李　军　　　　　责任编辑：李　军　王　婕
责任校对：肖　琳　王　延　封面设计：鞠　杨
责任印制：刘　媛
盛通（廊坊）出版物印刷有限公司印刷
2022年6月第1版第1次印刷
169mm×239mm·15.25 印张·6 插页·311 千字
标准书号：ISBN 978 – 7 – 111 – 70289 – 4
定价：199.00 元

电话服务　　　　　　　　　网络服务
客服电话：010-88361066　　机　工　官　网：www.cmpbook.com
　　　　　010-88379833　　机　工　官　博：weibo.com/cmp1952
　　　　　010-68326294　　金　书　网：www.golden-book.com
封底无防伪标均为盗版　　　机工教育服务网：www.cmpedu.com